아이를 행복한 어른으로 자라게 하는 5단계

지은이_ **에드워드 할로웰**Edward M. Hallowell

아동 · 성인 정신의학 박사. 하버드 의과대학의 전임강사이자 '할로웰 인식 정서 센터'의 소장이다. 저서로는 『혼돈 속으로』, 『창조적 단절』, 『용서해야 할 101가지 이유』, 『행복의 발견』 등이 있다. 어린이 심신 기능 부조에 관한 전문가로서 〈오프라 쇼〉에도 게스트로 여러 번 출연했으며, 신문과 잡지에 정기적으로 기고하고 있다. 부인, 세 아이와 함께 매사추세츠 주 알링턴에서 살고 있으며 홈페이지(www.DrHallowell.com)를 통해 독자들과 소통하고 있다.

옮긴이_ **정경옥**

문경에 살면서 영미권 서적을 번역하고 있다. 옮긴 책으로는 『힐러리 파워』, 『빌 브라이슨 발칙한 영어 산책』, 『서른, 시에서 길을 만나다』, 『독한 엄마의 뜨거운 육아법』, 『살아 있는 엄마 교과서』, 『의지의 힘』, 『성공을 끌어당기는 생각에너지』, 『여론조작』, 『열정이 차이를 만든다』 등 40여 권이 있다.

아이를 행복한 어른으로 자라게 하는 5단계

지은이 에드워드 할로웰 | **옮긴이** 정경옥 | **처음 찍은날** 2010년 9월 3일 | **처음 펴낸날** 2010년 9월 10일 | **펴낸곳** 이론과실천 | **펴낸이** 김인미 | **등록** 제10-1291호 | **주소** 121-829 서울시 마포구 상수동 323-2 2층 | **전화** 02-714-9800 | **팩시밀리** 02-702-6655

The Childhood Roots of Adult Happiness
By Edward M. Hallowell

978-89-313-6029-5 13370

*값 15,000원
*잘못된 책은 바꾸어 드립니다.

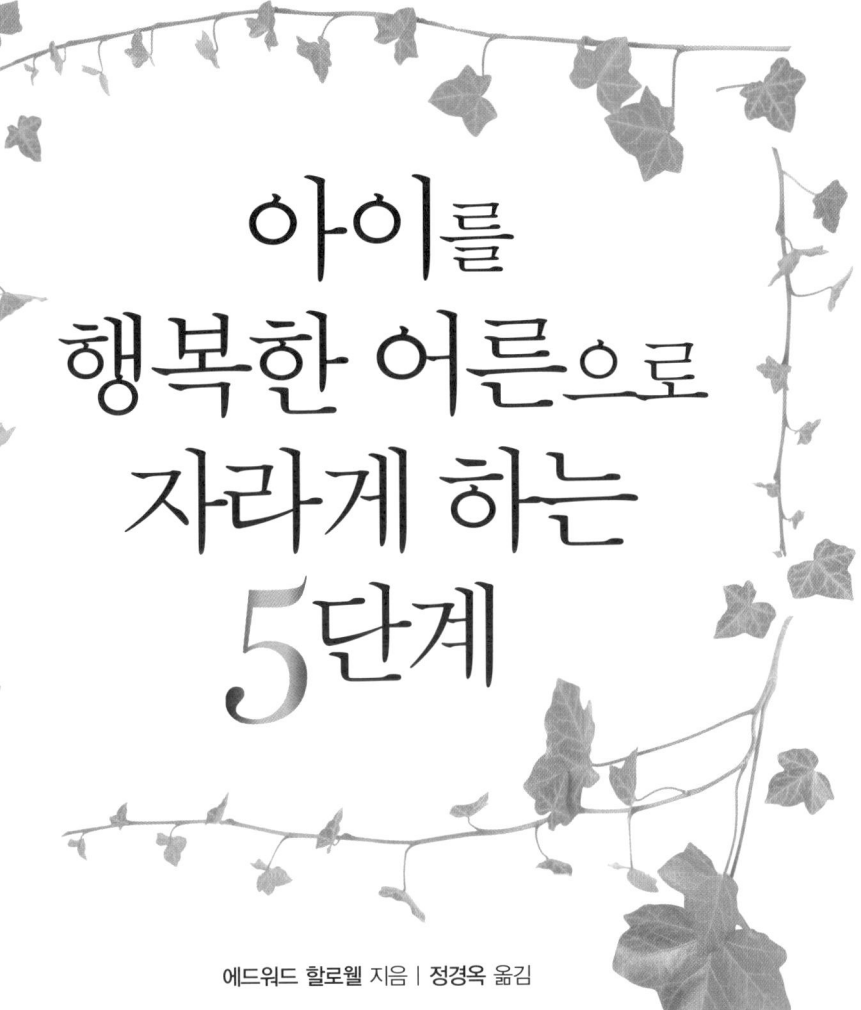

아이를
행복한 어른으로
자라게 하는
5단계

에드워드 할로웰 지음 | 정경옥 옮김

이론과 실천

조슬린 할로웰 블리스를 추억하며

학기가 끝났다. 6월, 뒷마당이 손짓한다.

여름이면 나는 늘 큰 희망에 부푼다.

여름은 어린 시절을 닮았다. 너무 빨리 지나간다. 하지만 운이 좋으면 앞으로 맞을 추운 나날에 힘이 될 따뜻한 기억을 만들어 준다.

여름은 정말 어린 시절을 닮았다. 지금 하는 것이 얼마나 중요한지 몰랐다가 나중에야 그것이 생각보다 훨씬 더 중요했다는 걸 깨닫게 해 주니까.

여름은 무더운 날, 소풍, 보수 중인 도로, 물놀이의 다른 말이다. 여름은 다른 계절보다 더 느리며, 다른 날보다 더 길다. 여름은 아이들을 가슴에 품는다. 그러나 어린 시절처럼 이렇게 경고한다. 지금 날 사랑해줘. 난 영원하지 않아……

여름은 어린아이처럼 인생에서 가장 좋은 것이 무엇인지 가르쳐 준다. 여름은 뛰놀고 쉬고 탐험하고 자라는 아이들을 위해 무엇을 해야 할지 우리에게 말해 준다.

이 책을 여름과 그 뜨거운 태양 아래서 뛰노는 세상 모든 아이에게 바친다.

차례

감사의 말

이 책을 쓰면서 많은 사람에게 도움을 청했다. 많은 부모, 교사, 교장, 대학 교수, 소아과의사, 심리학자, 사회복지사, 정신의학자, 학습 전문가를 비롯해서 경영, 종교, 무술, 스포츠 등 그 밖의 분야의 많은 전문가와 면담을 했다. 그들의 도움이 없었다면 이 책을 쓰지 못했을 것이다.

모든 연령의 아이들과도 대화를 나누었는데 (당연히) 큰 도움이 되었다. 그 아이들은 즐거움에 대해 아주 많이 알고 있었다.

심리학, 학습, 의학 분야의 전문가들도 많이 도와주었다. 재닌 뱀프첸, 로버트 브룩스, 미하이 칙센트미하이, 윌리엄 도허티, 애나 펠스, 하워드 가드너, 피터 젠슨, 제롬 케이건, 민디 콘하버, 피터 메스, 마이클 톰슨, 프리실라 베일, 조지 베일런트 모두 친절한 조언을 해 주었다. 애나 펠스는 인정의 긍정적인 면에 대한 의견을 전해 주어 특히 도움이 되었다.

수십 명의 교장, 교사 역시 길잡이가 되어 주었다. 특히 피터 배릿, 캐시 브라운백, 폴라 커레이로, 바버라 체이스, 마사 커츠, 데어리 던엄, 딕 홀, 그웬 후퍼, 프랭크 페린, 랜디 플러머, 브루스 쇼, 샐리 스미스, 브루스 스튜어트, 마조 톨벗, 타이 팅글리, 애기 언더우드에게 감사의 말을 전한다.

많은 사람에게 이렇게 물었다. "어른의 행복에 영향을 주는 어린 시절의 뿌리가 무엇이라고 생각하세요?" 처음 보는 사람들에게 이런 질문을 마구 하는 나 때문에 친구들이 짜증을 냈을지도 모르겠다. 그 질문을 이해한 사람들은 거의 모두 관심을 가지고 신중하게 생각 한 뒤에 대답을 해 주었다. 가장 많이 나온 대답은 무엇일까? 글쎄. 당장 말해 줄 수는 없지만 이 책을 다 읽고 나면 알게 될 것이다.

하지만 그렇더라도 이 책에 대한 책임은 전적으로 나에게 있다. 혹여 오류가 있다면 모두 내 탓이다.

밸런타인 출판사의 똑똑한 담당 편집자 낸시 밀러와 대단한 실력 자인 부편집자 메건 케이시는 편집자로서 탁월한 제안을 해 주었다. 덕분에 이 책이 더욱 근사해졌다.

그리고 여러 해 동안 신뢰를 준 에이전트인 질 니어림에게 축복을 빌어 주고 싶다. 당신은 항상 그 자리에서 에이전트로서 무조건적인 사랑을 주었어요. 그 어떤 말로도 고마운 마음을 표현할 수 없군요.

마지막으로 내 아이들 루시, 잭, 터커, 그리고 아이들의 엄마이자 아내인 수에게 고맙다는 인사를 전한다. 내가 결혼한 그날부터 내 인생은 최고로 바뀌었다, 영원히. 세 아이가 상상하지도 못한 기쁨을 주며 우리를 놀라게 했다고 말한다면 수도 고개를 끄덕일 것이다.

나는 내 아내 수 때문에, 그리고 루시와 잭과 터커 때문에 이 책을 썼
다. 앞으로 남은 시간 동안 아이들에게 가장 좋은 것을 찾아내야 한
다는 강한 의욕으로 연구를 하고 책을 쓰게 되었다. 이 글을 쓰며 아
이들의 얼굴을 떠올린다. 훗날 아이들이 어른이 되어 이 글을 읽고
흐뭇한 표정으로 말해 주면 좋겠다. "그래요, 아빠. 효과가 있었어
요. 우린 행복하니까요."

이 책은 어떤 내용을 담고 있을까?

'이건 무슨 책일까?' 내가 서점을 돌아다니다(가장 좋아하는 취미다. 늘 실제로 읽을 책보다 더 많은 책을 짊어지고 서점을 나선다.) 책을 한 권 집어 들 때마다 드는 의문이다. 요즘 사람들이 다 그렇겠지만 너무 바빠서 많은 책을 읽을 겨를이 없다. 그래서 친구에게 '저 신간은 어떤 내용이야?'라고 묻고 다닌다. 그리고 친구가 얘기해 준 간단명료한 문장 몇 개 덕에 나는 으레 그 책을 '완독'으로 분류한다. 아니면 리뷰를 읽거나, 찰리 로즈나 오프라 윈프리의 저자 인터뷰를 참고하거나, 잡지에서 발췌 부분을 읽는다. 가끔 책을 구입할 때조차 표지만 슬쩍 훑어본다. 간혹 실제로 열 쪽 정도 읽을 때도 있다. 그리고는 잠시 후, 나는 그 책을 다 '파악'했고 어떤 내용인지 안다는 착각에 빠진다. 안타깝게도 많은 사람이 과다한 정보의 시대에 뒤처지지 않으려고 그렇게 하고 있다.

그렇다면 이 책에는 어떤 내용이 있을까?

저자 입장에서는 독자들이 그걸 알기 위해 책을 읽어 준다면 더 바랄 것이 없겠다. 나는 지면을 낭비하지 않으려고 최선을 다했다. 이 책은 지금보다 열 배는 더 길어질 수 있었다.

하지만 독자들은 간추린 내용, 곧 경영 세계의 '엘리베이터 피치'를 먼저 듣고 싶어 하리라.(엘리베이터를 타고 있는 짧은 시간만 있으면 자신의 의견을 말할 수 있다고 해서 그렇게 부른다.)

좋다, 그럼 이 책을 소개하겠다.

이 책은 즐거움의 뿌리에 관한 책이다. 나는 이 책에서 아이가 행복감과 만족감을 느낄 기회를 늘릴 수 있는 구체적인 단계를 제시한다. 어린 시절에 느낀 행복은 어른이 되었을 때 더 깊고 커지게 마련이다.

나는 부모, 교사, 정신과 의사로서의 경험뿐만 아니라 현재의 연구를 바탕으로, 자주 생각은 하지만 구체적으로 그려지지 않는 행복의 세계로 독자들을 인도할 것이다.

가장 좋은 것은 행복을 우연에 맡기지 않는 것이다. 부모, 교사를 비롯해 아이를 염려하는 모든 사람이 아이가 평생 누릴 즐거움의 씨앗을 뿌릴 수 있는 어린 시절을 보내도록 계획을 세워야 한다.

어린 시절은 15년에 불과한 짧고 황홀한 시간이다. 하지만 그 시절은 평생 이어지는 마법을 건다. 어떻게 하면 그 마법을 잘 걸 수 있을까?

나는 부모 및 어른들이 아이를 행복하고 책임감 있는 어른으로 키우기 위해 활용할 수 있는 5단계 계획을 세웠다. 이 책은 그 계획을 자세하게 설명하고 그것을 바탕으로 진행된 연구들을 인용하며 일상에서 실천하는 방법을 제시한다.

　내 계획의 바탕에는 대부분의 사람들이 공감하는 가치관이 있다. 그것은 진보적이지도 보수적이지도 않다. 그 바탕에는 아이들에 대한 사랑과 어린 시절의 힘이 있다. 우리는 무엇을 해야 하는지 잘 안다. 지금부터 그것을 실행하면 된다.

　올바른 어린 시절을 되찾아 주는 것은 아이들을 도와줄 뿐만 아니라 우리 자신도 강해지게 할 것이다.

　이 책은 또 아이들이 어른들에게 준 것들, 아이들에게서 우리 어른들의 삶이 더 행복해지는 방법을 배우는 것도 찬미한다. 행복에 관한 한 아이들은 최고의 전문가다.

1

내 아이에게 '진정으로' 무엇을 바라는가?

당신의 아이들을 생각해 봐라. 그 아이들의 얼굴을 떠올려 봐라. 그런 다음 자신에게 이런 질문을 던져라. "진정으로, 내 아이들이 어떻게 살기를 바라는가?"

답을 안다고 착각하지 마라. 부모로서(아니면 교사나 코치, 혹은 아이들과 관련된 사람으로서) 아이들에게 진정으로 무엇을 바라는지 묻는 이 간단해 보이는 질문에 섣불리 대답하지 마라.

트로피와 상을 받고 스타가 되기를 바라는가? 아이들이 자라 대통령이 되기를 바라는가? 아니면 부자가 되어 경제적인 안정을 누렸으면 하는가? 아니면 그냥 현재의 당신보다 잘 살면 그만이라고 생각하는가?

어떤 날에는 바로 대답이 나올지도 모른다. "애들이 자기 방이나 정리하고, 숙제나 하고, 말이나 좀 잘 들으면 더 바랄 게 없겠어요."
그러다 아이들이 학교에서 받는 압박을 고스란히 느끼는 날에는 이런 대답을 서슴지 않는다. "기왕이면 좋은 성적을 받아 명문대에 들어가면 좋겠네요."

하지만 질문에 대해 조금만 더 고민하다 보면 특정한 단어 하나가 포함된 대답을 하게 된다. 바로, 단순하고 심지어는 바보 같아 보이는 '행복'이라는 단어다. 부모라면 으레 자식이 언제나 '행복'하기를 바란다. 물론 아이들이 훌륭한 사람이 되어 세상에 기여하고 남을 배려하고 책임의식을 갖고 살기를 바라는 마음도 크다. 하지만 무엇보다도 아이들이 행복하기를 바란다.

어떤 단계를 거치면 실제로 그렇게 할 수 있다. 최근 진행된 연구에 따르면 부모와 교사가 자녀와 학생을 행복하고 책임감 있는 어른으로 키워 낼 가능성을 크게 높일 수 있다고 한다. 낙관주의, 흥(興), 할 수 있다는 자신감, 유대감(자신이 더 큰 어떤 것에 소속된 느낌) 등 그다지 중요해 보이지 않지만 실은 아주 중요한 내면적인 자질을 습득하게 해야 한다. 옛날 같으면 아이들에게 규칙과 강한 직업윤리를 가르치라고 했겠지만 실제로 그랬다가는 역효과만 부른다. 아이들은 저항하거나, 정반대의 행동을 하거나, 억지로 따라간다. 강요하면 평생 역효과가 나타날 수 있다.

규칙에 관한 잔소리나 좋은 성적과 성실하게 공부하는 태도에 대해 보상을 하는 것보다 인생을 즐겁게 살게 해 줄 더욱 믿을 만한 방법이 필요하다. 물론 학업과 성실성, 성적과 예절도 중요하다. 하지만 그런 목표에 어떻게 도달하느냐가 관건이다. 행복한 삶의 엔진은 두려움과 죄책감의 동력보다는 유대와 놀이의 동력으로 더 잘 작동한다.

행복한 삶. 보편적이고 절실한 목표인데도 너무나 단순한 말이다. 행복을 정의할 수는 없지만 눈으로 확인할 때 그게 행복인지 알 수 있다. 당신은 어린 시절의 행복했던 날을 떠올릴 수 있는가? 내게도 그런 날이 있었다.

여덟 살 무렵 매사추세츠 주의 채텀에 살 때였다. 어느 날 밤 뉴잉글랜드에서 심한 눈보라가 몰아닥쳐 케이프코드의 굽이에 자리 잡은 작은 마을을 덮쳤다. 눈이 높이 쌓여 창문을 열 수 없을 지경이었다. 당연히 다음 날은 휴교였다.

그날 밤 나는 바로 옆집에 사는 사촌 제이미의 집에서 잤다. 우리는 아침에 일어나 눈에 포위당한 것을 알고 환호성을 질렀다. 와, 눈이다!

우리는 삽으로 눈을 치운 뒤에 제이미가 크리스마스에 받은 썰매를 가지고 언덕이 많은 근처 골프장으로 갔다. 그리고 가장 높은 언덕을 향해 터벅터벅 걸어 올라갔다. 한 걸음 옮길 때마다 눈가루가 죔쇠를 채운 방한화의 맨 윗부분을 넘어 신발 속으로 들어가 양말과 발을 축축하게 만들었다. 우리는 꼬마 산악인인 양 터보건 산의 정상으로 올라가고 있었다.

마침내 정상에 도착했다. 그곳은 썰매 타는 사람들에게 천국이었다. 우리는 썰매를 이리저리 돌리며 어떤 길로 가야 가장 오래 탈 수 있을지 어림해 보았다. 내가 앞쪽에 자리를 잡자 제이미가 썰매를 밀며 내 등 뒤로 뛰어올랐다. 드디어 썰매가 움직이기 시작했다. 처음에는 옆으로 기우뚱했지만 이내 일정한 속도를 유지하기 시작했다. 우리는 아래쪽 연못 주변을 덮은 갈대를 지나고 얼어붙은 연못에 쌓인 눈 위를 미끄러지며 계속 언덕 아래를 향해 내달렸다. 그리고 백합 연못 한가운데 멈추자 둘이 동시에 외쳤다. "또 타자!" 그리고 저 멀리 있는 언덕 정상을 향해 다시 걸음을 옮기기 시작했다.

우리는 그날 언덕에서 50여 번은 썰매를 탔을 것이다. 짜릿한 기분을 더하려고 썰매가 지나는 길에다 모굴을 쌓고 굽이를 만들었다. 눈이 다져져 얼어붙은 곳은 속도가 훨씬 더 빨라졌다. 우리는 점심 때가 지나도 집에 가지 않았다. 점심은 안중에도 없었다. 우리를 찾는 사람도 없었다. 모두 우리가 안전하다는 것을 알기 때문이었다.

그날처럼 행복한 날이 또 있었을까. 당시 내 인생은 완벽한 것과는 거리가 멀었다. 아버지가 정신 질환을 앓으면서 부모님이 이혼을 했고 어머니는 내가 점점 미워하게 된, 곧 의붓아버지가 될 남자를 만나고 있었기 때문이다. 하지만 그런 건 중요하지 않았다. 내가 속한 세계는 불안했지만 나는 그 세계 속에서 사랑받고 안정된 기분을 느꼈다.

제이미는 가장 친한 친구였다. 나보다 두 살 위였지만 나를 성가신 사촌동생이 아닌 친구처럼 대했다. 우리가 학교, 일과, 해야 하는 일들로부터 완전히 벗어나 썰매를 타고 언덕 아래를 향해 내달릴 때 나는 한 인간으로서 최상의 기분을 느꼈다. 최고의 친구 제이미와 함께 신나고 재미있는 것을 하고 있었다.

그때는 몰랐지만, 나는 이 책에서 내가 권하는 것도 하고 있었다. 다시 말해, 나는 즐거움을 찾아내고 유지하는 법을 배우고 있었다.

그것은 무척 중요한 기술이다. 게다가 나는 흥, 낙관주의, 할 수 있다는 신념, 유대감 같은 중요한 것들을 모두 습득하고 있었다. 그것들은 그 이후로 줄곧 내 안에서 깊이를 더했고 나를 행복한 사람으로 만들어 주었다.

그날, 그리고 그날만큼 특별한 날, 나는 행복의 요소에 대해 깨달았다. 당신에게도 그런 날이 있었을 것이다. 당신도 이 책에서 그런 날을 떠올리고 요즘 아이들에게도 일상에서 그런 날을 만들어 줄 방법에 관한 아이디어를 얻기 바란다.

행복은 인생이 순탄하게 흘러가고 있다는 느낌으로 정의내릴 수도 있다. 물론 그런 느낌을 꼭 어렸을 때부터 느껴야 하는 것은 아니다. 하지만 그것을 오래 지속되는 습관으로 만들고 싶다면 어린 시절이 좋은 출발점이다. 문제는, 어린 시절에(아니면 다른 때라도) 정확히 어떻게 출발해야 하는지에 관한 아주 간단한 계획도 없다는 것이다. 우리는 생활환경이 비슷한데도 왜 어떤 아이들은 행복하고 어떤 아이들은 불행한지 궁금해 한다. 불행한 아이들이 행복한 어른이 되고 행복한 아이들이 불행한 어른이 되는 이유도 궁금하다. 언뜻 보기에 행복은 제비뽑기인 것 같다.

나는 그 이유를 안다. 나는 아버지고 내 아내 수는 어머니다. 우리는 열두 살, 아홉 살, 여섯 살짜리 세 아이의 부모다. 나는 열성을 다하는 아동 및 성인 정신의학자이며 그동안 어린이, 가족, 학교에 관한 책도 몇 권 냈다. 그러다 보니 사생활과 일이 모두 어린아이들과 관련되어 있다. 나는 다른 사람들뿐만 아니라 나 자신을 위해 아이들에게 필요한 것을 말해 줄 길잡이가 되기 위해 연구를 했고 이 책을 쓰게 되었다.

발음하기 어려운 이름을 가진 미하이 칙센트미하이라는 심리학자가 있다. 그는 주로 비극을 연구했던 심리학을 기쁨을 연구하는 분야로 바꾸는 혁명을 일으키고 있다. 칙센트미하이는 행복의 뿌리에 대한 면밀하고 실증적인 연구를 통해 '행복은 사람들에게 발생하는 것이 아니라 사람들이 만들어 내는 것'이라는 결론을 얻었다. 그의 연구에 따르면 그가 '몰입'이라고 부르는 상태에서 사람들이 가장 큰 행복감을 느낀다고 한다. 몰입의 상태에서 우리는 자신이 하고 있는 것과 하나가 된다.

아이들은 몰입이 무엇인지 잘 안다. 그들은 그것을 놀이라고 부른다. 놀이는 어른의 행복을 싹 틔우는 어린 시절의 뿌리 중 하나다. 그러나 다른 네 개의 뿌리가 더 있다. 나는 앞으로 그 다섯 가지 뿌리에 대해 소개할 것이다.

부모는 자녀가 행복하기 위한 기본적인 기술을 습득하는지 확인할 수 있다. 지금이든 나중이든 아이의 행복을 단순히 운에만 맡겨서는 안 된다. 물론, 우리가 모든 것을 통제할 수 없다. 그러나 많은 것을 좌우할 수는 있다.

여기서 '우리'는 사회로서의 우리와 아이의 행복에 관심이 있는 개인으로서의 우리를 모두 포함한다. 사회적인 '우리'는 행복의 문제를 의료보험, 빈곤층 구제, 공공 교육면에서 해결해야 한다. 그러나 개인으로서 우리는 자신의 아이들을 양육한다. 그 두 가지 '우리'가 순탄하게 작동한다면 어린 시절에 어른이 되어서 누릴 행복의 뿌리를 단단하게 심을 수 있다. 그러면 그 뿌리들은 튼튼하고 건강하게 자라나 평생 유지된다.

부모로서 우리가 그런 뿌리를 심기 위해 아이들과 보낼 수 있는 시간은 결코 무한하지 않다. 순수하고, 집에서 시간을 보내고, 강가에서 놀고, 황당한 꿈을 꾸고, 밖에 나가 놀고, 잠자기 전에 뽀뽀를 하고, 시간이 영원하고, 자신은 절대 죽지 않는다고 믿는 아이들과 함께 보낼 수 있는 시간은 고작 15년 정도다. 그러고 나면 어린 시절은 끝이 난다. 최근에 우리 집 막내 터커가 여섯 살이 되었는데, 나는 새삼스레 아이가 너무 빨리 자란다는 생각이 들었다. 나는 지푸라기라도 잡고 싶은 절망적인 심정으로 아이에게 부탁했다. "부탁이다, 터커. 더 천천히 크는 방법 좀 찾아 주면 안 될까?"

늘 부모를 도와주려고 애쓰는 터커는 이번에는 내 부탁을 들어줄 수 없어 크게 마음이 상해서 대답했다. "아빠, 키를 안 자라게 할 수는 없어요." 아이는 내가 얼마나 슬퍼하는지 살피며 잠시 머뭇거리다가 다시 명랑하게 말했다. "이만큼, 이만큼 자란 다음에는 떠나야 하는 거예요."

터커의 말이 옳다. 우리가 아이였을 때 그랬던 것처럼 터커도 그래야 한다. 아이들은 떠나게 되어 있다. 까다로운 십 대와 사춘기 아이들을 둔 부모들이 내게 질문하는 소리가 들리는 것 같다. "아이들이 정말 떠나기는 할까요?" 물론이다. 어린 시절은 끝난다. 우리 모두가 자라고, 자라면 어디론가 떠난다. 자라는 키를 막을 수 있는 사람은 아무도 없다.

하지만 차선책이 있다. 어른들이 모든 순간을 소중하게 만들어 줄 수 있다. 어린 시절의 마법은 아이들을 씩씩하고 유쾌한 어른으로 만든다. 우리는 그런 눈부신 마법이 걸려 있는 동안 아이들을 보호할 수 있다.

좋은 소식

요즘 부모들은 아주 잘한다. 부정적인 기사들에 절망하지 마라. 요즘 아이들은 대체로 아주 훌륭하다. 내가 요즘 아이들을 묘사할 때 자주 쓰는 말은 이상적이고, 욕심이 많고, 이성적이고, 희망적이고, 걱정이 별로 없다는 것이다. 신문과 다양한 책에서 읽거나 라디오에서 듣거나 텔레비전에서 보는 것과 달리(눈길을 끌려면 확실히 나쁘거나 불안한 소식을 전해야 하기 때문이다.) 요즘 아이들은 그 어느 때보다 더 건강하고 행복하고 생산적이다. 다음 세대의 미래를 걱정하는 것은 기성세대의 일반적인 역할이며, 많은 어른이 요즘 아이들의 어두운 면을 강조한다. 하지만 나는 그들과 동참할 생각이 없다. 반대로 내 눈에 요즘 아이들은 훌륭하다. 그러니 부모들이여, 기뻐하고 자랑스러워 해라.

요즘 아이들은 단순한 성취자가 아니다. 또한 그들은 생각보다 더 사회에 관여한다. 우리 베이비붐 세대만큼 개혁적이지는 않지만 시대가 그런 것을 요구하지 않을 뿐이다. 요즘 아이들은 자기만의 방식을 갖고 있다. 우리 세대는 전쟁에 저항하면서 성장했지만 내 생각에 요즘 세대의 이상주의는 전투에 참여하는 것보다는 균형을 모색하고 환경적이고 정치적인 안전을 이룩하는 것에서 더 많이 나타난다(특히 2001년 9월 11일 이후로). 요즘 아이들은 우리가 어렸을 때보다 덜 거칠지만 우리 못지않게 강하다. 풍자 만화가들은 요즘 젊은이들이 버릇없고 이기적이고 돈을 밝힌다는(돈을 좋아하지 않는 사람 있으면 나와 봐라.) 믿음을 갖게 하지만 그들의 진로 선택은 그런 냉소적인 그림과 일치하지 않는다. 예를 들어, 하버드 대학에서 가장 인기 있는 학과는 환경공학과다. 전국 청소년들의 자원봉사 참여율도 증가하고 있다. 요즘 아이들은 돈을 많이 주는 일을 원한다고 하지만(다시 말하지만, 안 그런 사람 있는가?) 설문조사에 따르면 그들은 보수보다 일의 의미를 더 소중하게 생각한다.

요즘 청소년의 마음과 투지를 말해 주는 생생한 증거를 원한다면 열네 살 라토야 행키가 쓴 수필에서 발췌한 다음 글을 읽어 보기 바란다. 라토야는 소외 가정(대부분 편모 가정이다.)의 소녀들을 위한 보스턴의 마더 캐롤라인 아카데미를 다녔고 8학년 때 이 수필을 썼다. 라토야의 집은 무척 가난했다. 하기는, 가난하지 않으면 마더 캐롤라인 아카데미에 들어갈 수도 없다.(부모의 성의를 보기 위해 1년에 1백 달러의 아주 저렴한 수업료를 받기는 한다.) 라토야의 글을 읽어 보면 어른이 행복하게 살 수 있는 뿌리가 어떻게 형성되는지 확인할 수 있다.

지난 4년 동안 거의 매일 아침, 전날의 피로로 지치고 무거워진 발걸음으로 터덜터덜 학교에 갔다. 그런 순간마다 마더 캐롤라인 아카데미에서 쌓은 경험이 과연 쓸모가 있을 것인지 의문이 들었다. 내 마음은 항상 같은 결론을 내리지 않았지만, '그래, 이 경험이 언젠가는 도움이 될 거야.' 라는 생각이 더 많이 들었다. 가장 힘겨운 시절에 기운을 준 사람들은 바로 나를 이해하는 같은 반 친구들이었다. 하지만 아무도 내게 용기를 주지 않던 시기에는 스스로 용기를 주어야 했다. 지금은 그런 힘겨운 아침 시간들이 더 없이 감사하게 느껴진다. 그런 아침들을 통해 나는 솔선수범하는 용기를 배웠다…….

성공. 노암 웹스터는 성공을 어떤 것에 대한 성취로 정의한다. 웹스터는 아주 똑똑한 사람이지만, 남을 성공하도록 돕는 것 역시 성공이라고 할 수 있지 않을까? 성공을 아낌없이 주는 행위로도 정의할 수 있지 않을까? 자신의 시간을 할애해 도움을 주는 모든 자원봉사자(학교 교사들은 대부분 자원봉사자들이다.)를 보면 성공을 여러 가지로 정의할 수 있다는 사실을 깨닫게 해 준다. 그들은 어떤 사람이 소유하고 있는 것뿐만 아니라 특히 그 사람의 인격과 내적인 능력이 바탕이 된 행위로도 성공을 정의할 수 있다는 사실을 깨닫게 해 주었다. 따라서 나는 성공에 대한 나만의 정의를 내려 보았다. 성공은 자기 자신을 이용해서 만들어 내는 것이며, 타인의 삶에 기여하기 위해 자기 자신을 이용하는 방식이다.

가진 것 없이 자랐기 때문에 당연히 물질적인 성공을 꿈꾸었을 것 같았던 이 소녀는 마더 캐롤라인 아카데미에서 열심히 공부해, 뉴햄프셔의 명문 기숙학교인 세인트 폴 고등학교에 전액 장학금을 받고 입학했다. 라토야는 물질적인 성공이 아닌 타인의 삶에 기여하겠다는 꿈을 가지고 그 고등학교를 다닐 것이다.

다음 글은 또 어떤가? 매사추세츠 주 앤도버에 있는 필립스 아카데미를 졸업하는 12학년 학생의 연설에서 발췌한 내용이다.

협동심은 좋은 것입니다. 개인의 영광은 허락하지 않지만 그것만의 중요한 보상을 안겨 줍니다. 우리는 개인적인 이익이 거의 없는 일을 하며 많은 시간을 보냈지만 어떤 결과를 얻기 위해 함께 노력하는 것이 주는 짜릿함을 느꼈습니다. 친구에게 의지하세요. 친구는 우리를 잘 알고 어떤 이유로든 우리를 좋아해 줍니다. 우리는 완벽한 학생이나 룸메이트, 완벽한 아들이나 딸은 아닙니다. 하지만 이해하고 용서할 수 있다면 훌륭한 사람입니다. 인생은 이력서를 채우는 과정이 아닙니다. 부모님에게 들었을지도 모르지만, 종이에 적힌 것보다 더 중요한 것들이 있습니다. 여러분이 가장 좋아하는 것을 하세요. 그것이 중요한 것으로 보상을 해줄 수도 있지만 그렇지 않을 수도 있습니다. 하지만 자신의 열정을 추구하였기 때문에 여러분은 더 나은 사람이 될 겁니다.

이 학생은 미국에서 가장 유명한 중등학교 중 한 곳을 졸업하면서도 유명세에는 그다지 관심이 없어 보인다. 오히려 '함께 노력하는 것이 주는 짜릿함'을 더 좋아한다.

우리는 미국 어린이들의 이기주의가 심각하다는 보고서나 학업을 뒷전에 둔 미국의 '수준 미달' 교육에 관한 훈계조의 기사를 읽는다. 이기주의에 관한 보고서의 경우는 어느 정도 사실이기도 하다. 하지만 좋은 소식을 생략하고 나쁜 소식을 과장하면 나쁜 소식을 극적으로 강조할 수 있는데, 이것이 사람들의 시선을 잡아 끈다.

사실, 아이들은 대학에 들어가려고 그 어느 때보다 더 열심히 공부하고 있다. 고등학생들과 학부모들이 증언하듯이 유명 대학에 들어가려는 경쟁이 점점 더 치열해지고 있다. 왜 이런 일이 일어날까? '수준 미달' 학생들이 어떻게 두드러진 성적과 높은 SAT(Scholastic Aptitude Test. 미국의 대학수능시험) 점수를 보여 주고 있는 것일까? 해답은, 그들 대부분이 전혀 수준 미달이 아니라는 데 있다. 설사 그렇다고 해도 그들은 너무 똑똑하다. 많은 학교가 학생에게 공부를 너무 열심히 시키고 밖으로 나가 놀 시간을 거의 주지 않는 것 같다. 우리의 노파심이 아이들로 하여금 불안의 고통을 느끼게 하고 있으며, 고등학생들은 '최고' 대학에 입학하기 위해 치열하게 경쟁한다.('최고'를 강조한 것은 많은 부모와 학생이 명문 대학과 최고 대학을 동일시하는 실수를 저지르기 때문이다.) 어쨌거나 요즘만큼 대학에 들어갈 수 있는 탁월한 능력의 소유자들이 많았던 적이 없었다. 예를 들어, 하버드 대학은 원하기만 하면 전체 신입생 강의실을 고등학교 졸업생 대표들로 채울 수 있다. 한 세대 전에는 그렇지 않았다.

많은 비판가가 새로운 세대가 천박하고, 버릇없고, 출세 지향적이라고 주장하고 있다. 하지만 실상은 그들조차 젊은 세대들을 질투하고 있는지도 모른다. 요즘 아이들은 불안한 세상에서 어쩔 수 없는 걱정을 안고 있지만 아이디어와 에너지, 장점으로 가득하다. 대체로 요즘 아이들은 훌륭하다.

하지만 그 '대체로'에는 절대적인 도움이 필요한 적지 않은 아이들이 빠져 있다. 미국 아동의 약 25퍼센트는 의료보험에 가입되어 있지 않다. 6분의 1 가량은 영양부족 상태에 놓여 있다. 미국 5세 이하 2천만 명의 어린이 중 5백만 명이 빈곤층이다. 문맹도 흔하다. 아이들은 언제나 총의 유혹에 노출되어 있다. 감소 추세에 있는지는 모르지만, 폭력적인 행동이 일상화되어 있다. 감옥은 어릴 때 질병, 학습 장애, 혹은 정신 질환을 앓았을 때 필요한 진료와 치료를 받지 못한 어른들로 가득하다. 다른 나라와 마찬가지로 미국은 이런 아이들에게 필요한 돈을 가지고 있다. 그런 일에 돈을 쓰지 않으면 우리 모두가 여러모로 피해를 입는다.

정치에 입문하지 않아도 우리 모두가 생활 속에서 세상 어린이들을 도울 수 있는 방법은 많다. 아이들에게 유대와 사랑으로 충만한 어린 시절을 선물하며 가능한 한 최선을 다해 키운다면 그 첫걸음을 뗀 것과 다름없다. 그것은 마법을 거는 것으로 시작된다.

마법이라니? 대체 무슨 마법?

아이의 인생에서 음식과 옷, 집을 넘어 가장 절실하게 필요한 것은 감정적인 안정, 혹은 내가 말하는 유대감이다. 유대감은 마법을 일으킨다.

나는 '마법'이란 말을 셀마 프레이버그에게서 빌려 왔다. 1959년에 출간되어 고전으로 읽히는 그녀의 책 『마법의 시간 첫 6년*The magic years*』은 어린 시절을 다룬 최고의 책으로 알려져 있다.

나는 '마법'의 정의를 따로 내리고 싶지는 않다. 그 의미는 사람마다 아주 다르기 때문이다. 당신의 어린 시절 마법은 나의 것과 같지 않을 뿐더러 당신의 자녀들의 마법과도 다르다. 자녀들끼리도 마법은 서로 다르다. 하지만 마법은 어떤 유대, 혹은 사랑의 결속 안에서 그 기원, 곧 지니의 램프를 찾아낸다.

어디에 살든 어린 시절은 모든 어린이에게 마법의 시간일 수 있고 또 그래야 한다. 잠깐 생각해 봐라. 모든 것을 아는 어른의 눈을 감고 모든 것이 새로운 아이의 눈을 떠 세상을 바라보며 다시 생각해 봐라.

언제인지 떠올려 봐라. 어른이 되기 전 거인과 난쟁이, 괴물과 요정에 대한 어른의 생각을 알기 전을. 당신에게도 나에게도 지금보다 하루가 훨씬 더 길었고, 원하지 않으면 내일이 영원히 오지 않을 것 같은 때가 있었다. 하지만 기다리는 것, 함께 장난칠 사람, 혹은 적어도 맛볼 수 있는 과자가 어딘가에 늘 있기 때문에 그런 것은 중요하지 않았다.

필요한 건 장난감뿐이었던 때를 기억하는가? 아니면 몇 시간 동안 인형 하나에 푹 빠져 있던 때는 없었는가? 세상 모든 이에게 머리끝까지 화가 났을 때 인형이 온기를 전해 준 적은 없었는가? 형이나 언니가 길거리 배수구에서 찾아낸 손가락 한 개 크기의 플라스틱 인형을 초능력을 가진 영웅으로 바꾸었던 적은 없었는가? 쇠약한 할머니가, 오늘날 1천만 달러로 할 수 있는 것보다 훨씬 더 당신을 편안하고 기분 좋게 해 주었던 적은 없었는가?

얼룩덜룩하고 해진 담요 속, 나만 좋아하는 친구, 낡은 만화책이나 할리우드 잡지가 있는 편안한 구석 자리에서 필요한 모든 것을 찾을 수 있던 때가 있었다. 필요를 충족하는 문제에 대해 고민하는 일 없이 그저 필요한 것을 손에 넣으려고 바동거릴 뿐이었다.

하지만 우리에게는 실제로 무엇이 필요했을까? 아이에게 가장 필요한 것은 뭘까?

아이들이 원하는 것은 그리 복잡하지 않다. 어린 시절의 마법을 일으키기 위해 필요한 것은 그다지 어렵지 않게 구할 수 있다. 바로 사랑이 어린 시절의 마법을 일으킨다.

마법 그 자체는 복잡하다. 그래서 그것을 마법이라 부르며, 그것이 정확히 어떻게 발생하는지는 전혀 모른다. 하지만 그것을 실천하는 방법은 무척 간단하다. 마법은 신비하지만 그것을 시작하게 만드는 것은 그렇지 않다. 우리는 무엇을 해야 하는지 알고 있다. 우리가 해야 할 일은 사랑하는 것이 전부다. 갓난아이만큼 사랑하기 쉬운 대상도 없다. 그냥 사랑이 흘러가도록 내버려 둬라. 그 힘을 믿어라. 부모들이 해야 할 일은 바로 그것이다.

부모들은 감정적인 안정과 유대감이 얼마나 중요한지는 잊고 아이들에게 무엇을 하라고, 아니면 얌전하게 행동하라고 다그치는 데만 열을 올리기 십상이다. 부모가 할 일은 질서를 유지하고 의무를 다하는 것이기 때문이다. 하지만 할 일이 아무리 많고, 아무리 바빠도 부모는 아이들이 얼마나 안정감과 유대감을 느껴야 하는지 절대 잊지 말아야 한다.

교육을 받았고 세련되고 어린 시절로부터 멀리 떠나온 우리 어른들은 안전하고 사랑받는 느낌이 주는 순수한 기쁨을 잊기 쉽다. 다행히 어렸을 때 침대에서 몸을 웅크린 채 부모에게 안기는, 사랑을 받는 단순한 순간을 경험했다면 당신은 축복받은 사람이다. 그런 순간이 없었다면 그에 따른 고통을 알 것이다. 그런 순간에 대한 그리움을 채울 최선의 방법은 아이에게 그런 경험을 주는 것이다. 그러면 갑자기 가슴속에 뚫린 구멍이 채워진다.

고난과 역경도 마법의 일부가 될 수 있다. 무조건적인 사랑이 있는 한 그 마법은 어른이 되어 느끼는 행복의 씨앗에 스며들어 그것을 불리고 곧 싹을 틔운다. 사랑은 필요한 전부가 아니지만 그것 없이는 좋은 것이 거의 없다. 사랑 속에서는 고난과 역경이 성장으로 이어진다. 나무가 말을 할 수 있다면 키가 자라기 위한 고통에 대해 들려줄 것이다. 하지만 나무가 말을 할 수는 없으니 그냥 어른들에게 물어보기 바란다.

이 책에서 나는 어른을 행복하게 만드는 어린 시절의 뿌리를 따라가는 길이 늘 하나뿐인 것은 아니라는 사실을 강조하고 싶다. 행복한 어른들의 수만큼 뿌리의 종류도 많다. 좋은 부모들이 저지르는 가장 큰 실수 중 하나는 어느 특정한 뿌리가 최고라고 생각하는 것이다. 계속 비유한다면(과장이 아니기를 바란다.), 그런 부모들은 묘목을 계속 파헤쳐 뿌리를 다시 정리한다. 자신들이 들은 것을 따라야 나무에게 가장 좋은 뿌리가 된다고 여긴다. 그러나 농부들은 그런 일은 자연에 맡겨 두는 것이 가장 좋다고 말할 것이다.

그것은 부모들이 천천히 배우는 교훈이다. 우리는 어떻게 해야 자연의 이치에 따라 아이들을 키울 수 있을까? 나는 수동적으로 대응하라고 권하고 싶지는 않다. 그건 절대 아니다. 이 책의 주제는 당신이 할 수 있는 것을 보여 주고 효과가 있는 행동 계획을 제안하는 것이다. 농부는 적당한 땅을 골라 적당한 비료를 뿌리고 필요한 만큼 물을 주고 좋은 날씨를 기원하며 잡초를 뽑지만, 뿌리를 만지작거리지는 않는다. 마찬가지로, 부모들도 행복한 생활에 대한 선입견으로 오직 어느 한 학교, 한 가지 땅콩버터, 특정 스포츠, 어떤 친구가 최고라고 설득하며 세세한 것까지 통제하는 행동을 그만두어야 한다. 아이들은 어떤 선택이든 스스로 결정을 내려야 한다.

부모가 되는 것은 뒤로 넘어지는 게임과 같다. 뒷사람이 당신을 잡을 것임을 확신하기 위해 할 수 있는 것을 모두 한 뒤에는 그냥 최선의 결과를 기다리며 뒤로 넘어져야 한다. 자신을 잡기 위해 자신의 주위를 뛸 수는 없으며, 자신의 아이를 잡으려고 뛰어갈 수도 없다.

그럴 때 우리는 마법에 의존한다.

그게 무슨 말인지 설명하기 위해 내가 알던 한 소년에 대한 이야기를 하겠다. 그 소년의 아버지는 소년이 네 살이었을 때 주립 정신병원에 들어갔다. 정신과 의사들이 소년의 아버지를 치료하는 것은 불가능하다고 말했기 때문에 소년의 어머니는 2년 뒤에 남편과 이혼했다. 그리고 또 2년 뒤에 재혼을 했는데 이 남자는 폭력적인 알코올 중독자였다. 소년은 매일같이 의붓아버지와 싸웠다. 어머니는 둘의 싸움도, 그 원인을 제공하는 술도 중단시킬 수 없었다. 그리고 어찌해야 할지 몰라 열 살 된 아들을 기숙학교에 보내 버렸다. 다행히 소년은 기숙학교에서 친구들을 사귀고 좋아하는 활동을 하게 되었을 뿐만 아니라 대리 부모도 만났다. 소년은 학습 장애에도 불구하고 모범적인 학생이 되었고 대학과 의과 대학원에 간 뒤에 소아 전문 정신의학자가 되었다. 그리고 현재는 수라는 여성의 남편이자 루시, 잭, 터커 세 아이의 자랑스러운 아빠로 살고 있다. 그렇다. 바로 내게 키가 안 자라게 할 수는 없다고 말했던 바로 그 터커다. 내가 바로 그 소년이었다. 그 소년은 이 책을 쓰면서 자신의, 그러니까 바로 나의 어린 시절의 마법에 감사하는 남자로 성장했다.

만성 정신 질환을 앓는 아버지, 여섯 살 때 이혼한 부모, 알코올중독자 어머니, 역시 알코올중독에 폭력을 쓰는 의붓아버지, 두 가지의 학습 장애. 내가 감당해야 했던 것들을 본 사람들이라면 나의 미래가 암울하다고 말했을 것이다. 그리고 어른이 되어 느낄 행복의 씨앗이 나의 어린 시절에 제대로 심어지지 않았다는 말도 할 것이다. 어쩌면 어른이 되어 겪을 재앙의 씨앗이 뿌려졌다고 말할지도 모른다.

하지만 그런 판단이 틀릴 수 있다.

내가 감당해야 할 모든 어려움에도 불구하고 나는 이 책에서 어른의 행복에 필요하다고 설명할 요소들을 어린 시절에 찾았다. 나는 역경을 다루는 법을 배웠다. 기쁨을 찾아 지키는 법도 배웠다. 나는 부모님이 나를 사랑한다는 사실을 늘 알고 있었다. 비록 아버지는 정신 질환 때문에 나를 떠나야 했고 어머니는 가족이라는 말을 쓰기 무색할 정도로 늘 취해서 비틀거렸지만 말이다. 나는 내가 의붓아버지를 미워할 때 의붓아버지가 나를 미워한다는 것을 알았다. 하지만 그를 미워하면서도 우리에게 기회가 한 번 더 주어진다면 나도 의붓아버지도 서로를 사랑할 수 있을지 모른다는 의외의 생각도 했다. 지금 생각하면 그런 느낌은 어머니와 친아버지가 나를 무조건적으로 사랑한다는 것을 알았던 데서 비롯된 것 같다. 그런 느낌이 아주 강해서 나는 가슴 깊은 곳에서는 내가 착하고 괜찮고 좋은 사람이라는 생각을 했다. 의붓아버지가 그랬던 것처럼 누군가 나를 그렇지 않은 아이로 취급했다면 오해가 있었던 게 틀림없었다. 어쨌든, 하루하루가 내게 무엇을 가져다줄지는 몰랐지만 나는 생활 속에서 늘 사랑을 느꼈다. 술에 취한 채 치고받는 싸움처럼, 어머니가 맞는 모습을 지켜보는 것처럼, 뜻은 몰라도 야하다고 느끼는 선정적인 말처럼.

나는 소위 '문제성 많은' 어린 시절을 보내고 있었지만 어른이 되어 느낄 행복의 뿌리는 여전히 자라고 있었다. 아무리 무관심해도 양쪽 부모의 사랑을 모두 받았다. 친구도 있었다. 놀 수도 있었고 가슴이 따뜻한 선생님들을 만났다. 그리고 그들을 기쁘게 해 주려고 열심히 공부했다. 나는 내가 좋아하는 것을 찾았다. 그리고 연습 끝에 잘할 수 있게 되었다. 그렇게 친구들과 선생님들의 인정을 받았다. 결과적으로 그것은 세상의 건강한 부분과 나를 다시 연결시키고 문제 가정에서 멀어지게 했다.

나는 건강하고 행복한 삶으로 들어가는 길을 찾았다. 내가 열 살이었을 때만 하더라도 어느 누구도 예측하지 못한 길이었다. 아이들은 반쪽짜리 기회만 주어져도 그렇게 한다.

당신이 필요한 것은 반쪽짜리 기회뿐인데 완전한 기회가 주어진다면 얼마나 잘할 수 있을지 상상해 봐라.

희망은 늘, 항상 있다.

부모에게는 무엇이 필요할까?

아이들에게 필요한 것을 묻는 질문의 이면에는 부모들이 잘 생각하지 않는 것이 있다. 바로, '부모들은 아이들에게 무엇을 원하는가?' 이다. 범위를 조금 더 확대해서, 사회는 아이들에게 무엇을 요구하는가? 이 질문에 대한 답은 이 책의 부차적 줄거리와 같다. 간단히 말해, 우리는 아이들이 주는 사랑을 원한다. 그런 사랑을 얻기 위해 우리가 해야 할 일은 그것을 끌어내는 것이 전부다. 어린 시절의 마법을 부활시키기 위해 우리가 할 일이 아이를 사랑하는 것이 전부인 것처럼, 아이들을 통해 새로운 인생을 살기 위해 우리가 해야 할 일은 그들이 느끼는 사랑을 느끼는 것이다. 그러고는 그 사랑이 흐르도록 내버려 두어야 한다. 사랑의 힘을 믿어야 한다.

아이를 사랑하는 것은 '주는 것이 곧 받는 것' 이라는 옛말에 담긴 진실을 증명한다. 아이들을 더 사랑할수록 아이들이 주는 선물을 더 많이 받는다.

친자식이든 아니든 아이들은 우리에게 완전히 새로운 인생을 선물한다. 아이들은 우리를 방해하고 산만하게 하려면 어떻게 해야 하는지 잘 아는 것처럼 우리를 정신없게 만든다. 우리를 밖으로 나가 놀게 한다. 우리의 거만한 태도를 망쳐 놓는다. 애써 참으려고 하는데도 웃음을 터뜨리게 만든다. 아이들은 전진하거나 잠자는 것보다 인생에 더 많은 것이 있다는 것을 증명한다. 우리가 어찌해야 할지 모를 때조차 우리의 도움을 원한다. 아이들은 우리에게 즉흥곡을 짓게 만든다. 우리가 오래전에 잊어버린 시시한 기쁨을 얻는 법을 알려 준다.(아이들에게 시시한 것은 거의 없다.) 그들은 우리를 행동하게 한다. 우리에게 새로운 단어를 가르친다. 우리가 미리 준비하는 것을 막는다. 우리를 놀려댄다. 그리고 마침내 의미라고 불리는 손에 잡히지 않는 선물을 준다.

우리에게는 대답할 수 없는 수많은 질문을 하는 아이들도 필요하다.

그런 질문들은 대개 이렇다. 어느 아버지와 딸이 이런 대화를 나누는 오래된 일화가 있다.

"아빠, 하늘은 왜 파랗죠?"

어린 딸이 물었다.

"애야, 아빠도 잘 모르겠구나."

아빠가 대답했다.

"아빠, 그럼 번개는 어떻게 생겨나요?"

딸이 다시 물었다.

"그것도 잘 모르겠는걸."

아빠가 대답했다.

"아빠, 학교에서 배운 건 왜 하나도 생각이 안 날까요?"

딸이 또 물었다.

"글쎄다."

그러자 딸이 또 물었다.

"아빠, 내가 이렇게 물어봐서 귀찮아요?"

"아니, 전혀. 실은 네가 물어봐서 아주 기쁘단다. 그렇지 않다면 다른 무언가를 어떻게 배우겠니?"

아빠가 대답했다.

아이들은 부모를 쳐다보고 의지하는 존재이며, 우리가 최선을 다해 노력할 충분한 이유다.

요즘 부모들의 이점

나는 내가 나의 부모님보다 훨씬 더 좋은 부모라고 주저 없이 말할 수 있다. 내가 더 나은 인간이기 때문이 아니라(사실 더 낫지도 않다.) 우리 세대 사람들 대부분이 그렇듯 내 부모가 알았던 것보다 아이들에게 무엇이 필요한지 더 많이 알고 있기 때문이다. 또, 우리 세대 사람들이 대부분 그렇듯 내 부모보다 부모로서 훨씬 더 많은 우선권을 갖고 있기 때문이다.

심한 체벌, 모욕을 주며 가르치는 교육, 눈에 띄지 못하게, 말도 못하게 하는 벌, 아동 학대 등 옛날 방식이 완전히 사라지지는 않았다. 하지만 점점 더 많은 부모들이 부모가 된 것이 인생에서 가장 중요한 일이라고 생각하기 시작하면서 그런 옛날 방식은 점차 퇴색하고 있다. 우리는 또 과거 어느 때보다 더 많은 것을 알고 있다. 지난 50년 동안 두뇌 과학, 학습 장애, 아동 우울증과 불안, 소아 약물, 그리고 새로운 교육 방식에 대해 아주 많은 것을 배웠다. 아이들의 요구에 대해 알게 된 것을 바탕으로 더 나은 부모가 되었고 아이들은 더 건강한 아이들이 되었다.

부모들은 대개 자식을 위해 최선을 다하려고 노력한다. 하지만 '최선'이 무엇을 의미하는지 정의할 수 있을 때 도움이 된다. 부모라면 어떻게 해야 할까? 부모라면 육아의 기본 전략으로 '작전 계획'

같은 것을 세우는 것이 좋다.

나는, 내가 이름 지은 '유대적인 어린 시절'을 보냈느냐에 인생의 행복이 달라진다고 믿는데, 연구 결과도 그것을 증명하고 있다. 이것은 좋은 소식이다. 왜냐하면 유대적인 어린 시절은 부자인 부모뿐만 아니라 교사, 코치, 의사, 지역 지도자, 정치인, 성직자, 이웃 등 아이들에게 유대감을 느끼는 어린 시절을 만들어 주기 위해 아이들을 염려하는 모든 사람의 노력으로 가능해지기 때문이다.

그러나 유대적인 어린 시절은 출발점일 뿐이다. 나는 어린 시절에 시작되어 평생 지속되는, 누가 봐도 행복하다고 말할 수 있는 삶에 대한 과정을 설명하려고 한다.

오랫동안 전문가들은 어린 시절의 가능성을 때로는 지나치게, 때로는 부족하게 강조했다. 부모의 통제 범위는 지나치게 강조하면서도 얼마나 바른 길로 가느냐를 강조하는 것은 부족했다. 어릴 때 경험한 올바른 일은 만족, 생산성, 기쁨의 시간으로 이어진다. 때문에 이 책에서 나는 올바르게 할 수 있는 것에 집중할 것이다.

부모들은 매일 잘못될 수 있는 것을 보고 듣고 읽는다. 아동의 스트레스와 불안 증가, 최신 연구 결과(우리를 화나게 하거나 혼란에 빠뜨리는 '최신 연구'가 끊임없이 발표된다.), 아이들이 할 일이 너무 많아 시간에 쫓기는 탓에 어린 시절이 사라진다는 소식, 글을 읽지 못하는 아이들이 의외로 많다는 이야기, 의료 서비스를 충분히 받지 못한다는 소식, 대학입학을 앞둔 고등학생이 받는 압박, 텔레비전을 보거나 컴퓨터를 하며 보내는 시간, 혹은 우리 가족이 '전자 기기 사용 시간'이라고 부르는 시간의 위험성, 약물 남용 문제 등 끝도 없다.

하지만 좋은 뉴스는 어떤 것일까?

아이들이 바로 좋은 뉴스다. 아이들은 인생이 선물하는 최고의 뉴스다. 얼마 전에 나는 뉴저지 프린스턴에 있는 프린스턴 몬테소리 스쿨을 방문했다. 그곳에서 태어난 지 12주에서 15개월 사이의 아기들과 카펫이 깔린 바닥에서 30분 동안 어울려 놀며 잠시나마 지상의 천국에 와 있는 기분을 느꼈다.

나는 머리를 들고 양팔을 모은 채 바닥에 엎드려 바쁘게 돌아다니는 아기들을 놀라운 눈으로 바라보았다. 입술을 쩝쩝거리며 빠는 행동, 여기저기에 손을 뻗는 모습, 올챙이처럼 차는 모습, 보이는 모든 물건이나 사람에게 몰입하는 것들을.

아기들은 나를 보자마자 소리를 질러댔고 그중 몇 명은 손까지 흔들었다.(아마 그랬을 것이다.) 몇몇은 기어와 등에 올라타기도 했다. 기지 못하는 아기들은 자벌레처럼 배를 밀어 내 쪽으로 왔다. 일단 거리가 가까워지면 우리는 서로에게 온갖 표정을 지어 주며 옹알이라는 근사한 노래 같은 언어, 말하는 사람이나 듣는 사람이 모두 즐거워지는 언어로 대화를 나누었다. 아기들은 자기들만의 방식으로 '와, 재밌어!', '아저씨 오늘 아침에 날 만나러 와 주어서 정말 기뻐.', '오늘 응가 했어?' 라고 말하는 것 같았다.

나는 점점 더 그 방의 분위기에 빠져들었고 내 두뇌는 분가루와 이유식, 작은 인간들이 대화하는 소리, 그들이 노는 광경에 열중하게 되었다. 그러면서 언제 마지막으로 느꼈는지 기억이 가물가물한 엔도르핀이 와락 분출되는 느낌이 들었다. 아기들은 파도가 넘실거리지만 안전한 바다에서 수영하는 돌고래 무리처럼 나를 자기들의 집단으로 끌어들였다. 집중적이고 긍정적인 에너지가 그 방을, 특히 아기들이 휘젓고 다니는 바닥 주위로 넘쳐흘렀다.

당신의 자녀를 즐겨라

그동안 일을 하면서 아기들이나 우리 집 아이들 외의 어린이를 수천 명은 만났을 것이다. 나는 아이들과 이야기를 나누며 어울리는 것이 무척 즐겁다. 의과대학에 다닐 때는 몬테소리 스쿨의 아기들과 바닥에 누워 있을 때처럼 신생아실의 에너지에 흠뻑 젖어드는 것이 가장 행복했다. 환자들은 싫어했을지 모르지만 소아과 병동에 가는 것이 항상 즐거웠다. 수련의 과정을 마치고 아동 정신과 의사가 된 뒤로는 학교에 가는 것이 좋았다. 학교에 가면(유치원, 초등학교, 중학교, 고등학교 어디든) 힘의 장처럼 학교를 에워싼 아이들의 힘이 느껴진다. 그것은 나를 집어 올려 자유로웠던 어린 시절로 되돌려 놓는다. 학교에 줄지어 선 사물함 옆을 지나치면서 무심코 내 사물함을 찾은 적도 있다.

많은 육아서가 놓치는 것이 있다. 우리가 해 주는 것보다 아이들이 우리에게 더 많은 것을 해 준다는 사실이다. 어느 육아서이든 '당신의 자녀를 즐겨라'가 가장 중요한 조언이 되어야 한다. 아이들에게 배우고, 그들이 하는 말에 귀를 기울이고, 가능하면 같이 놀아 주고, 아이들이 태어나기 전에 이미 죽기 시작한 당신의 일부를 다시 태어나게 하고, 그런 당신의 일부가 일, 우정, 영적인 생활 등 생활의 모든 부분에 활력을 주게 해라.

당신은 이렇게 외칠지 모른다. "뭐라고요? 내가 아이들에게 해 주는 것보다 더 많은 것을 아이들에게 해 달라고 하라니요? 우리 아이는 아무것도 못한단 말이에요! 내가 전부 다 하거든요! 그 녀석들은 먹고 옷을 더럽히고 텔레비전을 보고, 나는 그 음식을 만들고 그 더러운 옷을 빨고 그 텔레비전에 들어가는 전기 값을 내죠. 그런데 내가 하는 것보다 더 많은 것을 그 녀석들이 한다니, 대체 무슨 뚱딴지 같은 소리요?" 당신은 바보 같은 내 말에 대한 경멸감을 표현하기 위해 심한 욕설을 덧붙이고 싶을지도 모른다.

하지만 화를 가라앉힌 뒤에, 아이들이 잠자리에 들거나 다 커서 집을 떠난 뒤에는 내 말이 옳다는 사실을 알게 될 것이다. 그렇다. 부모는 음식, 옷, 집, 정리, 시간 관리, 기회, 훈육, 파티, 선물, 야구 티켓, 병원 진료, 케이블 채널 등 자녀에게 많은 것을 준다. 그렇게 주는 것이 나쁘다는 말은 절대 아니다. 아이들에게 주지 않으면 누구에게 무엇을 위해 줄 것인가? 개인적인 부를 위해? 나는 아이들이 태어난 이후 목적과 방향을 얻었고 그 어느 때보다 더 열심히 일했으며 과거 어느 때보다 더 많은 것을 했다. 일을 하러 가고 물건을 조달하는 것은 나 자신보다 더 큰 이유가 있기 때문이다.

하지만 우리가 아이들에게 그렇게 많은 것을 주는 동안 아이들은 우리에게 무엇을 주는지 생각해 보기 바란다. 희망. 사랑. 에너지. 목적. 웃음. 달콤한 슬픔. 의미. 영웅이 될 기회. 상상도 못한 사랑을 할 기회. 우리 자신보다 다른 누군가를 더 걱정할 기회. 성공할 기회.

위대한 부모(그리고 행복한 어른)가 될 수 있는 최고의 방법 중 하나는 아이라는 존재의 의미를 깊이 새기고 당신이 어렸을 때 진흙탕에서 뒹굴던 것처럼 그것을 음미하는 것이다. 지금은 진흙을 피하지만 한때는 그 속으로 곧장 뛰어들어 그것이 만들어 내는 질퍽한 소리와 엉망진창인 느낌을 좋아했을 것이다. 진흙에서 뒹굴거나 그것으로 파이를 만든 사람들이 있을지도 모른다. 행복을 느끼고 싶다면(그리고 위대한 부모가 되고 싶다면) 추상적인 사실이 아니라 구체적인 상황의 어린 시절을 음미해라. 진흙탕과 엉망진창의 분위기, 소음을 추억해라. 도깨비 같은 것들. 초콜릿, 피자 위의 케첩. 내일을 정말, 정말, 정말 고대하며 잠자리에 들어가는 느낌 같은 것을 추억해라.

아이들은 즐거움으로 가는 길을 손가락으로 가리킨다. 관찰하고 배우면 우리도 따라갈 수 있다.

아이들 곁에서 시간을 보내고 있노라면 그들이 올바른 인생을 시작하는 데 필요한 무슨 일이라도 하고 싶어진다. 왜 그런지 궁금해하지 마라. 그저 그렇게 하고 싶다는 사실을 알고 있을 뿐이다. 그것도 당장 하고 싶다. 하지만 어떻게 해야 할까?

당신이 부모로서 느끼는 강한 사랑을 아이들에게 가장 도움이 되는 행동으로 바꾸는 방법이 늘 정해져 있는 것은 아니다.

몇 가지 기본적인 질의응답

다음은 부모들이 주로 묻는 기본적인 질문들과 이 책에서 정리한, 자녀를 위해 실천할 수 있는 구체적인 단계를 바탕으로 한 답변들이다.

Q: 아이들에게는 무엇이 가장 필요한가?

A: 사랑이다. 하지만 이런 의문이 꼬리를 물고 일어날 것이다. 얼마만큼의 사랑이 필요한가? 누구의 사랑, 어떤 종류의 사랑이 필요한가? 얼마나 사랑해야 충분한가? 사랑을 받지 못하는 아이에게 희망이 있는가? 그 대답은 7장에 있다.

Q: 내 아이가 걱정될 때 어떻게 해야 하는지 부모로서 활용하고 실천할 수 있는 방법은?

A: 아이에 대한 걱정(혹은 다른 것에 대한 걱정)을 해결하는 경우에 가장 우선시하는 규칙이 있다. 그것은 걱정을 없애는 최고의 조언으로 수많은 연구를 통해 효과가 입증되었다. 간단하다. 혼자 걱정하지 말라는 것이다. 걱정을 해소하는 방법에 대해 더 알고 싶다면 2장을 읽어 보기 바란다.

Q: 아이들에 대한 지출에서 가장 우선시해야 하는 것은 무엇인가?

A: 음식, 의복, 집, 치아를 포함한 건강관리, 교육과 관련된 것.

Q: 생각하지 않아도 좋은 비용은 어떤 것인가?

A: 내 계산으로 교육 관련 비용 다음으로 운동 관련 비용이 많이 들지만 그 외의 것은 생각하지 않아도 된다. 운동은 올바른 방법으로 접근한다면 행복한 아이로 발전하는 데 있어 학업만큼 중요하다. 음악 교습은 감당할 수만 있다면 흥미를 느끼는 아이들에게 아주 좋다. 생일 선물이나 다른 선물은 비싼 것일 필요가 없는데도 부모들

은 흔히 과한 지출을 한다. 특히 최신 성능의 컴퓨터(아이에게 특별히 필요하지 않다면 일반 컴퓨터가 제격이다.), 디자이너 브랜드의 옷, 비싼 장난감, 과소비 휴가 등 '다른 사람들이 다 가지고 있으니까' 혹은 '다른 사람들이 다 하니까' 등 필요한 것처럼 보이는 것에 많은 돈을 쓰지 마라.

Q : 최신 연구 결과는 어떤 것인가?

A : 앞서 말했듯이 '최신 연구'는 항상 있다. 그것은 불가피하다. 『뉴스위크Newsweek』나 『타임Time』의 보도를 통해 접하거나, 아이들을 학교로 태워줄 때 뉴스에서 듣거나, 아니면 〈60분60 Minutes〉이나 〈투데이 쇼Today〉에서 보게 된다. 보육시설을 이용할 수밖에 없는 맞벌이 엄마들은 보육시설이 아이들에게 미치는 부정적인 영향에 관한 연구를 접하면 뜨끔해진다. 첫 번째 결혼에서 낳은 아이 둘을 데리고 재혼한 엄마는 아이들이 부모의 이혼으로 받는 상처에 관한 연구를 접하면 뜨끔한다. 아니면 닌텐도나 텔레비전, 설탕, 트램펄린, 면역, 햇빛, 장난감 총, 스쿠터가 아이들에게 얼마나 나쁜지 증명하는 연구들도 있다. 자녀들이 그런 '위험한' 물건들을 평소에 접한다면 그 부모도 뜨끔할 것이다. 그런데 생각해 봐라. 그런 것들에 뜨끔할 필요가 없다. 소아과 의사, 학교 선생님, 친구 들과 계속 연락한다면 최신 연구들과 상식을 조합해 적절하게 행동할 수 있다.

Q : 시험 점수처럼 성적을 강조하는 것은 올바른 행동인가?

A : 절대, 분명히 아니다. 우리가 강조하는 것은 심각한 불균형을

초래한다. 성적과 다른 평가 가능한 성과를 지나치게 강조하면서도 재치, 낙관주의, '사교술', 할 수 있다는 자신감, 창의성, 친구, 가족, 공동체 같은 다양한 형태의 유대, 영적인 부분, 자연에 대한 사랑, 협동심 등을 강조하는 것은 부족하다. 수많은 연구가 어른의 행복으로 이어지는 것이 낙관주의, 외향성, 생활에 대한 통제력, 자존감 등 내면적인 자질이라는 사실을 증명하고 있다. 감정적인 건강의 수단을 똑같이 강조하고 가르치며 균형을 유지하는 한 좋은 성적을 강조하는 것은 좋다. 사춘기 청소년이 심각한 감정적 압박, 우울증, 마약이나 알코올 남용, 폭력적 행동, 퇴학, 원치 않는 임신과 같은 문제에서 벗어나게 해 주는 가장 강력한 두 가지 결정 인자가 바로 집, 학교와 연결되어 있다는 느낌이라는 사실이 많은 연구에서 증명되었다. 게다가 유대감을 느끼는 학생이 최고의 성적을 받는다는 결과도 있었다. 학생들의 '유대감 점수'를 SAT 점수만큼 강조한다면 그들은 감정적으로 더 건강해지고 공부도 훨씬 더 잘하게 될 것이고, 더 행복하고 생산적인 삶을 누릴 것이다. 이 주제에 관한 더 많은 논의는 12장에 나온다.

Q: 어린 시절이 사라지고 있는 게 사실이라면 그것을 되찾기 위한 구체적이고 실질적인 방법은 무엇인가?
A: 많다. 3장과 15장, 그리고 이 책의 나머지에 그 방법들이 나온다. 당신의 어린 시절을 기억하면서 실천하기 바란다. 실천 방법은 3장에 소개되어 있다.

Q: 가끔 아이들 때문에 머리끝까지 화가 난다. 아이들을 통제할 수 없거나, 나를 돕거나 서로 잘 지내게 하지 못할 때는 내가 나쁜 부모가 된 기분이 든다. 그럴 때는 어떻게 해야 하나?

A: 현실에 온 걸 환영한다. 예외 없이 거의 모든 가족이 갈등을 겪는다. 그런데 실제로는 그것이 유대의 증거다. 가정에서 갈등을 어떻게 조절하느냐가 문제 해결 능력, 회복력, 공유 능력을 다지는 데 기여한다. 유대의 반대는 갈등이 아니라 무관심이다. 누구라도 아침시간에 우리 집에 찾아오면 고함과 큰소리, 가끔은 울음소리와 문을 세게 닫는 소리도 들을 수 있다. 우리 아이들은 부드럽게 표현해서 '쾌활' 한데, 수와 나는 심하게 다그치지 않는다. 수가 규칙을 정하려고 골몰하는 동안 나는 '착한 남자' 가 되기 때문에 특히 더 그렇게 된다. 모든 가족처럼 우리는 어떤 일을 더 잘하려고 노력하면서도 최대한 과정 전체를 즐기는 진행형 가족이다. 도움이 필요하다면 아동 정신과 의사나 아동 심리학자, 가족 치료를 전문으로 하는 사회복지사 같은 전문가와 상담하는 것이 좋다. 그들은 많은 도움을 줄 수 있다. 그냥 편하게 느껴지는 사람을 선택하면 된다. 아는 사람이 없다면 소아과 주치의나 다른 부모, 혹은 학교에 조언을 구하면 된다.

Q: 문제가 있는 어린 시절을 겪은 성인은 어떻게 어려움을 딛고 일어섰는가?

A: 그들은 어른과 긍정적인 관계를 맺는다. 더 자세한 내용은 6장과 7장, 이 책의 다른 많은 부분을 참고해라.

우리 아이들은 이런 질문들에 대한 대답이 옳다는 것을 매일 증명한다. 예를 들어, 어느 날 저녁에 나는 수, 세 아이와 함께 저녁을 먹다가 이런저런 이야기를 하며 큰 소리로 걱정을 늘어놓기 시작했다. 무슨 내용이었는지는 잘 기억나지 않는다. 잠깐 동안 걱정을 하는 내 말을 들은 다섯 살짜리 터커가 소리를 질렀다. "아빠! 항상 밝은 면을 봐야죠!"

터커가 행복한 남자로 성장할 가능성은 아주 높다. 어린 시절의 낙관주의와 성인의 행복 사이에 상관관계가 있다는 것을 밝히는 연구 결과도 있다.

그로부터 며칠 뒤에 뒷마당에 나가 있었는데 이번에도 터커와 함께였다. 터커는 트램펄린 위에서 점프를 하며 자기가 전에 발명한 경기와 규칙, 그리고 그 자리에서 만든 다른 것을 몸으로 설명하고 있었다. 규칙은 한 발로 할 수 있는 수많은 도약은 말할 것도 없고 '트램펄린 괴물'을 피하기 위해 필요한 주의사항뿐만 아니라 구체적인 걸음걸이, 두발 뛰기와 한발 뛰기를 포함해서 아주 복잡했다. 터커는 트램펄린 위로 날아온 잎과 가지까지 경기와 규칙에 넣었다. 복잡하기 그지없는 규칙이었다.

터커가 노는 모습을 지켜보는 기쁨과 트램펄린이 왕국이고 내가 왕이던 시절에 대한 향수를 아련히 느끼며 아들에게 물었다. "터커, 행복하니?"

정신과 의사인 아버지가 곧잘 하는 막연한 질문에 익숙한 터커는 계속 뛰기만 할 뿐이었다. 내가 다시 물었다. "터커, 행복해?"

막내에다 세 아이 중 가장 협조적인 터커는 그제야 대답해 주었다. "응. 슬프거나 화날 때만 빼고요."

"무엇 때문에 행복한데?"

아이가 계속 오르내리는 동안 또 물었다.

터커는 이번에는 곧장 대답했다.

"엄마, 아빠. 장난감, 친구들, 트램펄린."

그리고 계속 뛰면서 또 이렇게 말했다.

"아이스크림이랑 사탕. 그리고 안아 주는 거. 그리고 또 엄마, 아빠."

터커는 잠시 쉬었다가 결론을 내렸다.

"대충 그래."

터커의 즉흥적인 목록은 내가 고심 끝에 정리한 목록과 아주 비슷했다.(목록은 어른의 행복에 영향을 미치는 어린 시절의 뿌리에 관한 것으로 5장에 제시되어 있다.) 터커는 이미 알고 있었던 것이다. 대부분의 어린이가 그렇다.

하지만 어느 정도 나이가 들면 아이는 더는 우리에게 말해 주고 싶어 하지 않는다. 예를 들어, 당시 여덟 살이던 잭에게 무엇 때문에 행복한지 묻자 아들은 퉁명스럽게 대답했다. "또 시시한 소리."

부모들이 잘 잊어버리는 데다, 아이들도 어느 시기가 되면 말해 주고 싶어 하지 않는다. 그렇기 때문에 이 책에서 아이들에게 인생의 행복을 찾는 최고의 기회를 주는 데 도움이 되는 나만의 전략을 소개하려고 한다.

하지만 인간이 느끼는 행복의 수수께끼를 풀었다고 주장하는 것은 아니라고 생각해 주기 바란다. 단지 내가 고안할 수 있는 최고의 방법을 제시할 뿐이다.

어떻게 보면, 부모로서 해 주는 것이 그다지 중요하지 않다는 점도 알아 두어야 한다. 아이들의 인생을 결정하는 이야기의 일부는 출생, 심지어는 태중에서 정해진다. 행복의 씨앗 중 일부는 유전자에 심어진다는 것이다. 하지만 작물의 성장이 정원사의 손길에 달려 있는 것처럼 아이의 행복도 부모의 관심과 어린 시절의 경험에 달려 있다.

부모는 정원사 이상으로 올바르게 하려고 노력한다. 우리는 달빛이나 따스한 햇볕 아래에서 갓 태어난 아이를 안고 흔들며 꿈꾸고 희망했던 삶을 살 수 있도록, 아이들에게 최고의 도움을 주기 위해 할 수 있는 모든 것을 하고 싶어 한다.

나의 경우, 그 희망과 꿈은 이렇다. 나는 첫째 루시가 태어난 여름에 둘리틀(Doolittle) 호숫가에 앉아 아이를 재웠던 기억이 난다. 호수의 이름은 둘리틀이었지만 그곳에서 수와 나는 이 새로 태어난 아기로 인해 할 일이 많다는 것을 알았다. 우리가 하는 일 중 가장 중요하지만 가장 힘이 덜 드는 것들 중 하나가 바로 희망하고 꿈꾸는 것이다. 나는 루시를 안고서 그 작은 얼굴이 젊은 여성의 얼굴이 되는 상상을 했고 미소 짓는 아이의 얼굴에서 어른의 미소를 보았다. 루시가 초원을 달려 내 눈에 보이지 않는 누군가를 만나러 달려가는 상상을 했고, 6월의 푸른 황금빛 아침에 대학 졸업장을 받고 자랑스럽게 서 있는 모습을 보았다.

나에게는 전혀 없는 자신감을 가지고 성인이 되어가는 루시도 그려 보았다. 아이가 우리에게 없는 기술을 터득하고 우리에게 닥친 고통을 피해 가기를 바라는 마음이 얼마나 자주 드는지 모른다. 나는 내가 그랬고 지금도 그렇듯이 루시가 당당하고 남의 생각과 판단을 두려워하지 않기를 소망했다. 루시가 세상을 향해 편하게 다가가 수줍음이나 두려움 없이 활약하기를 소망했다. 그리고 내가 어릴 때 갖지 못했고, 인생을 살면서 좋은 것들을 발견했지만 여전히 갖지 못한 강한 안정감을 루시가 갖게 되기를 소망했다.

내 품에 안긴 아기였던 그해 여름부터 12년이 지난 지금까지, 루시는 다른 두 아이처럼 강한 안정감을 갖게 되었다. 콤플렉스가 있다면 아이를 감정적으로 건강하게 키울 수 없다는 것은 사실이 아니다.(얼마나 감사한 일인가!) 수와 나는 둘 다 지워지지 않는 상처가 있는 불안정한 어린 시절을 보냈다. 하지만 지금까지 우리는 그 고통을 아이들에게 물려주지 않았고 앞으로도 그럴 것이라고 확신한다.

우리 부부는 서로를 만나기도 전부터 아이들에 대한 희망과 꿈을 갖기 시작했다. 우리 둘 다 올바르게 아이들을 키우고 싶었다. 그리고 결혼을 하자마자 곧바로 시작했다. 나는 서른아홉 살이었고 수는 서른세 살이었으니, 낭비할 시간이 없었다.

결혼하고 11개월이 지나 루시가 태어났을 때 나와 수의 인생은 영원히 바뀌었다. 부모가 되고 난 뒤에는 여태 한 번도 해 본 적 없는, 다른 사람의 행복에 온몸을 던지는 일을 하게 되는데 이런 무모함은 죽을 때까지 이어질 것이다. 이상하게도 우리 부모들은 그런 무거운 책임을 한 번도 받아 보지 못한 최고의 선물로 여긴다. 루시는 태어나면서 나의 행복으로 이어지는 문을 열었다. 그것은 분명 걱정, 피로, 분노, 절망, 그리고 바보가 된 기분으로 가는 문의 빗장이었다. 매 단계에서 서투른 모습을 보이지 않는 부모는 없을 것이다. 하지만 자식이 주는 보상은 어떤 것인가? 그보다 더 좋은 것은 없을 것이다.

수와 나의 마음은 루시에 대한 꿈으로 가득 찼다. 루시 역시 태어난 순간 꿈을 현실로 만들며 우리의 생활을 가득 채웠다. 처음에는 살아남기 위해 사투를 벌여야 했으므로 우리는 걱정과 가슴앓이에 시달렸다. 태어날 때부터 루시의 심장은 가슴의 오른쪽에 잘못 붙어 있었다. 내장역위증이라고 불리는 이 병은 가끔 생명을 위협하는 문제를 일으킨다. 하지만 루시의 경우는 모든 것이 양호한 것으로 밝혀졌다. 아주 건강하게 모든 문제를 헤쳐 왔다.

하지만 우리는 운명이 우리에게 던진 경고에 벌벌 떨었다. 상황은 얼마든지 잘못될 수 있는 것이다. 이제는 그 모든 것을 너무도 잘 알고 있었다. 병원에서 집으로 향하는, 루시가 유아에서 성인이 되는 걸음을 함께 내딛으면서 아이가 얼마나 소중하고 연약한 존재인지 단순히 '아는 것'이 아니라 절감했다.

집에 도착하자 수는 루시를 우리 침대에 눕히고 기저귀를 벗겼다. 그러자 루시가 작은 분수처럼 오줌을 누기 시작했다. 수는 그 작은 분수대를 보더니 갑자기 흐느끼기 시작했다. "엄마가 되는 방법을 모르겠어." 나는 울먹이는 수를 감싸 안았다. 아빠가 되는 법을 전혀 모른다는 것을 나 또한 절절히 느끼면서. 나는 의사였고 수는 사회복지사였다. 우리는 많은 다양한 상황에서 환자들을 돌보았지만 둘 다 어떻게 해야 하는지 전혀 준비가 되지 않은 기분이었다. 작은 오줌 분수대가 작동을 멈추고 동그란 얼룩 안에서 천천히 기지개를 펴자 나는 수를 붙잡고 우리가 들어야 할 말을 했다. "괜찮을 거야. 많은 사람이 예전부터 해 온 일이야. 배우면 돼." 나는 내 말이 옳기를 바랐다.

실제로 수는 굉장히 유능하고 일상에서 나보다 훨씬 더 아는 것이 많았다. 하지만 그날 오후와 저녁에 우리는 열등감을 느꼈다. 도대체 우리는 무엇을 해야 할까? 어떻게 이 작은 오줌싸개 똥싸개를 행복하고 안정되고 당당한 성인으로 키울 수 있을까? 모든 게 불가능해 보였다. 그렇지만 바보가 된 것 같은 기분을 온몸으로 느끼는 와중에도 우리는 정말 행복했다. 루시를 바라보기만 해도 행복해졌다. 마치 우리가 두렵고 힘들어 할 것을 알고 신이 루시를 비롯한 세상 모든 아기에게 어른들, 특히 부모들을 사로잡아 노예로 만드는 특별한 힘을 준 것 같았다.

저녁 먹을 시간이 되자 나는 수와 함께 먹을 식사를 준비했다. 수는 병원에서 배운 대로 루시에게 젖을 먹이고 있었다. 하지만 자신도 먹으면서 루시에게 젖을 먹이는 방법은 배우지 못했다. 한 손으로는 루시를 안고 다른 한 손으로는 젖꼭지가 아이 입에서 빠지지 않도록 잡고 있어야 했다. 포크를 잡고 음식을 입으로 넣을 손이 없었다. 내가 접시를 식탁에 놓자 수는 반사적으로 음식을 먹으려고 자리를 옮겼다. 하지만 루시를 내려놓지 않고서는 식사를 할 수 없었다. 그러면 아이가 다시 울음을 터뜨릴 게 뻔했다. "먹을 수가 없어. 배가 너무 고픈데." 기운 없이 말하는 수의 뺨에 눈물이 뚝뚝 흘러 내렸다. 수는 눈물을 흘리면서 절망적인 눈빛으로 나를 보았다. "이러다 나쁜 엄마가 되는 건 아닐까? 정말 좋은 엄마가 되고 싶었는데. 하지만 배가 너무 고파. 루시는 젖을 먹고 싶고 나는 음식을 먹고 싶어. 어떡하면 좋을까?" 누구라도 수의 통곡을 들었다면 수가 자진해서 굶지 않으면 엄마 자격을 박탈당할까 봐 걱정한다고 생각했을 것이다.

나는 최대한 목에 힘을 주어 말했다. "그렇지만 여보, 그래서 내가 옆에 있잖아. 당신이 루시를 먹이는 동안 내가 당신을 먹여 줄게." 나는 포크를 집어 들고 닭고기 한 조각을 찍어 수의 입에 넣어 주었다. 수의 얼굴에 떠오른 만족스러운 미소를 독자들도 보아야 하는데. 마침내 안도감이 들었다. 수도 루시도 먹을 수 있고, 나도 쓸모 있는 일을 할 수 있게 된 것이었다.

처음에는 그랬다. 매일 매 순간, 부모가 되는 것이 과연 무엇인가를 보여 주는 새로운 수수께끼, 새로운 반전이 이어졌다. 우리는 처음에는 어떻게 해야 할지 몰라 겁을 먹었다. 대부분의 부모도 마찬가지다. 특히 이 책을 쓴 이유 중 하나는 아이가 젖먹이 단계를 약간 벗어나고 똥오줌을 처리하는 것보다 문제가 약간 더 복잡해질 때를 대비해 내가 배운 방법과 조언을 알려 주려는 이유도 있다.

우리는 점점 더 개선된 방법을 찾아냈다. 자신감도 자라났다. 루시는 결혼 선물로 받아 우리 침대 바로 옆에 놓은 고풍스런 요람 안에서 잠을 잤다. 그리고 얼마 뒤에 루시를 다른 방에 있는 아기 침대로 옮기면서 여행의 또 다른 발걸음을 내딛었다.

루시가 자신의 방으로 간 뒤, 우리는 루시를 우리 침대로 데려오면서 하루를 시작했다. 루시가 거기 누워 있는 동안 우리는 '폴저 커피' 광고에 나오는 노래를 불러 주었다. 실제 노래는 '아침에 잠을 깰 때 가장 좋은 것은 컵에 담긴 폴저랍니다.' 인데 우리는 그것을 '아침에 잠을 깨면 가장 좋은 것은 침대에 있는 루시랍니다.' 로 바꾸었다. 우리는 침대에 누워 루시가 옹알이를 하다가 눈에 힘을 주며 똥을 싼 다음 울음을 터뜨리는 것을 지켜보았다. 그리고 천국에 와 있는 것 같은 기분을 느꼈다. 우리의 침대에 누워 있는 루시는 아침에 일어났을 때 눈에 띄는 가장 좋은 존재였다. 그게 너무나 좋았기 때문인지 우리는 아이를 두 명 더 낳았다.

잭이 태어나고 3년 뒤에 터커가 태어났을 때 우리는 루시 때와 마찬가지로 희망과 꿈을 품었다. 나는 아기 침대에 누운 아이들을 옆에서 지켜보거나, 흔들어 달래 주거나, 아니면 그냥 먼 곳에서 지켜보며 그냥 보통의 상태, 행복의 상태, 기쁨의 상태, 놀이와 자신감 등 그다지 구체적이지 않은 장면을 상상했다. 우리는 그 모든 것을 우리 아이들이 갖게 되기를 간절히 바랐다.

하지만 그렇게 되리라는 보장은 없다. 그럼 우리는 어떻게 해야 할까?

나는 다행히 행복한 사람을 많이 알고 있다. 독자들도 그럴 것이라고 믿는다. 그들의 행복이 어디서 오는지 궁금해 한 적은 없는가? 혹은 당신이 어느 정도 행복감을 느낀다면 그 이유가 무엇인지 생각해 본 적은 없는가? 당신의 어린 시절은 현재의 행복과 얼마나 많은 관련이 있을까?

요컨대, 어른이 되어 행복할 확률을 높이기 위해 어렸을 때 할 수 있는 것은 무엇일까?

그 질문에 대한 답이 바로 지금부터 이어질 내용의 주제다.

2

영원히 식지 않는 **열광**적인 **사랑**:
부모가 가진 마법의 도구

　부모가 되기는 어렵다. 교사나 코치, 혹은 아이들을 지도할 책임을 맡는 것도 마찬가지다. 어린 시절에는 예기치 않은 일이 많고 그에 대한 해답을 모두 제시할 수 있는 사람은 아무도 없다. 하지만 좋은 뉴스가 있다. 부모들이 자신이 생각하는 것보다 훨씬 더 잘하고 있다는 것이다.

　존 F. 케네디는 대통령 재임 시절 '오, 신이여. 바다는 너무도 광대하고 제가 탄 배는 너무도 작습니다.' 라는 글귀가 적힌 액자를 책상에 놓아두었다.

　그런 기분을 느끼지 않는 부모가 있을까? 우리 부부도 마찬가지다. 그것도 자주 그런 기분을 느낀다. 미합중국 대통령만큼 막중한 문제를 처리하지는 않겠지만, 마치 그런 것 같은 기분이 들 때가 가끔 있다. 부모는 수많은 위험으로부터 아이들을 보호해야 한다. 바른 말을 하고 싶은 모든 중요한 순간, 학교와 친구와 운명을 우리가 통제할 수 없다는 걸 깨닫고 그저 잘되길 바라며 기도하는 수많은 순간. 부모로서 결정을 내려야 할 때마다 우리가 탄 배가 얼마나 작은지 실감한다.

우리가 탄 작은 배를 튼튼하게 만들려면 도움이 필요하다. 광활한 바다를 제대로 보려면 도움이 필요하다. 우리가 하는 행동이 과거에도 행해졌다는 확신이 필요하다. 또한 우리가 과거의 부모들보다 더 많은 지식을 갖고 있으며, 그 어느 때보다 더 많은 도움을 받고 있다는 점을 되새길 필요가 있다.

좋은 부모는(대다수가 좋은 부모들이다.) 자녀에 대한 관심이 크기 때문에 걱정한다. 올바른 행동이 무엇인지 불분명하고 불투명할 때가 많아서 걱정한다. 염려가 되고 자신의 행동에 확신이 없을 때 덤불에 붙은 불처럼 걱정의 불길이 활활 타오른다.

그런 불과 싸우려면 도구가 필요하다. 지식에서부터 타인의 도움, 돈, 신체적인 힘, 인내심, 유머 감각(이것은 부모에게 가장 중요한 도구인 게 확실하다.)에 이르기까지 온갖 구색을 갖춘 도구 세트가 필요하다. 하지만 수많은 도구들 중 그 기능이 단연 뛰어난 강력한 도구가 있다. 그것은 누구나 잘 알면서도 과소평가하기 쉬운 도구다. 돈, 지성, 심지어 지성보다 더 강력한 그 도구는 바로 사랑이다. 나는 그것을 영원히 끝나지 않는 열정적인 사랑이라고 부른다. 그것은 마법의 지팡이다. 당신이 아이를 잉태한 순간 신이 보냈을지도 모르는 지팡이다. 그것은 힘든 시기에도 우리를 계속 나아가게 만든다. 그것은 부모가 되는 것을 심오한 경험으로, 인생의 핵심으로 곧장 뛰어드는 항해로 만든다.

부모는 아이가 태어나는 순간부터 사랑에 빠진다. 아이가 자라면서 화나게 하거나 심지어는 고통을 줄 때도 부모는 사랑하는 것을 멈추지 않는다. 무슨 일이 있어도 마찬가지다. 나는 그런 기분을 영광스럽게 생각하라고 말하고 싶다. "모든 부모가 이런 기분을 느끼나요.", "내 사랑은 아이들의 문제를 해결하기엔 역부족이에요.", 혹은 "우리 애는 사랑 같은 것에는 관심이 없고 오로지 쇼핑몰에만 가려고 해요."라는 말로 사랑을 과소평가하지 마라. 사랑을 신뢰해라. 사랑을 신뢰하고 존중할수록 그것은 더욱 강력해진다. 그것은 당신에게서 최고의 것을 끄집어내고 장기적으로는 아이들에게서 최고의 것을 끄집어낸다. 그런 사랑을 자랑스럽게 여기고, 어려운 시기에 그것에 의지하고, 타인의 사랑에 힘을 보태라. 인간으로서 느낄 수 있는 가장 소중하고 고귀한 감정인 사랑을 찬양해라.

부모의 사랑은 어린 아이들이 아끼며 들고 다니는 동물 인형과 같다. 시간이 지나면 귀나 눈알이 떨어지거나, 찢어진 자리에 밴드나 반창고가 붙거나, 낡고 너덜너덜해져 놀라운 유연성을 자랑하지만 그러는 동안 우리 가슴에 작용하는 영향력은 점점 더 커진다.

하지만 사랑은 우리에게 필요한 전부가 아니다. 영원히 끝나지 않는 열정적인 사랑 외에 지식도 필요하다. 다른 사람의 도움도 필요하다. 걱정을 다루는 방법도 알아야 한다. 나는 지나치게 걱정하는 것을 막기 위해(부모보다 더 많은 걱정을 하는 이는 없다.) 나도 사용하고 남들에게도 추천하는 매우 효과적이고 실용적인 3단계 방법을 알고 있다. 감성과 지성을 모두 혼합한 그 방법은 다음과 같다.

1. 혼자 걱정하지 마라.

문제를 해결하지 못하더라도 다른 사람에게 말하는 것만으로도 큰 힘이 된다. 함께 모여 커피를 마시면서 털어놓거나 전화로 말해라. 그러면 큰 문제로 보이던 것이 갑자기 작아진 느낌이 든다. 바다의 넓이는 줄고 당신이 탄 배는 더 크게 느껴진다.

2. 사실을 파악해라.

우리 모두 알다시피 지식이 도움이 된다. 물어보기가 겁나거나, 당황스럽거나, 짐이 되고 싶지 않을 때도 있다. 나는 부모들에게 내가 하는 방법을 써 보라고 하는데, 영원히 끝나지 않는 열정적인 사랑이 내가 느끼는 온갖 두려움을 떨쳐 버리게끔 내버려 두는 것이다. 내가 그런 사랑을 '열정적' 이라고 말하는 이유는 예전 같으면 절대 하지 않았을 행동을 할 용기를 주기 때문이다. 나는 내가 아이들을 얼마나 사랑하는지 생각할 때마다 전화기를 들고 상대방에게 부담이 되거나 말거나 떠오르는 사람들에게 전화를 건다. 그러면 두려움이 사라지고 사람들은 도움과 함께 필요한 사실을 알려 준다. 그러니 어떤 문제가 생기면 교사에게 말하고 의사에게 전화를 하고 전문가와 상담해라. 대개 지나친 걱정은 잘못된 정보나 정보의 부족에서 온다.

3. 계획을 세워라.

행동해라. 취할 수 있는 유일한 행동이 1단계에서 그쳐 그냥 다른 사람에게 말을 하는 것일지라도 괜찮다. 이불 속으로 숨는 소극적인 행동은 하지 마라. 걱정은 소극적인 사람들을 좋아한다. 문제가 무엇이든 적극적으로 해결하려고 노력한다면 통제력이 커지고 덜 나약한 기분이 든다. 결국 이것이 걱정을 덜어 문제 해결에 도움이 된다.

혼자 걱정하지 마라. 사실을 파악해라. 계획을 세워라. 부모라면 거의 매일 걱정을 달고 살기 마련인데, 그럴 때에는 이 3단계에 의지해 도움을 받기 바란다. 나는 여러 해 동안 걱정을 너무 많이 하는 사람들을(수와 나를 포함해서) 도왔다. 따라서 내가 추천한 방법은 골치 아픈 현실에서 검증이 된 것들이다.

이 책에 나오는 모든 조언이 그런 과정을 거쳤다. 이 책이 학문 서적은 아니지만 내가 제시하는 해답은 많은 사람이 행한 다양한 범위의 연구에 근거한다.

지난 20년 동안 가장 흥미로운 연구 분야 중 하나는 학습에 관한 연구이다. 내가 어렸을 때는 '영리하다'와 '어리석다'가 아동 학습 방식을 설명하기 위해 사용하는 단 두 가지의 '진단용' 단어였다. 지금은 하워드 가드너, 멜 레빈, 로버트 스턴버그, 프리실라 베일 등 많은 사람의 선구적인 노력에 힘입어 학습을 완전히 새롭게 바라보는 시각을 갖게 되었다.

이 연구들은 생소하지만 실제로는 무척 실용적이다. 예를 들어, 하워드 가드너가 소개한 개념 덕분에 우리는 아이가 음악적 지능과 자기 이해 지능은 높지만 언어적 지능과 논리 수학적 지능은 낮다고 말할 수 있다. 이것은 성적은 나빠도 피아노 연주 실력과 상상력은 뛰어나다고 말하는 것보다 훨씬 더 정확하고 유용한 표현이다. 그 두 가지 표현 방식은 의미 이상의 차이를 갖고 있다. 구식 표현은 모욕을 느낄 수 있는 의미를 포함하고 있어서 자존감을 떨어뜨리고 노력하는 걸 방해하며 성취감을 줄인다. 이것은 결국 자존감을 더욱 낮추어 (데이비드 마이어스의 연구에서 밝혀진 대로) 어른의 행복을 갉아먹는다.

아동의 학습 방식에 관한 획기적인 연구와 더불어 행복의 요소를 연구하는 완전히 새로운 분야가 지난 몇 십 년 동안 발전했다. 그 연구는 이 책을 쓰는 데 큰 도움이 되었고 덕분에 나는 단순하게 서술하기보다는 자료를 인용할 수 있게 되었다. 마틴 셀리그먼(『학습된 낙관주의*Learned Optimism*』, 『낙관적인 아이*The Optimistic Child*』), 미하이 칙센트미하이(『몰입*Flow*』), 조지 베일런트(『삶에 적응하기*Adaptation to Life*』, 『자아의 지혜*The Wisdom of the Ego*』), 데이비드 마이어스(『마이어스의 주머니 속의 행복*The Pursuit of Happiness*』)는 '무엇이 인생을 즐겁게 만드는가?' 라는 의문을 과학적으로 탐구했다. 그들의 연구로 우리는 구체적이고 신뢰성 있는 해답을 얻었는데, 나는 이 책을 쓰며 그 해답들을 많이 참고했다. 지금 우리는 잘못되지 않은 올바른 길을 갈 수 있는 방법, 바꿀 수 있는 것과 바꿀 수 없는 것, 나중에 행복한 어른이 될 확률을 최고로 높이기 위해 아이들에게 필요한 것을 알게 해 주는 명백한 자료를 가지고 있다.

예를 들어, 마틴 셀리그먼의 연구는 어린 시절의 강한 낙관주의는 행복한 성인기와 밀접한 관련이 있을 뿐만 아니라 성인기에 겪는 우울증과 불안에서 지켜 준다는 것을 증명했다. 아울러, 유전자가 낙관주의 성향 계발에 영향을 미치며, 어느 연령에서도 학습될 수 있음을 밝혔다.

행복에 관한 미하이 칙센트미하이의 연구는 '몰입'이라는 경이로운 개념을 정립했다. 그것은 스키를 타건 수필을 쓰건 테니스를 치건 화학 실험실에서 실험 계획을 세우건, 하는 일과 하나가 되는 마음의 상태다. 그가 면밀하게 수행한 연구는 우리가 몰입의 상태에서 가장 행복하다는 사실을 입증한다. 보통 활동의 도전성과 그 활동에 필요한 기술성 모두 높을 때 비로소 몰입의 상태에 도달한다. 다시 말해 전문 스키어는 가장 험한 경사로에서 스키를 탈 때 몰입에 이른다. 몰입은 높은 기술이 높은 과제를 충족할 때 발생하기 쉽다. 교사, 코치, 부모는 이 사실을 꼭 알아야 한다.

조지 베일런트는 1967년에 성인 발달을 연구한 '그랜트 스터디'에 참여하게 된 이후로 지금까지 수십 년 동안 행복한 생활의 요소를 연구했다. 1937년에 시작된 이 연구는 인생의 즐거움으로 이어지는 요소와 관련해서 이론적인 관측이 아닌 실증적인 자료를 제공했다. 베일런트가 발견한 많은 사실 중 핵심은 스트레스를 다루는 방식이 가장 중요하다는 것이다. 스트레스를 어떻게 다루느냐는 타고나는 것이 아니라 학습될 수 있다. 부모들은 이 발견으로 아이들의 생활에서 스트레스를 예방하는 것이 아니라 그것을 수용하는 건강한 방법을 배우도록 도와주는 것을 목표로 삼아야 한다는 결론을 내렸다. 예를 들면, 아이가 수학 숙제를 할 때 질문할 것이 없는 척하게 하지 말고 도움을 청하도록 가르쳐라. 그렇게 하면 아이들이 스트레스를 다룰 때 스트레스를 부인하기보다는 다가서는 쪽으로 방향을 잡아 줄 수 있다. 이 방법은 스트레스를 관리하는 최고의 방법으로 통한다. 또, 아이들에게 놀리는 다수에 동참하지 말고 놀림을 당하는 아이의 처지가 되어 감싸 주라고 가르쳐라. 이렇게 하면 아이는 스트레스를 다룰 때 그것에 굴복하는 것을 선택하지 않고 매우 친화적인 인생 기술인 공감과 이타주의를 배우도록 방향을 잡아 줄 수 있다. 부모나 가사 도우미가 모든 집안일을 하게 하는 대신 아이에게 집안일을 시키거나 보수를 받는 일자리를 갖게 해라. 일에 대한 스트레스를 다룰 때 무조건 회피하지 말고 오히려 일을 생활의 중요한 부분으로, 가족에게 도움을 주고 어떤 일을 완전히 터득할 기회로 받아들이게 할 수 있다. 또 사랑하는 애완동물이 죽었을 때 당장 새 애완동물을 사러 나가거나 기운 내라고 말하기 전에 먼저 슬퍼하는 법을 가르쳐라. 그렇게 하면 부정하거나 '강인해져야' 한다고 강조하지 않고 건강하게 슬픔을 다루는 법을 가르칠 수 있다.

미시건 호프 대학의 심리학 교수인 마이어스는 오랫동안 행복을 연구하고 글을 썼다. 그가 발견한 것들은 모두 추측이 아닌 그와 많은 사람이 참여한 방대한 양의 연구에 기초한다. 마이어스는 연구를 통해 낙관주의, 외향성, 인생을 통제할 수 있다는 자신감, 자존감이 성인의 행복과 가장 밀접한 상관관계가 있으며 이 네 가지 요소는 어린 시절에 그 뿌리가 있다고 밝혔다. 부모와 학교가 성적을 올리기 위해 강조하는 열정, 창의성과 함께 이런 특성들을 키운다면 아이들(나중에 어른이 되어서도)의 감정적 건강은 하늘 높이 치솟을 것이다.

학습과 행복에 관한 연구와 더불어 지난 10년 동안 고정관념을 완전히 뒤엎거나, 그렇지 않더라도 이의를 제기하거나 최신 유행을 쫓아 버리는 데 아주 큰 도움이 되는 수많은 책이 출간되었다. 주디스 리치 해리스가 쓴 『양육 가설*The Nurture Assumption*』은 부모만이 아이의 운명을 결정한다는 생각에 이의를 제기하고 또래 집단이 얼마나 큰 영향력을 발휘하는지 증명했다. 메리 파이퍼의 『오필리아 되살리기*Reviving Ophelia*』와 더 최근에 나온 댄 킨들런과 마이클 톰슨의 『아들 심리학*Raising Cane*』, 윌리엄 폴락의 『현실의 소년들 *Real Boys*』은 딸과 아들의 육아에 관한 신선하고 새로운 조언을 제시하며 오랜 고정관념을 깨는 도전을 감행했다. 로버트 브룩스와 샘 골드스타인이 함께 쓴 『회복력 있는 아이 키우기*Raising Resilient Child*』는 회복력으로 해석되는 희망, 낙관주의, 자신감 같은 특성을 주입하기 위한 실용적이고 연구 중심의 조언을 제시한다. 데이비드 엘킨드의 『쫓기는 아이들*The Hurried Child*』과 더 최근에 나온 앨빈 로젠펠트와 니콜 와이즈의 공저 『지나친 육아*Hyper-parenting*』, 케이 히모위츠의 『준비 혹은 준비 안 됨*Ready or Not*』은 놀이와 모험으로 가득해야 할 어린 시절을 희생하고 속도, 성취, '자기계발'을 강조하는 사회 전체의 분위기를 꼬집는다. 그리고 존 T. 브루어의 『첫 3년의 신화*The Myth of the Frist Three Years*』는 새로운 두뇌과학을 잘못 해석해서 아이의 두뇌가 세 살 무렵에 영원히 결정된다고 생각하고 그 시기 동안 모차르트를 들려주는 것부터 모빌을 걸어 놓는 것에 이르기까지 온갖 두뇌계발 활동을 강제로 시키는 유행을 비난한다. 마침내 우리 세대 부모들에게 스폭 박사(1903~1998. 미국의 소아과 의사로 『아기와 아동을 돌보기 위한 상식*The Common Sense*

Book of Baby and Child Care』이라는 유명한 책을 썼다.—옮긴이)와 다름 없는 T. 베리 브레즐턴은 미국 최고의 소아정신과 의사 중 한 명인 스탠리 그린스펀과 함께 펴낸 『축소할 수 없는 아이들의 요구 *Irreducible Needs of Children*』라는 훌륭한 책에서 아이들이 성장하고 배우고 성공하기 위해 필요한 것을 가능한 구체적으로 정리했다.

그러나 루시를 병원에서 집으로 데려온 그날, 아이가 침대에서 오줌을 싸는 것을 멍하니 지켜보면서 우리는 당황해서 어떻게 해야 할지 몰랐다. 저 책들을 모두 읽기는커녕 대부분 아직 출간되지도 않았을 때였다. 출간되었더라도 바로 그때 내게 필요한 것은 연구 결과가 아니었다.

내가 절실하게 필요했던 것은 대부분의 책이 말해 주지 않는 것을 말해 줄 사람이었다. 그런 책들은 무슨 주장을 하고 복잡한 문제를 풀이하거나 최신 연구를 설명하기에 바쁘기 때문이었다.

우리 부부에게는 훨씬 더 기본적이고 실질적인 어떤 것이 필요했다. '루시 발목을 집어 올려 엉덩이를 들고 그 밑에 기저귀를 밀어 넣어요. 그런 다음에는…….'라고 말해 줄 누군가가 필요했던 것이다. 마음을 안정시키고 용기를 북돋워 줄 사람이 절실했다. '걱정 말아요. 괜찮을 거예요. 아이를 키우는 건 생각보다 어렵지 않답니다. 많은 사람이 잘해 왔고 당신도 물론 잘 해낼 거예요.'라고 말해 주는 사람. 우리가 두려워하는 최악의 상황은 일어나지 않을 거라고, 그렇게 걱정하는 것이 정상이라고, 누구나 아주 잘하고 싶지만 전혀 준비가안 된 채 무언가를 해야 할 때 두려움을 느끼기 마련이라고 말해 줄 사람이 필요했다. 비행기에서 뛰어내릴 때 가진 건 낙하산뿐인데 아무런 설명을 듣지 못했다고 상상해 봐라. 처음 부모가 된 사람들은 그런 기분을 느낀다. 어쩌면 그 낙하산조차 없을지도 모른다.

사랑이 우리의 낙하산이라고 말해 줄 사람이 우리에게는 필요했다. 그 낙하산은 우리를 안전하게 지상으로 내려줄 터였다. 사랑은 기저귀를 갈든 육아서를 찾아 읽든 의사를 부르든 적당한 강좌를 찾든 통금시간을 두고 사춘기 아이와 밤새 언쟁을 벌이든, 수와 내가 해야 할 일을 하도록 자극했을 것이었다.

우리에게는 경험이 있고, 우리가 얼마든지 잘할 수 있다고 응원해 줄, 우리가 믿고 의지할 누군가가 필요했다. 그런 사람이라면 우리에게 뒤로 물러나지 않고 당당하게 아빠와 엄마의 역할을 다하려고 하는 한 일부러 엉망으로 만들려고 애쓰지 않는 한, 훌륭한 부모가 될 거라고 말해 줄 것이었다.

흔히 아이의 할아버지, 할머니가 그런 역할을 한다. 아이가 태어나면 모두 잘될 거라며 성인인 자식을 다독이고 신생아를 다룰 때 배워 두어야 할 기본적인 기술을 가르쳐 주기도 한다. 그럴 때 할아버지, 할머니가 하늘이 보내준 사람들처럼 느껴질 수도 있다.

나의 부모님은 루시가 태어날 즈음 돌아가셨고 수의 부모님은 멀리 살았기 때문에 사촌 조슬린이 조언자의 역할을 하게 되었다. 나는 조슬린을 친여동생처럼 좋아했고 수도 마찬가지였다. 그래서 루시가 태어난 뒤로 며칠 동안 조슬린이 우리와 함께 지내려고 왔을 때 우리는 마치 그녀가 섬겨야 할 현자라도 되는 양 그 입에서 나오는 말을 하나도 놓치지 않고 들었다. 조슬린은 조언을 해 주고 자기가 배운 사소한 요령을 가르쳐 주어 우리를 웃게 만들었고 자신감을 심어 주었다. 슬프게도 이 책이 나오기 몇 달 전에 조슬린은 쉰여섯 살의 나이에 골수종에 걸려 세상을 떠났다. 하지만 그녀가 준 사랑은 다섯 자녀, 남편 톰, 그리고 우리처럼 깊은 감동을 받은 수없는 사람들을 통해 살아 있다.

나는 그 이후로 어떤 슬픈 아이러니도 알게 되었다. 자기가 좋은 부모인지 걱정해야 할 사람들은 아무 걱정이 없고, 오히려 그런 걱정을 할 필요가 없는 사람들은 걱정을 한다. 그래서 영원히 끝나지 않는 열정적인 사랑이 없는 사람들, 아이들을 무시하거나 학대하는 사람들은 흔히 자신의 행동을 되돌아보고 현재의 방식을 바꾸기 어렵다.

그동안 관찰한 바로는, 아이를 기르면서 저지르는 실수는 너무 명백해서 모르고 넘어갈 수가 없다. 당신은 그저 어느 용감한 사람이 그런 실수를 지적할 때 그것을 확인하려는 의지를 가지면 된다. 아이를 올바르게 키우기 위해 가족의 역학에 관한 복잡한 심리 분석은 필요 없다. 그런 분석은 흥미롭기는 하지만 거의 쓸모가 없다.

무엇이 필요한지는 당신도 이미 알고 있다. 바로 그 자리에 있는 것이다. 똥을 치우기 위해, 음식을 주기 위해, 비가 새는 지붕을 고치거나 고칠 수 있는 사람을 찾기 위해, 생일 축하 노래를 불러 주기 위해, 자기 전에 소리 내어 책을 읽어 주거나 아침 식사를 만들거나 자전거를 배우는 아이를 잡아 주기 위해 그 자리에 있어야 한다. 좋은 부모가 되는 비결은 시간을 내어 그런 것들을 할 만큼 좋은 부모가 되려는 강한 의지를 갖는 것이다. 영원히 끝나지 않는 열정적인 사랑은 우리 모두로 하여금 원치 않을 때조차 그런 것들을 하고 싶게 만든다.

처음 부모가 되었을 때 수와 내가 들은 말이 있다. 정말 좋은 부모가 되는 것은 생각만큼 어렵지 않다는 것이다. 쉽지는 않지만 문제가 생기면 도움을 주는 손길이 많다. 당신이 할 일은 그저 그 사랑이 당신을 사로잡아 이끌게 하는 것뿐이다. 당신이 할 일은 그 사랑에 굴복하고 그것이 당신이 한 번도 가 본 적 없는 곳으로 데려가도록 내버려 두는 것이 전부다.

이 책을 읽고 있다는 사실만으로도 당신은 좋은 부모다. 책을 읽을 만큼 아이들에게 관심이 있기 때문이다. 나는 "책을 덮고 나가 놀아요. 당신은 무엇이 필요한지 전부 알고 있어요."라고 말하고 싶지만 그 전에 세상에서 가장 중요한 일인 육아에 도움이 될 것 같은 조언을 몇 가지 들려주려고 한다.

첫째, 당신은 정말 필요한 도구를 이미 갖고 있다고 말해 주고 싶다. 초보자에게는 열정적인 사랑, 시간, 친구나 친척, 약간의 돈, 그 외 부모나 조슬린 같은 사람, 소아과 의사와 학교 등 도움을 구할 수 있는 통로가 필요하다. 필요한 것이 너무 많아 전부 예로 들 수는 없다.

지금부터 루시가 침대에 누워 오줌을 쌌을 때 알게 된, 수와 내가 몰랐다면 좋았을 신화 몇 가지를 깨어 보겠다.

● 당신은 생각만큼 큰 장악력이나 영향력을 갖고 있지 않다. 이 것은 좋은 소식이다. 우리가 실수를 해도 아이들이 살아남을 수 있다는 것을 뜻하기 때문이다.

● 아이를 키우는 옳은 방법이 한 가지만 있는 것이 아니다. 천 기

저귀와 종이 기저귀, 텔레비전 시청과 시청 금지, '아이가 그릇을 깨끗이 비우게 해라.' 와 '배부르면 그만 먹게 해라.' 등 대립적인 조언을 들을 때는 힘을 내기 바란다. 옳은 방법이 단 한 가지만 있는 것이 아니기 때문이다. 그러므로 친구, 소아과 의사, 배우자, 내 어머니나 배우자의 어머니, 여자 형제나 선생님 혹은 목사 등 접근할 수 있는 모든 사람과 상의해라. 그런 다음 직접 결정을 내려라. 정말 중요한 결정에 대해서는 거의 모든 사람이 동의하게 되어 있다. 그 나머지 문제들에 대해서는 당신이 어떻게 하든 중요치 않다.

● 훌륭한 부모가 되기 위해 정신 건강의 표본이 될 필요는 없다. 나처럼 결함투성이 집안 출신에 많은 불안과 콤플렉스를 갖고 있으면서도 아주 좋은 부모(나 자신을 그렇게 표현할 수 있다면)가 될 수 있다.

● 최신 연구를 모두 섭렵할 필요는 없다. 육아 잡지를 구독하면 현기증 날 정도로 많은 정보를 얻는다. 읽은 뒤에는 한동안 도움이 되는 것도 있고 별다른 도움이 되지 않는 것도 있으며, 대립되는 것도 있다는 사실도 알게 될 것이다.(전문가의 조언이 정반대여도 화내지 마라. 오히려 기뻐하기 바란다. 옳은 방법이 단 한 가지가 아니라는 것을 증명하기 때문이다.) 그중 몇 가지는 기억할 것이고 몇 가지는 잊어버릴 것이다. 그래도 괜찮다. 읽은 내용에 대해 시험을 볼 필요는 없으니까. 잡지의 목적은 당신을 준비 안 된 학생이 된 기분을 느끼게 하는 것이 아니라 도움을 주는 것이다.

● 아이의 최종 운명이 유전자에 전부 들어 있는 것은 아니다. 당신의 손에 전부 들어 있는 것도 아니다. 태생과 양육이 결합한다. 부

모의 양육 포기에 따라 따로 자란 일란성 쌍둥이에 관한 연구는 유전자가 모든 것을 설명하는 것은 아니라는 것을 증명한다. 그 쌍둥이가 완전히 똑같이 성장하지 않았기 때문이다. 하지만 그들은 아주 비슷하기는 하다. 그러니 유전자도 중요하지만 인생 경험도 마찬가지로 중요하다.

힘을 내라. 당신은 할 수 있다. 정말 해낼 것이다. 당신의 아이를 얻어 행복한 만큼, 그 아이도 당신을 부모로 두게 돼 행복할 것이다.

수와 나는 루시를 데리고 집에 도착한 첫날, 우리에게 무슨 일이 생길지 궁금해 하며 서로 꼭 붙어 있었던 것을 생생하게 기억한다. 어린 아이 셋을 키우는 지금, 공포는 줄어들면서 끊임없는 의문으로 대체되었다. 이제는 우리의 아이들이 축복 받고 행복한 어른이 될 가능성을 극대화하기 위해 수와 내가 모든 것을 하고 있는지 궁금해진다.

그런 궁금증 때문에 하버드 대학의 심리학 교수이자 아동 발달 분야의 세계 최고 권위자인 제롬 케이건을 포함한 많은 전문가에게 어른의 행복에 영향을 주는 어린 시절의 뿌리가 무엇인지 물었다. 그는 내 질문에 대답하기가 힘들다며 말을 이었다. 만약 행복한 어린 시절을 보냈다면 어른이 된 현재의 생활이 힘들어 어른으로서 행복하다고 말하지 않을 수도 있다. 또 무척 불행한 어린 시절을 보냈다면 이미 최악의 고통을 겪었기 때문에 현재가 더 행복하다고 말할 가능성이 높다. 케이건은 생각할 거리를 던져 주는 전형적인 인물이었다. 그는 자기가 아는 가장 행복한 사람은 고아원에서 자라면서 아주 불우한 어린 시절을 보낸 보스턴에 사는 한 남자라고 덧붙였다. 그다지 놀라운 말은 아니었다. 나 역시 최악의 상황에서도 아이들은 필요한 것을 찾을 수 있다는 사실을 어린 시절의 경험으로 알고 있었기 때문이었다.

케이건은 어른의 행복에 영향을 주는 어린 시절의 뿌리가 정확히 무엇인지 말해 줄 수는 없지만 어른의 불행에 영향을 주는 어린 시절의 뿌리는 확실히 말해 줄 수 있다고 했다.

"그게 뭐죠?"

나는 몹시 궁금해 하며 물었다.

"아이가 줄 수 있는 것보다 더 많은 것을 기대하는 부모입니다."

케이건이 대답했다.

"아이가 절대 이룰 수 없는 목표와 기준을 설정하는 부모 말입니다. 나는 자기 분야에서 최고에 오르고 심지어 노벨상을 받고도 행복하지 않고 앞으로도 행복하지 않을 게 분명한 사람들을 알고 있습니다. 오래전에 죽은, 결코 기쁘게 해 줄 수 없는 부모를 기쁘게 해 주려고 애쓰기 때문입니다. 너무 많이 기대하는 것은 부모가 자식에게 퍼붓는 저주입니다."

저 부모들이 심하게 밀어붙이지 않았다면 그 자식들은 노벨상을 받지 못했을지도 모른다. 그런다고 해도 누군가 이렇게 말할 수도 있다. "그게 뭐 어때서요?" 당신은 부모로서 자녀를 행복한 어른과 노벨상 수상자 중에서 어떤 사람으로 키우고 싶은가?

잠깐. 이 질문에 답하지 마라. 함정이기 때문이다. 그 질문에는 그럴 필요가 없는데도 선택을 해야 한다는 암시가 들어 있다. 아이는 행복한 사람과 노벨상 수상자 둘 다 될 수 있다. 이것 아니면 저것을 고르라는 제안이 잘못이다.

내가 그 점을 강조하는 것은 많은 부모, 교사, 코치가 그 반대로 가르치고 있기 때문이다. 그들은 아이가 행복과 성공 중 하나를 골라야 한다고 말한다. 그 말에는 최고에 도달하는 유일한 방법은 자유 시간을 모두 희생해서 오로지 일만 파고드는 것이라는 암시가 들어 있다.

이어지는 장들에서 지적할 것이지만, 자신에게 잘 맞는 일을 하고 있다면 일과 행복 둘 다 잡을 수 있다는 연구 결과가 나와 있다. 자기가 좋아하는 일을 하고 있을 때는 최대한 열심히 거기에 빠져들려고 한다. 당신은 늦게 자고 일찍 일어나고 싶어질 것이다. 남는 시간에 체육관에서 운동을 하거나 어려운 소나타를 연습하며 보내거나 주말에 실험을 할 수 있도록 실험실 열쇠를 가져가고 싶어 한다. 다섯 명의 노벨상 수상자를 배출한 하버드 의대의 화학과와 작업하면서 나는 발견의 기쁨이 어떻게 일에 대한 의욕을 주는지 배울 수 있었다. 이들 위대한 과학자들은 기쁘지 않은 부모들을 기쁘게 해 주려고 노력하는 것이 아니었다. 그들은 자신안에서 생겨나는 호기심을 충족하려고 노력하고 있었다. 확실히 그들은 무섭게 일했고 가끔은 절망과 싸우기도 했다. 역경을 이겨 내는 능력은 위대한 과학자에게 절대적인 필요조건이다.

하지만 자기가 하는 일에서 행복을 느끼는 사람들이 최선을 다하게 만드는 것은 두려움이 아니라 끊이지 않는 호기심과 열정이다.

여기에는 이기고, 목표에 먼저 도달하고, 경쟁에서 이기려는 욕심이 포함될 수 있지만 그것은 두려움에서 비롯된, 지면 죽는다는 태도가 아니라 순수한 경쟁심이다. 그들은 두려워서가 아니라 원하기 때문에 열심히 노력한다.

부모로서 성실성을 격려하는 것은 좋다. 하지만 아이의 기질에 맞게 방식을 달리할 필요가 있다. 모든 코치가 말하듯이, 어떤 선수는 이것저것 요구가 많은 코치 아래에서 최선을 다하는 반면 어떤 선수는 자상하게 대해야 최고의 기량을 발휘한다.

앞으로 설명하겠지만 부모의 목표는 자녀가 자신의 호기심 영역과 희망을 찾도록 돕고 그것들이 압박과 동기를 부여하도록 하는 것이다. 당신은 아이들이 첫 수업을 받거나 처음 놀이를 하도록 자극해야 하지만 머잖아 아이가 스스로 하고자 하는 마음이 생길 만큼 강한 호기심을 느껴야 한다. 어릴 때 좋아하는 대상을 찾는 것은 어른이 되어 행복하게 살기 위한 열쇠 중 하나다. 성인이 되어 좋아하는 일을 하는 당신에게 사람들이 기꺼이 돈을 지불하려고 한다면 성공한 것이다.

아이에게 너무 많이 기대하지 말라는 케이건의 경고는 압박 그 자체를 경계하는 것이 아니다. 오히려 부모들에게 자녀를 올바르게 압박하는지 확신해야 한다고 말한다. "최선을 다해."라는 말은 유익한 압박을 가하는 조언이다. 하지만, "날 기쁘게 해 줘."라는 말은 해로운 압박을 주면서 아이를 영원히 괴롭힐 수 있는 요구다.

부모들은 아이가 자신의 사랑을 알고 있는지 확인하고 싶어 한다. 부모의 조건적인 사랑은 아이에게 큰 해가 된다. 아이들은 무슨 일이 있어도 부모가 자기들을 영원히 사랑한다는 사실을 알아야 한다. 그런 끝없는 사랑의 가치는 어떻게 그처럼 인생에서 성공할 수 있었느냐는 질문을 받은 한 유명인의 대답으로 멋지게 요약할 수 있다. 그는 이렇게 말했다. "내가 어머니의 눈에서 본 것은 미소뿐입니다."

부모가 그런 미소를 지으며 가르치고 싶은 모든 것을 가르칠 시간은 너무도 짧다. 과거로 돌아가 다시 할 수 없기 때문에 우리는 최선을 다해 잘되도록 해야 한다. 아이들이 행복한 인생을 살기 바란다면 지금 최선을 다해야 한다.

나는 행복한 인생이라는 개념이 가진 한계를 인정한다. 행복은 왔다가 가는 것이며, 현재가 아닌 기억 속에서만 행복한 순간을 음미한다는 사실도 잘 안다. 또한, 행복은 다른 일을 한 결과로 얻어지는 부산물이며 그 자체가 목적이 될 수 없다는 점도 알고 있다. 많은 현자가 '행복'을 기껏해야 무지개 끝에 걸린 황금 단지를 좇는 덧없는 것이라며 무시하고, 쾌락을 추구하는 이기적인 자들의 목표에 지나지 않는다는 최악의 해석을 내놓기도 했다는 사실도 인정한다.

그래도 나는 내 아이들이 행복한 성인으로 자라기를 바란다. 아이들에게 바라는 것은 오로지 그뿐이다. 행복한 것. 내가 가장 좋아하는 행복의 정의는 시셀라 복이 내려 준 것이다. "행복은 인생이 순탄하게 흘러가고 있다는 느낌이다."

나는 내 아이들이 순탄하게 흘러가는 기분을 느끼며 살아갈 수 있도록 가능한 한 모든 것을 해 주고 싶다.

잘못될 수 있는 것을 다루는 책은 넘쳐난다. 나도 『사랑하는 아이들이 걱정될 때*When You Worry about the Child You Love*』라는 책을 쓴 적이 있기 때문에 잘 안다. 물론 그런 책들은 유용하다.(내가 이렇게 말하지 않을 이유가 있는가?) 하지만 우리에게는 아이들이 올바로 할 수 있고 올바로 해야 하는 것을 안내하는 책이 필요하다. 어른의 불행이 아니라 어른의 행복에 영향을 주는 어린 시절의 뿌리를 찾을 때가 된 것이다.

아이들이 어른이 되어 잘 살기 위해 무엇이 필요한지 증명하는 새로운 증거들이 아주 많이 나온 지금이 적기인 것이다.

하지만 본격적으로 뛰어들기 전에 잠시 쉬면서 당신의 인생과 어린 시절에 대해 되돌아보는 시간을 갖기 바란다.

3

나 어릴 적엔……:
자신의 어린 시절에서 배워라

훌륭한 부모를 만드는 결정적인 요소들 가운데 하나는 어린 시절을 되돌아보고 그것으로부터 배우는 능력이다. 어린 시절을 돌이켜보고 무엇이 옳고 글렀는지 깨달을 수 있는 부모는 실수를 되풀이하지 않지만 과거를 돌아보고 반성하지 못하는 부모는 그렇지 않다.

예를 들어, 자식을 학대하는 부모는 어렸을 때 학대를 받았을 가능성이 높다. 그러나 과거로 돌아가 학대받은 경험을 통해 배우고, 과거의 상황을 인정하면서 그 고통을 되짚어 볼 수 있다면, 자신의 스트레스를 아이들에게 고스란히 넘기기보다 스스로 이겨 낼 방법을 찾는 부모라면 학대하는 어른이 될 가능성이 낮다.

당신이 염려하는 것이 아이에 대한 학대보다 훨씬 더 복잡할지 모르지만 똑같은 결론을 적용할 수 있다. 다시 말해, 자신의 어린 시절을 되돌아보고 배울 수 있는 능력은 훌륭한 부모가 될 수 있는 가능성을 높인다.

우리는 우리가 어렸을 때 누린 좋은 것을 아이들에게도 전해 주려고 노력한다. 그리고 우리에게 저질러진 실수를 그대로 되풀이하지 않으려고 애쓴다.

하지만 여기서 잠깐. 당신은 어렸을 때 무엇이 좋았고 나빴는지 정확하게 기억해 내서 표현할 수 있는가? 그것은 시도해 볼 만하다.

영국의 유명한 심리학자 피터 포내기의 최근 연구에 이런 내용이 있다.

편부모 가정, 부모의 범죄와 실직, 지나치게 많은 가족, 정신질환 등 비교적 고도의 스트레스(불우한) 집단에 속한 어머니의 경우, 반성 능력이 높을수록 유아에 대한 애착이 크다. 이는 과거에 길들여진 채 그것을 기억하지 못하는 사람은 적어도 자기 자식에게 과거의 경험을 되풀이한다는(그럴 가능성이 높다는) 프로이트 학설(1920년)을 잠정적으로 뒷받침한다.[1]

확실히 어른의 행복을 싹 틔우는 어린 시절의 가장 중요한 씨앗은 한 명 혹은 두 명의 부모에 대한 *끈끈한* 애착에서 느끼는 안전감이다. 이런 느낌을 어린 시절에 갖지 못했다고 할지라도 그 이유를 되

---

1. Peter Fonagy, *Attachment Theory and Psychoanalysis* (New York: Other Press, 2001), 27쪽.

짚어 볼 줄 아는 부모라면 자신에게 가해진 실수를 반복할 가능성이 낮다고 포내기의 연구는 밝히고 있다. 다시 말하지만, 어린 시절을 기억하고 그 기억을 통해 배우는 것은 매우 가치 있는 일이다. 내가 3장을 그런 기억을 정리하는 단순한 행동에 할애한 것은 바로 그런 이유 때문이다.

당신이 어린 아이였을 때나 사춘기 시절에 한 다짐들을 기억하는가? '지금 이 기분을 절대 잊지 않을 거야. 지금 내가 당한 걸 내 자식에게는 절대로 하지 않겠어.' 이런 말들에 얼마나 화를 냈는지 기억하는가? "넌 지금 어떤 과정을 거치고 있을 뿐이야." "꼭 이겨 낼 거야." 또, 어른들이 자신의 어린 시절과 그 시절의 기쁨이 얼마나 굉장했는지 말할 때 혹시 당신은 이런 생각을 하지 않았는가? '흥, 어련하시겠어. 지금 내가 얼마나 힘든데. 나는 절대 저 사람처럼 멍청하고 감상적인 노인이 되지는 않을 거야. 아이로 사는 것이 얼마나 힘든지 절대 잊지 않을 테야.'

절대 잊지 않겠다고 다짐할수록 더 많이 잊어버린다. 하지만 약간의 노력으로 기억을 돌이킬 수 있다.

이번에는 윌리엄 워즈워스를 무대에 세워 보자. 그는 서른두 살이던 1802년에 이런 글을 썼다.

하늘의 무지개를 보노라면
내 가슴이 뛰노라.
어렸을 때도 그랬고

어른이 된 지금도 그러하니
나이가 들어서도 그러하기를
그렇지 않으면 죽으리니!
아이는 어른의 아버지……

— 「무지개 *The Rainbow*」에서

워즈워스는 너무도 자연스럽게 아이에게 다가온 경이로움을 꼭 붙들고 있겠다고 맹세한다. 하지만 그것은 얼음을 붙들고 있는 것과 같아서 시간이 지나면 녹아 없어질지도 모른다.

그로부터 5년 뒤, 서른일곱 살에 불과한 워즈워스는 이미 그런 경이로움이 사라지는 것을 느낀 것 같다.

그러나 많은 나무 중 한 그루,
내가 내려다본 저 들판
그 둘은 사라진 무언가에 대해 말한다.
내 발 아래 팬지도
똑같은 말을 한다.
환상의 빛은 어디로 사라졌나?
그 영광과 꿈은 지금 어디에 있나?

— 「영혼 불멸에 부치는 송가 *Ode: Intimations of Immortality*」에서

200년이라는 시간, 나무와 팬지를 건너뛰면 워즈워스의 글에서 당신과 나, 그리고 다른 모든 사람이 공통으로 느끼는 감정이 들어 있다. 그것은 어렸을 때는 무척 특별한 어떤 것을 갖고 있었지만 지금은 사라져 아무것도 없는 느낌이다.

'환상의 빛은 어디로 사라졌나? 그 영광과 꿈은 지금 어디에 있나?'

그것을 다시 느낄 수 있는 가장 쉬운 방법은 기억을 이용하는 것일지도 모른다.

우리는 어렸을 때 한 번쯤은 무지개에 반했다. 그럴 때면 가슴이 뛰었다. 가슴을 뛰게 만든 것은 무지개가 아니었을지도 모른다. 어쩌면 당신은 어느 귀여운 소년이나 소녀의 그림자라도 잡고 싶다는 소망을 남몰래 품었을지도 모른다. 아니면 공놀이에서 이기고 싶어 가슴이 뛰었을지도 모른다. 나로서는 당신의 가슴을 뛰게 만든 것이 무엇이었는지 알 수 없다. 하지만 그런 일이 일어났다는 것만큼은 안다. 그것도 여러 번.

당신이 찾을 최고의 전문가

당신은 자신에게 가장 신뢰받는 전문가다. 당신은 자신에게 최고의 전문가일 뿐만 아니라 결정권자이기도 하다. 결국 아이들과 함께, 그리고 아이들을 위해 무엇을 할지 결정하는 사람은 당신이다. 최고의 어린 시절을 선물하기 위해 결정을 내리는 사람, 그것을 제공하려고 노력하는 사람도 당신이다. 때문에 결정의 근거가 될 '자료(어린 시절'를 회상하는 것이 중요하다.

자, 눈을 감고 과거로 돌아가라. 어린 시절을 전부 되짚는 것이 아니라 그냥 한두 장면만 떠올려 보라는 것이다. 당신이 현재로 돌아오면 내가 질문을 몇 가지 할 것이다. 느긋하게 생각해라. 서두르지 마라. 시간은 얼마든지 있다. 나는 기다리고 있을 것이다.

현실로 돌아온 것을 환영한다. 어린 시절을 의식 세계로 가져왔으니 아주 흥미롭고 복잡한, 대부분의 어른들이 거의 묻지 않는 질문을 자신에게 해 보기 바란다. 질문은 바로 이것이다. 어린 시절에 잘된 것은 무엇인가? (만약 있다면) 현재 당신이 누리는 행복의 근원이 된 것은 무엇인가?

어른들은 대개 현재의 불행에 영향을 미친 어린 시절의 뿌리가 무엇인지 즉시 말할 수 있다. 폭력적이거나 무관심한 부모. 기회가 없었던 것. 질병. 너무 잦은 이사. 형편없는 학교. 말썽 많았던 5학년 시절. 나쁜 유전자 등.

하지만 그런 것들은 잠시 잊고 최대한 구체적으로 잘된 것에 대해 생각해 봐라. 그 시절의 무엇에 대해 감사하는가? 어떤 것에 대해 기쁘게 생각하는가?

이는 아주 중요한 질문이므로 생각 정리에 도움이 되는 열네 가지의 유도 질문을 이용하자. 질문 하나하나에 시간을 충분히 할애해서 기억을 되살리기 바란다. 질문에 대한 답은 어린 시절을 돌이켜 줄 것이고, 이 책을 읽는 동안 의식적으로나 무의식적으로 참고할 자료

집이 될 것이다.

공책이나 종이를 준비해서 질문에 대한 답을 적어 두면 이 책을 다 읽고 난 뒤 한참이 지나도 가끔 참고할 수 있다. 아주 흥미로운 읽을거리가 되어 줄 것이다.

1. 어머니나 아버지와(입양된 경우에는 양부모와) 함께 보낸 행복한 순간들을 떠올려 봐라. 지금 구체적으로 몇 가지를 기억할 수 있는가? 반드시 중요하거나 의미 있어야 하는 것은 아니다. 기억을 할 때 미소가 떠오른다면 그것으로 충분하다. 때로는 시럽이 묻은 포크를 핥을 때처럼 가장 아무것도 아닌 순간이 당신의 가슴을 가장 따뜻하게 해 줄 수 있다.

2. 형제자매나 친구들과 보낸 행복한 순간을 떠올려 봐라. 구체적으로 몇 가지 순간을 기억해 봐라. 다시 강조하지만, 그런 순간들이 얼마나 심오하거나 의미 있는지는 중요치 않다. 다만 기억하고 웃음 지을 수 있으면 된다.

3. 행복한 순간들을 떠올렸다면 이번에는 잘못된 기억들을 되짚어 봐라. 이렇게 하면 당신의 자녀들에게 하지 말아야 할 것을 결정하는 데 도움이 된다. 당신의 어린 시절에 무엇이 잘못되었는가? 몇 가지 구체적인 순간들을 기억해 봐라.

4. 열한 살이나 열두 살 무렵으로 돌아가 보자. 그 당시 당신의 눈

에 세상은 어떻게 보이고 느꼈는가? 살던 집의 마당은 어떻게 생겼는가? 침실은 어떻게 생겼는가? 집에 있던 냉장고는 어떤 종류였는가? 샤워나 목욕을 했는가? 가장 좋아하는 간식은 무엇이었는가? 그 시절에 좋아하던 영화를 기억할 수 있는가? 어른에 대해서는 어떻게 생각했는가? 학교 교실은 어떻게 생겼는가? 자동차들은 어떤 모양이었는가? 당신이 살던 마을의 큰 도로나 골목은 어떻게 생겼는가? 정말 사랑한 애완동물을 기억하는가? 가장 좋아한 휴일이나 특별한 행사(생일 파티나 다른 곳에서 잠을 자는 것처럼)가 있었는가? 좋았던 것 두세 가지와 그 상황을 기억할 수 있는가?

5. 어린 시절 가장 친한 친구는 누구였는가? 아직 기억하고 있는 친구 몇 명의 이름을 말할 수 있는가?

6. 할아버지, 할머니와 보낸 행복한 시간을 기억하는가? 지금 기억을 떠올리며 할아버지, 할머니와 함께한 몇 가지 순간들을 음미해 봐라.

7. 가족을 제외하고 어린 시절에 당신에게 가장 긍정적인 영향을 준 사람은 누구인가? 그 사람은 당신을 어떻게 변화시켰는가? 지금 그 사람을 떠올리며 한두 순간을 음미해 봐라. 그 사람은 어떤 행동을 했는가? 뚜렷이 떠오르는 구체적인 순간이 있는가? 아니면 그런 순간들이 연이어 떠오르는가? 아니면 전체적인 관계만 생각나는가?

8. 학교에서 보낸 가장 좋았던 순간은 언제였는가? 당신이 가장 좋아한 수업 방식은 어떤 것이었는가? 학교에서 배운 것 중 지금 생활 속에서 활용하고 있는 것은 무엇인가? 학교생활에서 어떤 것이 잘못되었는가? 학교생활 중 당신의 아이들은 절대 경험하지 못하게 막고 싶은 것은 무엇인가?

9. 어떤 훈육의 형태나 행동 규칙이 당신에게 가장 도움이 되었다고 말할 수 있는가? 당신이 받은 훈육 중에서 당신의 자녀들에게는 절대 적용하고 싶지 않은 것은 무엇인가? 그리고 자녀들에게 활용하고 싶을 만큼 효과가 좋았던 훈육이나 동기 부여 전략은 무엇인가?

10. 가장 행복한 어린 시절의 한 순간은 무엇인가? 당신의 아이들에게 소개하고 싶은 것은 무엇인가? 스스로 책 읽기, 친구들과 놀기, 긍정적인 생각 같은 것인가?

11. 어린 시절에 일어나지 않았으면 좋았을 거라고 생각하는 순간이 있는가?

12. 지금도 가장 중요하게 생각하는 어렸을 때의 특성이 있는가?(지금도 가지고 있는지 없는지는 상관없다.)

13. 현재 느끼는 행복으로 이어진 어린 시절의 뿌리는 무엇이라고 생각하는가?

이 질문들에 대답하는 동안 당신은 인생의 가장 중요한 시절을 떠올렸을 것이다. 그것은 바로 어린 시절이다.

여기서 한 가지 질문을 더 하겠다.

14. 앞의 질문에 대한 답에서 현재 당신의 모습이나 자녀 양육 방식과 관련해 배워야 할 점은 무엇인가?

4

당당하고 열정적인 아이들은
어디에서 오나?

앞 장에서 소개한 방법대로 어린 시절의 좋았던 일들을 회상하는 사람들은 대부분 두 가지 기억을 떠올린다. 먼저, 자신을 사랑하고 인도한 사람들이나 승리와 환희에 찬 특별한 순간들을 되짚어보며 즐거운 기억에 젖는다. 둘째, 자신이 해결한 문제, 패배, 불공평한 순간, 이겨 내기 위해 노력했던 힘든 순간 등 현재의 자신을 만든 기억을 떠올린다. 칙센트미하이, 셀리그먼, 베일런트 등 많은 학자가 행한 연구들은 행복한 성인을 지켜 주는 두 가지 뛰어난 기술이 역경에 대처하는 능력, 즐거움을 찾아내고 유지하는 능력이라는 생각을 뒷받침한다.

이런 기술들을 학습할 수 있다는 것을 알고 나면 더 설렌다. 역경을 이겨 내거나 즐거움을 찾아내고 유지하기 위한 유전자를 꼭 타고

나지 않아도 되기 때문이다.

이어지는 몇 개의 장에서는 아이가(혹은 당신이나 내가) 그 중요한 두 가지 기술을 배우는 방법에 대해 살펴볼 것이다.

역경을 이겨 내는 방법

언뜻 생각하면 어른의 행복으로 이어지는 어린 시절의 뿌리가 무엇인지 분명해 보인다. 좋은 유전자를 타고나 행복한 어린 시절을 보냈다면 행복한 사람으로 성장하고, 그렇지 않다면 반대의 결과가 나타날 것이기 때문이다.

하지만 그렇지 않다. 그것과 거리가 멀다. 유전적인 면에서 볼 때, '나쁜' 유전자를 극복한 성인이 수없이 많으며, 그들은 학습 장애, 선천성 심장 질환, 우울증 같은 유전적인 문제를 이겨 냈다. 인생 경험 면에서 볼 때, 유쾌한 어린 시절을 보냈지만 불행하게 살거나, 반면에 괴로운 어린 시절을 보냈지만 행복하게 사는 성인이 수없이 많다.

샌트와니아 뷰캐넌의 어린 시절 이야기를 들려주겠다. 그녀가 요즘 무엇을 하며 살고 있을지 추측해 보기 바란다.

샌트와니아는 미시시피에서 무일푼의 마약 중독자 엄마에게서 태어났다. 4년 뒤에는 여동생이, 또 3년 뒤에는 남동생이 태어났다. 아이들에게는 돈도, 엄마도 없었다. 마약이 집을 들락날락하는 동안 아이들의 엄마도 집을 들락날락했다. 아이들을 돌봐준 건 늙고 병든 할머니였다. 샌트와니아는 할머니에게 요리와 청소를 배웠고, 일곱 살 때부터 동생들을 돌보았다. 열한 살 때 할머니가 세상을 뜨자 엄마는 짐을 꾸려 훌쩍 떠나 버렸다. 샌트와니아와 동생들은 거리로 내몰렸다.

세상을 떠나며 돈을 남길 수 없었던 할머니는 샌트와니아에게 그보다 더 값진 것, 어떤 느낌을 물려주려고 애썼다. 그중 하나는 힘이 있고 인생에서 어떤 장애물을 만나도 이겨 낼 수 있을 거라는 느낌이었다. 다른 하나는 동생들을 끝까지 책임지고 함께 살아야 한다는 강한 의무감이었다. 샌트와니아는 주 정부에 도움을 요청해 어린 동생들과 헤어져 입양되는 대신, 모두 함께 미시시피의 잭슨 거리에서 살기로 결심했다. 처음에는 길바닥에서 주사위 게임 판을 벌여 돈을 벌었다. 아이들은 계단 밑에서, 가끔은 남의 집 뒷마당에 있는 개집에서 잠을 청했다. 주유소나 맥도널드의 공중 화장실을 썼고 쓰레기통을 뒤져 옷을 찾아 입었다. 샌트와니아는 동생들을 먹여 살리고 지킬 수만 있다면 그 무엇도 서슴지 않았다. 어떤 일이 있어도 가족 셋이 똘똘 뭉쳐 헤쳐 나가겠다고 결심했다.

지금 샌트와니아는 어떻게 되었을까? 통계상으로는 동생들과 함께 마약에 빠져 있거나 감옥에 들어갔거나 아니면 눈에 띄지 않은 채 근근이 생계를 유지하고 있어야 할 것이다. 그러나 샌트와니아와 두 동생은 그런 통계를 믿지 않았다. 2001년 6월, 샌트와니아는 브라운 대학 의대를 졸업하고 7월에는 산부인과 수련의가 되었다. 여동생은 최근 단과 대학을 졸업했고 남동생은 해군에 근무한다.

사람들은 샌트와니아의 이야기를 기적이라고 말할지도 모른다. 그렇다. 이것은 기적이다. 하지만 그렇다고 완전히 이해할 수 없는 이야기는 아니다. 사람들은 그 모든 것이 신의 작품이라고 말할지도 모른다. 하지만 신이 샌트와니아에게만 기적을 일으키고 다른 많은 사람에게는 그렇게 하지 않은 이유는 무엇일까? 당신은 또 그것을 미스터리라고 말할지도 모른다. 사실이 그렇다. 하지만 미스터리를 푸는 열쇠가 있다. 바로 신은 사람들을 통해 일한다는 것이다. 많은 사람이 샌트와니아와 동생들을 도왔다. 큰 도움을 준 사람도 있었고 그냥 스쳐 지나간 사람도 있었다. 분명한 것은 샌트와니아가 자신의 힘에 의지했다는 것이다. 샌트와니아의 좌우명은 '인내'다. 하지만 그 힘은 허황된 생각에서 나오지 않았다. 그것은 할머니와 그동안 인연을 맺은 많은 사람에게서 왔다. 그리고 그 힘은 받은 것을 돌려주어야 한다는 생각, 바로 이타주의로 이어졌다. 베일런트의 자료에 따르면, 스트레스에 대한 대응 수단으로 발달한 이타주의는 치유를 위한 최고의 방법으로 인생에 대한 만족감과 밀접한 상관관계가 있다고 한다. 샌트와니아는 의사로서 앞으로 어떤 계획을 세우고 있는지 말하면서 이렇게 덧붙였다. "왠지 모르지만 신은 내 앞에 사람들을 데려다 놓고 난관을 헤쳐 나가게 해 주었죠. 이번에는 내가 그들을 도와주고 싶어요."

샌트와니아와 동질감을 느끼지 않거나 비슷한 경험을 전혀 해 보지 않았더라도(아마 없을 것이다.) 그냥 먼 나라 이야기를 들은 것처럼 놀라기만 하지 말고 각자의 생활에 적용할 만한 것을 보고 배우기 바란다.

샌트와니아는 가족처럼 사람들로 이루어진 테두리 안에서 사랑이 끊임없이 작용하는 '사랑의 끈'이 얼마나 놀라운 힘을 발휘하는지 가르쳐 준다. 할머니와 동생들에 대한 사랑과 그들에게서 받은 사랑이 초인적인 힘을 주었다. 샌트와니아는 매일 살아남기 위해 자신뿐만 아니라 자신에게 전적으로 의지하는 두 동생을 위해 필요하다고 생각한 것들을 실천했다. 사랑을 연료로 삼아 암울한 현실이 만든 극한의 상황 속에서 시련을 겪으며 임무를 수행한 것이다.

샌트와니아의 할머니는 카리스마를 지닌 사람이었다. 그녀는 로버트 브룩스 박사의 연구에 나오는 어려움을 극복한 성인(샌트와니아처럼)들과 비슷한 어린 시절을 보냈다. 할머니는 샌트와니아에게 자신이 알고 있는 것보다 더 많은 것을 내면에서 찾고, 아무리 어려워도 노력하고, 인생이 부여한 위대한 사명을 깨닫게 했다. 브룩스 박사는 샘 골드스타인과 함께 회복력이 있는 아이로 만드는 비결에 대한 비중 있는 연구들을 꼼꼼하게 검토하고 나서 가장 중요한 요인은 바로 카리스마가 있는 어른이라는 결론을 내렸다. 어른(흔히 부모나 스승이지만 때로는 친척이나 코치, 혹은 아이의 인생에 행운처럼 등장하는 다른 어른) 한 명이 상처받은 아이를 영웅적인 생존자로 변화시킬 수 있다. 아이에게 관심을 갖고 용기를 불어넣을 수 있는 어른 한 명이 기적에 버금가는 결과의 원동력이 될 수 있다.

대부분의 어린이가 샌트와니아의 기적을 경험할 필요는 없다. 하지만 모든 아이가 한 번쯤은 어려운 시기를 맞는다. 파티에 초대받지 못하는 것처럼 작은 것부터 학교에 가지 못하는 것처럼 비교적 큰 것, 그리고 친척이나 친구, 심지어는 부모의 죽음처럼 중대한 것에 이르기까지 다양한 종류의 절망과 좌절이 모든 아이에게 닥친다. 샌트와니아와 두 동생을 구한 사랑의 끈이 작든 크든 당신과 나의 가족을 포함한 모든 가족을 온갖 어두운 현실에 무너지지 않도록 구해 줄 수 있다.

특히 내가 샌트와니아의 이야기에서 배운 것은 지각에 의한 인식(수업처럼 배우는 것)이 아니라 느낌(수업을 받지 않고도 알게 되는 것)이었다. 샌트와니아를 생각하면 희망이 생긴다. 샌트와니아가 할 수 있었다면 다른 모든 사람도 할 수 있다는 희망이 생긴다. 로또에 당첨되거나 후원자를 찾지 않아도 된다. 그냥 어디선가 사랑의 끈을 찾기만 하면 된다.

기본적인 사랑의 끈에서 감정적인 힘이 자라난다. 애정 관계를 연구하는 많은 전문가와 앞장에 소개한 피터 포내기의 최근 연구는 어려운 상황일지라도 사랑의 끈이 가진 힘이 정서적으로 강하게 만든다고 강조한다.

현재 아동 발달 분야에서 진행되고 있는 가장 흥미로운 작업 중 하나인 이 연구는 50년 전 존 볼비의 고전적인 연구를 뒷받침하고 있다. 존 볼비는 어머니와 강력한 애착 관계를 형성하지 못한 아이들이 사랑에 대한 지나친 요구, 복수, 중대한 범죄, 우울증 등의 부분 박탈 징후나 무기력, 무반응, 발달 지체 등의 완전 박탈 징후를 나타내기 쉽고 나중에는 피상성 발달 징후인 현실감 결핍을 보인다고 밝혔다.[1]

인생을 잘 살기 위한 최고의 방법 중 하나는 아주 어릴 때 한 사람, 주로 어머니와 안정적이고 확고한 애착 관계를 형성하는 것이다.

나는 고난을 이겨 낸 많은 사람을 알고 있으며 당신도 그럴 것이

---

1. Fonagy, *Attachment Theory and Psychoanalysis*, 7쪽.

라고 생각한다. 당신도 그들 중 한 명일지도 모른다. 그들은, 당신은 역경을 잘 헤쳐 나왔다. 일반적으로 그것을 통해 행복한 사람들을 구분할 수 있다. 그들은 어려운 시기에도 충격을 받지 않았다. 인생은 분명 우리 모두가 역경을 이겨 낼 수 있도록 도와준다. 따라서 그것을 잘 극복하는 것이야말로 행복으로 가는 열쇠다.

그런 능력을 얻는 한 가지 방법은 어릴 때 강하고 확고한 애정 관계를 형성하는 것이다. 하지만 확고한 애정 관계를 형성하지 못했을 때에도 그런 능력을 가르치고 배울 수 있을까? 아주 훌륭한 어느 연구 결과에 따르면 그것이 가능하다고 한다.

그런 능력의 일부는 유전자 속에 들어 있다. 하지만 많은 양은 학습을 통해 얻어진다. 마틴 셀리그먼은 낙관주의—할 수 있고 하려는 의지를 보이는—가 학습된다는 사실을 연구를 통해 입증했다. 어린 시절의 낙관주의는 성인의 행복을 좌우하는 중요한 변수들 중 하나다. 나는 샌트와니아의 할머니가 낙관주의를 가르친 최고의 스승이고 샌트와니아는 최고의 학생이라고 믿는다. 회사의 경영진은 화려한 학력보다는 할 수 있고 하고자 하는 태도, 즉 문제를 발견하면 스카치테이프와 쇠꼬챙이, 아니면 자신의 지능 등 어떤 도구를 이용해서든 해결할 때까지 붙잡고 있는 사원을 뽑겠다고 말할 것이다. 그 능력은 행복하다고 말하는 사람들의 삶 속에 들어 있다. 그들은 문제가 생기면 행동에 돌입한다. 아무리 방법이 보이지 않아도 정신력을 끌어 모은다. 아무리 여건이 허락하지 않아도 도움을 구한다. 그들은 포기를 모른다.

나는 필립스 엑서터 아카데미(미국 뉴햄프셔 주의 엑서터에 위치한 기숙 사립학교로 9학년부터 12학년까지 있으며 전 세계에서 학생들을 모집한다.—옮긴이)의 교장 타이 팅글리와의 인터뷰에서 열정적인 사람들이 어떻게 지치지 않고 사는지 알 수 있는 실마리를 얻었다. 나는 이 책을 준비하면서 여러 해 동안 많은 전문가에게 했던 질문을 그에게도 했다. "어른의 행복으로 이어지는 어린 시절의 뿌리는 뭐라고 생각하세요?"

이 질문을 받으면 누구나 잠시 머뭇거리고 웃음을 짓는데 팅글리도 그랬다. 팅글리는 질문 받는 사람들이 으레 그러는 것처럼 내게 말했다. "오, 아주 좋은 질문이군요." 우리는 평소에 이처럼 중요한 질문을 받을 일이 별로 없고 자세히 생각해 보지도 않는다. 하지만 팅글리가 그랬듯이 거의 모든 사람이 잠시 생각해 본 뒤에 대답을 한다. 그의 답변은 가장 예외적이었지만 나는 내가 들은 수백 개의 대답 중에서 가장 정확하다는 생각이 들었다.

"아이들이 어른이 되어 행복하도록 준비시키는 이곳 엑서터만의 중요한 전략 하나를 말씀드릴 수는 있어요." 팅글리는 장난기 어린 눈빛으로 말했다. 내가 전혀 예상치 못한 대답을 하려는 것 같았다. "우리는 실패하는 법을 가르칩니다. 그런 다음 다시 일어서도록 도와주지요." 엑서터는 학업 수준이 높은 학교다. 엑서터는 입학하기도 힘들지만 들어간 뒤에 좋은 성적을 받기도 힘들다. 입학하는 학생들은 남보다 잘할 것이라고 기대한다. 그런데 기대만큼 잘하지 못한다. 나도 안다. 나도 겪었기 때문이다.

나는 1964년에 9학년으로 엑서터에 입학했다. 이전 학교에서는 반에서 가장 우수한 성적을 받았다. 엑서터에서도 그럴 거라고 예상했다. 하지만 아니었다. 나는 내가 전 과목에서 'A'를 받을 거라고 생각했다. 하지만 9학년 때 'A'를 받은 과목은 단 하나도 없었다.

처음에는 무척 혼란스러웠다. 어떻게 이런 일이 있을까! 하지만 상담 교사와 나처럼 자신이 세상에서 가장 똑똑하다는 환상에서 벗어난 다른 친구들의 도움으로 점점 어려움에 대처하는 방법을 알게 되었다. 나는 타이 팅글리의 의도적으로 비꼬는 말 속에서 실패하는 법을 배웠다. 그것은 어린 시절의 가장 중요한 교훈들 중 하나였다. 행복해지기 위해 최고가 될 필요는 없었다. 잘 살기 위해 완벽해질 필요도 없었다.

그렇다고 내가 느긋해졌다는 소리는 아니다. 반대로 그 어느 때보다 더 열심히 공부했다. 하지만 내가 최선을 다해 공부해도 누군가가 나보다 더 잘할 수 있다는 사실은 알고 있었다.

실패에 대응하는 법을 배우려면 직접 패배를 경험해야 한다. 가족과 모노폴리 같은 보드게임을 하든 엑서터에서 좋은 성적을 받든 노벨상을 두고 경쟁을 하든, 지는 법을 배우기 전까지는 성공을 유지할 수 없다.

달리 말해, 자연이 당신을 위해 준비한 게임에서 이기려면 먼저 져 보아야 한다. 인생은 주사위의 한 면이 아니다. 인생은 많은 실패로 이루어진 게임이다. 인생에서 승리하고 행복한 어른은 실패나 손해나 패배를 겪어도 실망을 하지 않는 사람이다. 우리는 모두 어렸을 때 (엑서터나 미시시피의 잭슨 거리가 아니더라도) 패배를 경험했다. 절망 속에서도 용기를 잃지 않는 법을 배우는 것이 중요하다. 이것이 행복한 어른으로 살기 위해 필요한 열쇠의 전부는 아니지만 이것이 없으면 영원한 행복으로 가는 문을 열지 못한다.

당신은 그런 능력을 다양한 방법으로 아이들에게 가르칠 수 있다. 가장 좋은 방법은 일찍부터 확고한 애정을 주는 것이다. 자녀와의 유대가 5장에서 소개할 5단계 중 가장 우선하고 중요한 것은 그 때문이다.

다른 방법도 있다. 생활 속에서 당신이 직접 본보기가 되어 역경을 이겨 내는 능력을 보여 줄 수도 있다. 아이들은 일이나 운동 경기, 심지어는 차가 막힌 상황에서 부모가 어떻게 절망을 이겨 내는지 관찰하며 배운다. 부모는 아이들이 경쟁에서 최선을 다하도록 가르치고 그 과정에서 승리와 패배를 경험하는지 확인하고 그것을 이겨 내도록 도와줄 수 있다. 고통을 이기기 위해 유머나 철학을 이용하거나 그냥 포기하지 않는 모습을 보여 줘도 된다. 장애를 극복한 다른 사람들의 이야기를 들려주어도 좋다. 예를 들어, 제너럴 일렉트릭의 전 CEO인 잭 웰치는 어느 날 집에 돌아와 말을 더듬거린다는 이유로 친구들에게 놀림 받은 이야기를 했다. 그의 어머니는 이렇게 말했다. "잭, 넌 너무 똑똑해서 더듬거릴 뿐이란다. 네 머리가 너무 빨리 돌아가는 바람에 혀가 따라가지 못하는 거야." 아니면 아인슈타인이 학교에 다닐 때 수학 때문에 골치 아파 했다는 이야기를 해 주어도 좋다.

낙관주의도 가르칠 수 있다. 직접 모델이 되어도 좋고 '뭉치면 해결할 수 없는 문제는 없다.'는 말을 자주 들려주어도 좋다. 그런 말은 지친 어른들에게는 효과가 없을지도 모르지만 아이들의 귀에는 쏙쏙 들어온다. 문제를 해결할 수 있다고 믿을수록 해결할 수 있고 해결하게 될 가능성이 더 커진다.

한 걸음 더 나아가, 아이들이 절망을 느끼지 않도록 무조건 보호하기보다는 그런 일이 있을 때 대처할 수 있도록 곁에서 도와주어야 한다. 역경을 극복하는 법을 배울 수 있는 가장 좋은 전략은 그것을 여러 번 성공적으로 이겨 내는 것이다. '성공적으로'란 그것을 통해 교훈을 얻고 포기하지 않는다는 것을 뜻한다. 아이가 다음에는 더 잘하고 능숙해지도록 조언을 해 줄 수도 있다. 성취와 성공뿐만 아니라 좌절과 패배에 들어간 노력과 용기도 인정할 줄 알아야 한다. 러디어드 키플링의 「만약If」이란 시에 나오는 다음 글귀는 윔블던의 탈의실에서 센터 코트로 통하는 복도를 장식하고 있다.

만약 승리와 역경을 만나면
그 두 사기꾼을 똑같이 다루어라.

「만약」의 이 부분을 인용한 다음 아이들에게 승리와 역경이 왜 사기꾼인지 설명해라. 어려운 내용일 수도 있지만 부모나 교사, 코치로서 독창성을 발휘하기 바란다.

이런 조언을 괜히 하는 것은 아니다. 다음 장에서는 즐거움을 찾아내고 유지하는 능력, 역경을 극복할 수 있는 능력을 키우기 위한 5단계를 소개하려고 한다.

즐거움을 찾아내고 유지하는 법

아이가 역경에 대처하는 법을 배우는 것만큼 즐거움을 찾아내고 유지하는 법을 배우는 것도 중요하다.

우리는 흔히 그런 능력의 중요성을 과소평가한다. 그런데 그것은 중요하다. 수많은 어른의 삶이 만족스럽지 않은 까닭은 건강하고 신뢰할 만한 방법으로 즐거움을 찾아내고 유지하는 기술을 배우지 않았기 때문이다. 그들이 마약, 알코올, 도박 등 쾌락을 주는 수많은 위험한 수단으로 고개를 돌리는 이유는 일상에서 즐거움을 찾는 더 좋은 방법을 배우지 못했기 때문이다.

술과 마약은 (노인뿐만 아니라) 젊은이들에게 치명적인 해를 끼친다. 그것들은 일상에서 즐거움을 찾는 '도전'을 아주 손쉽게 해결해주기 때문이다.

즐거움을 찾는 것은 왜 그렇게 어려울까? 즐거워지는 길은 단순하다. 걱정하지 않고 행복하면 되는 것이다. 하지만 즐거움을 찾아내고 유지하는 능력은 전혀 단순한 것이 아니다. 적어도 역경을 극복하는 능력만큼 복잡하고 중요하다. 역경에 대처하고 극복하며 평생을 보내더라도 즐거움을 거의 경험하지 못하는 어른들도 많다. 음주, 마약, 도박, 위험 행동 등 오래가지 못하고 해로운 즐거움만을 찾는 사람들도 있다.

한 가지 예를 들어 보겠다. 내가 아는 어떤 사람은 걱정이 너무 많다. 그 사람은 걱정거리가 없으면 분명 뭔가 잊어버렸을 것이라고 생각한다. 그는 순수한 기쁨을 쉽게 느끼지 못한다. 즐거움을 느끼는 순간 가슴 깊은 곳에서 '조심해!'라는 경고가 들리기 때문이다.

그가 정말 행복한 기분을 느낄 유일한 방법은 토요일 저녁에 아내와 외식을 하며 마티니 두 잔을 마시는 것이다.

'약물 의존성 치료를 위한 교육 센터'라는 혁신적인 단체가 있다. 매사추세츠 주 니덤에 본사를 둔 이 단체는 전 세계의 학교로 강사를 파견해 학생들에게 술이나 마약에 의존하지 않고 만족스러운 삶을 사는 방법을 교육한다. 강사들은 전부 중독에서 회복하거나 회복 중인 사람들이기 때문에 가치를 따질 수 없는 체험에서 우러나온 자신의 견해를 전달한다. 심리학자이자 작가인 이 단체의 대표 알렉스 J. 파커는 사업 발전에 도움이 되기 위해 『우와! 술이나 마약 없이도 정말 좋은 기분을 느낄 수 있는 법 150가지Highs! Over 150 Ways to Feel Really, Really Good…Without Alcohol or Other Drugs』라는 유용한 책을 썼다. 재미있고 솔직하며 청소년들이 좋아하는 문체로 쓰인 책이다.

하지만 우리에겐 책 이상의 것이 필요하다. 우리는 건전한 방법으로 인생의 남은 시간 동안 되풀이하고 싶은 즐거움을 경험해야 한다. 그렇게 하는 법을 배우려면 어려서 시작하는 것이 가장 좋다. 아이가 어떻게 배우는지, 세계 제일의 전문가의 예를 들려주겠다. 바로 나의 여섯 살짜리 아들 터커의 이야기다.

터커가 노는 모습은 즐거움으로 가득한 첨단 연구실을 떠올리게 한다. 나는 특히 터커가 혼자 노는 모습을 지켜보는 것을 좋아한다. 터커가 노는 모습은 마치 노벨상을 수상한 과학자가 혼자 실험을 진행하고 관찰하며 이리저리 뛰어다니는 것 같다. 아무런 방해를 받지 않고 수많은 계획에 집중할 수 있다는 사실에 짜릿한 전율을 느끼면서.

터커의 방에서 즐거운 과학자의 인기척이 들리면 나는 곧잘 열린 방문으로 다가가 그대로 선 채 아이가 노는 모습을 지켜보며 귀를 기울인다. 터커는 나를 보면 씩 웃으며 '안녕, 아빠!' 라고 한마디 내뱉고는 다시 놀이에 집중한다.

터커의 방은 작지만 위대한 과학자에게는 큰 공간이 필요치 않은 법이다. 바닥에는 상상의 놀이를 지휘하기에 충분한 공간이 있다. 터커는 손에 잡히는 물건은 모조리 가져와 놀이에 끼워 준다. 바닥에는 늘 잡동사니가 널려 있기 때문에 선택의 여지가 많다. 터커는 내 슬리퍼 한 짝을 배로 만들어 그 위에 맥도널드의 해피밀에 딸려 나오는 플라스틱 인형이나 작년 크리스마스에 받은 부러진 병사나 어디서 굴러 왔는지 알 수 없는 병뚜껑들을 선원으로 삼아 '착한 편' 이라고 이름을 붙이고 그 위에 놓아둘지도 모른다. 그러고는 역시 방바닥 출신의 나쁜 녀석들을 끌어 모아 모험을 시작하게 한다. 터커는 효과음과 대사 담당이다.

"우-웅! 파-방! 집결! 구조 요청! 구조 중! 조심해, 나쁜 놈이 쳐들어온다! 슈욱! 펑! 방향을 돌려라! 전진. 좋아, 자, 조심해! 쉬이익!" 터커는 그렇게 한 시간 이상 놀 수 있다. 그 놀이는 전투에서 원정을 거쳐 숨바꼭질 놀이로 바뀌는데, 모두 터커와 가상의 출연자들에 의해 진행된다. 내가 서서 지켜보고 있어도 터커는 나의 존재를 까맣게 잊는다. 그럴 때면 그 놀이가 앞으로 터커가 하게 될 그 어떤 것보다 더 중요한 '일' 이라는 생각이 든다. 터커는 즐거움의 씨앗을 뿌리고 있다. 무인도에 떨어져도 즐거움을 찾아내고 유지할 수 있는 법을 배우고 있는 것이다. 버려진 나뭇가지 몇 개, 조개껍데기 몇 개만 있으면 터커에게는 천국일 것이다(적어도 배가 고파질 때까지는).

언젠가 잭 웰치가 '무엇이 한 사람을 성공하게 하는가?'라는 질문에 답하는 것을 들었다. 변변찮은 집안에서 태어나 비(非)아이비리그 대학(매사추세츠 대학)에 들어간 웰치는 언어장애를 극복하고 제너럴 일렉트릭을 세계에서 가장 성공한 기업 중 하나로 만들었다. 그는 한 사람을 성공하게 하는 것에 관한 질문에 이렇게 대답했다. "인생을 붙들고 가장 성실하게 살아라. 무슨 일을 하건 인생을 놓지 마라. 주어진 시간이 짧기에 장난삼아 해서는 안 된다. 권위주의에 주눅 들지 마라. 그냥 인생을 꼭 움켜쥐고 성실하고 강하게 살아라."

나는 터커가 노는 모습을 지켜보면서 웰치가 무슨 말을 하고 있는지 알 수 있었다. 그것은 기술이 아니라 태도다. 웰치는 또, 태도를 보고 채용한 다음 기술을 가르치라는 말을 했다. 태도는 기술로 이어지고 행복은 태도에서 출발한다. 터커의 놀이는 이렇게 외친다. '난 하고 말 거야! 절대 물러서지 않을 테야! 미친 듯이 놀 거라고. 난 두렵지 않아.'

또 다른 전문가가 있다. 열두 살 난 내 딸 루시다. 터커보다 나이가 많은 루시는 지금은 동생처럼 방바닥에서 놀지 않는다. 하지만 다양한 방법으로 즐거움을 찾아내고 유지한다. 그중 친구들과 수다를 떠는 것이 으뜸이다. 전화로, 직접 만나서, 실시간으로 주고받는 문자로도 떠든다. 축구도 한다. 매니큐어를 사서 손톱 발톱에 모두 바른다. 물론 시무룩해질 때도 있다. 그처럼 감정적으로 불편해질 때 스스로 즐거움을 찾는 방법을 아는 것이 중요하다. 루시는 혼자 있어야 할 때, 책을 읽거나 텔레비전을 볼 때, 친구와 통화를 할 때,

심지어는 잠을 자야 할 때를 알면서 본능적으로 즐거움을 찾아내고 유지하는 법을 배웠다.

다음 장에서는 행복하고 책임감 있는 어른이 될 수 있도록 아이를 행복하게 키우기 위해 필요한 원동력에 대해 설명할 것이다. 그 원동력은 유대, 놀이, 연습, 성취, 인정을 포함한다. 이 조합이 어린 시절 내내 존재한다면 아이들은 역경에 대처하면서도 즐거움을 찾아내 즐길 줄 알게 된다.

다음 장에 소개될 원동력은 루시의 어린 시절 동안 줄곧 되풀이되었고, 열두 살 나이에 그 무렵의 부모보다 훨씬 더 행복한 아이로 만들었다. 부모로서 아이에게 누가 될까 두려워 이런 말을 하는 것이 부담스럽지만, 루시는 행복한 어른이 되는 과정을 거치고 있는 게 분명하다. 루시가 7학년 때 숙제로 지은 시를 증거로 제출한다.

빛나는 요정

그녀의 이름은 그녀가 어떤 존재인지 말해 주지.
그녀의 에너지는 날아다니는 요정 같아서
달 위에서 춤을 추지.
그녀의 창의력은 지는 해 같아서
하늘에 그림을 그리지.
그녀의 기분은 바다 같아서
때로는 조용히 반짝거리고 때로는 거칠게 화를 내지.
그녀의 동작은 인어 같아서

바다 속을 우아하게 헤엄쳐 다니지.

그녀의 애정은 엄마 새 같아서

둥지를 지키지.

그녀의 달콤함은 초콜릿 같아서

입 안에서 녹지.

그녀의 친절은 천사 같아서

온 누리에 행복이 스며들지.

그녀의 놀이는 원숭이 같아서

이 나무에서 저 나무로 건너뛰지.

그녀의 자신감은 별 같아서

어두운 밤에도 밝게 빛나지.

그녀의 마음은 빛나는 요정 같아서

세상에 빛을 뿌리지.

루시는 공부에서 운동, 음악에 이르기까지 열심히 참여하는 학생이기는 해도 어느 한 분야에서 '빅 스타'는 아니다. 어디를 가든 항상 열정적인 조력자이고 즐거운 존재다.

어른들은 대답한다. "알았어, 그런데 말이야." 우리는 모두 조건부로 허락되는 많은 것을 알고 있다. 자신의 차례를 기다리는 법. 몇몇 요령과 규율. 숙제를 하고 자기 전에 이를 닦는 것. 모두 사실이다. 빅 스타라면 그것이 도움이 된다. 그것은 명문 대학에 들어갈 때 필요한 수단이 될 수도 있다. 스타가 되는 것은 좋다. 하지만 항상 그런 것만은 아니다. 그것은 어떻게 스타가 되느냐에 달려 있다.

중요한 것은 거의 모든 아이가, 자신이 느끼는 열정을 간직하면서 학문을 배우고 차례를 기다리고 어떤 기술을 익히고 닦는 것이다. 스타가 스스로 자신을 지키게 해야 한다.

훈육, 인내, 깨끗한 이가 충분하지 않고 열정, 환상, 설렘이 과하다면 그 끝은 좌절로 이어진다. '사람들이 왜 내 말은 안 듣지?' 는 특히 그런 어른들이 되풀이하는 말이다. 과도한 훈육, 인내, 양치질과 충분하지 못한 열정, 꿈, 설렘은 따분함으로 끝맺는다. '성공은 했는데 왜 재미가 없을까?' 는 그런 어른들의 후렴구다.

부모는 아이가 놀기도 하고 이도 닦는지 확인해야 한다.

즐거움을 찾아내고 유지하는 능력, 고통과 역경을 헤쳐 나가는 능력. 이들은 어른의 행복으로 이어지는 어린 시절의 뿌리다.

모든 아이에게 효과적인 방법

그런 능력을 가르치거나 획득하는 방법에 대한 의문은 여전히 남아 있다. 나는 이 장에서 역경에 대처하는 법과 즐거움을 찾아내고 유지하는 법을 배우는 문제에 관한 생각을 이야기했다. 하지만 독자들에게는 더 많은 정보가 필요하다. 앞으로 부모와 교사들이 자주 저지르는 실수들과 구체적인 제안과 조언을 들려줄 것이다.

아울러, 부모가 가진 돈의 액수, 아이나 부모의 나이, 사는 곳, 혹은 아이들이 물려받은 유전자의 종류에 상관없이 모든 아이에게 적용할 수 있는 방법도 알려 줄 생각이다.

5

어른의 행복을 부르는 어린 시절의 뿌리: 5단계 주기

생활에 필요한 물질적인 것들이 충족된 아이들은 눈에 띄게 쾌활하다. 그들은 기회가 조금만 주어져도 잘 자란다. 내가 그동안의 연구와 경험을 바탕으로 이 장에서 설명하는 프로그램은 필요한 물질을 초월해서 아이들이 잘 자라게 하기 위해 가장 필요한 것들을 평가한 결과다.

내가 제안하는 5단계 프로그램에서 각 단계는 다음 단계로 연결되기 때문에 다음 쪽에 나오는 그림처럼 하나의 주기가 발생한다. 이 과정은 어린 시절뿐만 아니라 평생에 걸쳐 계속되는 것이 바람직하다. 이 장에서는 주기의 모든 단계에 대해 설명하고, 이후에는 각 장에서 단계를 하나씩 다룰 것이다.

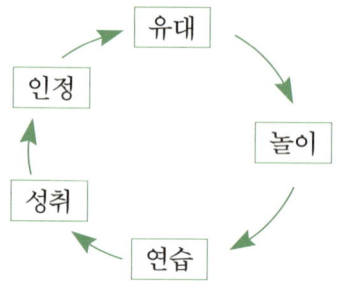

단계 1: 유대

유대는 주기에서 가장 중요한 단계다. 주기의 나머지 단계를 모두 활성화시키기 때문이다. 다행히도 자연은 거의 모든 아이와 부모에게 유대의 능력을 부여했다.('거의'라고 한 것은 간혹 다른 사람과 의미 있는 관계를 맺는 데 있어 장애를 갖고 태어나는 아이들이 있기 때문이다. 자폐증, 아스퍼거 증후군, 아동 정신 분열증, 혹은 전반적인 발달 장애를 앓는 아이들을 말한다.)

부모나 부모 중 한 명 등 어른의 무조건적인 사랑으로 나타나는 유대는 어른의 행복으로 이어지는 가장 중요한 어린 시절의 뿌리다. 하지만 그게 전부는 아니다. 다음 장에서 설명하겠지만 서로 결합하면 평생 동안 쌓아나가며 흔들림 없는 토대가 되는 많은 종류의 유대가 있다.

강한 유대를 느끼며 성장한 아이는 심리학자 에릭 에릭슨이 말한 '기초적인 신뢰'에 대한 감각을 일찌감치 터득한다. 또한, 6개월 유아든 60세 노인이든 안정감과 안전감을 느끼고 세상의 위험에 도전하려는 용기와 욕구가 생긴다.

눈앞에 보이는 모든 것에 도전하는 이런 능력, 즉 할 수 있다고 생각하고 하고자 하는 태도는 지속적인 낙관주의로 이어진다. 앞에서도 언급했듯이, 마틴 셀리그먼을 비롯한 여러 학자들이 진행한 연구에서 증명된 바에 따르면, 낙관적인 태도는 우울증과 절망을 예방하는 가장 믿음직한 보호자일 뿐만 아니라 어른의 행복을 가장 강력하게 예측할 수 있는 인자들 가운데 하나다.

단계 2: 놀이

어린 시절의 '일'은 놀이다. 요즘은 많은 어린이가 한 가지 '보충' 활동에서 다음 활동(모든 종류의 수업, 개인교습, 경연대회 등)으로 바쁘게 옮겨 다니느라 너무 많은 시간을 보낸다. 그러나 가장 많은 것을 가르쳐 주는 유일한 활동인 놀이는 전혀 하지 않는다.

내가 어렸을 때는 학교가 끝나면 요즘 아이들이 거의 하지 않는 것을 할 수 있었다. 바로, '밖에 나가 노는 것'이었다.

부모들은 놀이를 하는 아이가 곧 공부를 하는 아이라는 사실을 절대 잊지 않도록 노력해야 한다.

미국 학습 장애 연구 분야의 대가인 행복한 어른 프리실라 베일은 자신이 막내여서 어렸을 때는 혼자 집에 있을 때가 많았다고 한다. 언니, 오빠 들은 주위에 없고 부모님은 자주 다투었다. 그래서 베일은 혼자 즐기고 노는 법을 배워야 했다. 그런 능력은 베일의 인생에서 무척 소중한 역할을 했다.

놀이는 상상력을 키운다. 다른 아이와 함께하는 놀이는 문제 해결과 협력의 기술을 가르친다. 혼자 하는 놀이 역시 외로움 속에 숨은 가능성뿐만 아니라 문제 해결 능력을 가르친다. 놀이는 처음 블록을 쌓거나 자전거를 탈 때의 절망을 참아 내는 능력과 실패를 경험하는 가장 중요한 능력을 가르친다.

게다가 머릿속으로 놀이를 할 때는 공상에 잠긴다. 공상에 잠기는 능력은 대부분의 아이들이 가진 특별하고도 중요한 재능이다. 우리는 꿈속에서 앞으로 갈 길을 그린다. 꿈은 신념으로 이어지거나 그것을 강화한다. 머릿속으로 노는 능력, 곧 꿈을 꾸는 능력이 강할수록 성장하는 동안 신념이 무너지지 않을 가능성도 커진다.

꿈과 믿음은 꾸준한 놀이의 결실이다.

놀이는 즐거움을 생성한다. 놀이는 그 자체가 보상이다. 아이는 놀이 속에서 미하이 칙센트미하이가 말한 '몰입'의 상태로 들어간다. 몰입 속에서 인간은 자신이 어디에 있는지, 심지어는 자신이 누구인지조차 잊은 채 최고의 행복감을 맛본다. 절정에 도달한 놀이는 아이를 몰입의 세상으로 데려간다. 몰입의 상태로 들어갈 수 있는 활동을 많이 찾을수록 매일 더 행복해진다. 어린 시절의 놀이 속에서 몰입의 씨앗이 뿌려진다.

단계 3: 연습

어른들은 연습이 얼마나 중요한지 잘 안다. 그런데 그 사실을 어떻게 알았을까? 경험을 통해, 실험과 실수를 통해 알았다. 다시 말해, 연습을 통해 알았다.

놀이를 하는 아이는 곧 연습의 힘을 배운다. 첫 시도에 넘어지지 않고 자전거를 탈 수 있는 아이는 드물다. 하지만 연습을 참을 수 있게 하는 것은 자전거를 탈 수 있다는 유혹이다. 그러면 절망도 참을 만한 것이 된다. 실패가 최고와 성공으로 가는 길의 첫걸음이 된다.

아장아장 걷는 꼬마가 집에 있는 피아노를 쿵쾅거리며 '연주' 하기 시작한다. 조금 더 자라서 피아노 교습을 받는다. 아이는 자신이 연주하는 피아노 소리를 좋아하게 되고, 더 많은 연습을 하는 동안 귀에 들리는 소리는 더욱 좋아진다. 마지막 결과가 주는 느낌이 좋기 때문에 아이는 연습을 계속한다.

자전거 타기, 피아노 연주, 외국어 회화 등 배울 때 마음에 상처를 입는 것이 있다. 자신이 그것을 얼마나 못하는지 확인하는 과정을 거쳐야 한다. 자신이 아직은 서툴다는 사실을 느끼고 깨닫는 과정이다. 엄청난 노력을 하는데도 불구하고 전혀 나아지지 않는 것 같을 때도 있다. 하지만 용기를 내어 계속해야 한다. 그러면 마침내 나아지는 것을 확인할 수 있다. 이것이 4단계의 성취로 이어진다.

연습과 함께 자제력이 생긴다. 물론 원하는 시간에, 하고 싶은 일을 하는 생활이 절제하고 책임지는 삶에 이르는 것은 간단하거나 수탄하지 않다. 하지만 그곳으로 가는 가장 좋은 길은 공포와 처벌의 땅이 아니라 유대, 놀이, 연습, 성취, 인정의 땅이다.

게다가 아이는 연습을 하면서 도움을 받는다. 이것은 연습을 통해 습득하는 또 다른 중요한 기술로, 아이는 도움, 가르침, 지도를 받는 법을 배운다.

단계 4: 성취

연습을 하고 자제심을 키운 아이는 성취감을 느낀다. "난 할 수 있어!" "내가 해냈어!" "와우!" 이 모두가 성취의 외침들이다.

인생에서 그보다 더 나은 기분은 거의 없다. 우리는 어쩌다 한 번 성취감을 느낄 뿐이지만 한 번 맛보고 나면 다시 느끼고 싶어진다.

자존감의 뿌리는 칭찬이 아니라 성취에 있다. 걸음마부터 자전거 타기, 피아노 연주, 스페인어 말하기에 이르기까지 전에는 할 수 없었던 것을 했을 때, 칭찬을 받든 말든 아이의 자존감이 자연스럽게 상승한다. 아이가 강한 자존감을 갖기 바란다면 칭찬을 하려고 애쓰지 말고 아이가 다양하게 성취감을 경험하는지 확인해야 한다.

성취와 함께 자존감뿐만 아니라 자신감, 리더십, 독창성, 열심히 하려는 끈질긴 욕구도 따라온다. 짜릿한 성취감을 느끼기 위해 의무감에서가 아니라 진정으로 원해서 노력한다.

단계 5: 인정

성취는 더 큰 집단의 인정과 승인으로 자연스럽게 이어진다. 아이가 첫걸음을 내딛으면 엄마와 아빠가 환호를 하며 사진이나 동영상을 찍는다. 처음 자전거를 타면 자전거를 탈 줄 아는 다른 친구와 합류하고 더 큰 범위의 사람들로부터 인정과 칭찬을 받는다. 성취에 이른 행동 하나하나가 처음에는 부모에게서 친척들, 친구와 학급 친구들을 거쳐 학교 전체, 마을 혹은 사업체, 독자나 시청자 등 광범위한 집단의 인정과 칭찬으로 이어진다.

다른 사람이 아이를 존중하고 인정하는 것뿐만 아니라 아이가 자신의 참모습에 대해 존중과 인정을 받는 기분을 느끼는 것도 중요하다. 앨리스 밀러가 고전으로 통하는 자신의 저서 『천재가 될 수밖에 없었던 아이들의 드라마*The Drama of the Gifted Child*』에서 지적했듯이 많은 아이, 특히 영리한 아이들은 어린 나이부터 다른 사람이 자신에게 무엇을 원하는지, 그들의 칭찬을 받기 위해 무엇을 할 수 있는지 지각한다. 그래서 그들은 사람들을 기쁘게 하는, 평생의 놀이가 될 수 있는 것을 시작한다. 그 과정에서 그들은 진짜 자아를 억누르기 때문에 어른들은 그들의 본모습이 무엇인지 잘 느끼지 못한다.

이를 막으려면 아이들이 자신의 진정한 자아에 대한 인정과 존중을 받아야 한다.

아이의 본모습이 더 큰 집단의 가치와 일치할 때, 남의 인정을 받기 위해 잘하려는 아이의 욕구뿐만 아니라 자신이 소중하고 혼자가 아니며 남에게 기여하고 있다는 생각도 강해진다. 아이는 큰 집단이 자신을 인정하고 중요하게 평가한다고 생각할 때 소속된 기분을 느낀다. 따라서 소속된 기분을 느끼는 아이는 가족이든, 팀이든, 학급이든, 이웃이든, 회사든, 교회든 그 집단 속에서 잘하고 싶어 한다. 이처럼 큰 집단에 대한 진정한 유대는 도덕적인 행동의 뿌리가 된다.

부모라면 누구나 자식이 도덕적인 행동을 배우기를 바라고 배우지 않으면 절망한다. 그것은 수업이나 설교가 아니라 더 큰 집단에 대한 유대감에서 비롯된다. 절정에 이른 도덕적 행동은 그릇된 행동을 하면 받게 될 처벌에 대한 두려움이 아니라 올바른 행동을 하려는 욕구에서 나온다.

사회적 유대로 이어지는 인정은 도덕적인 행동의 뿌리일 뿐만 아니라 개인의 행동이 가치가 있다는 것에 대한 자연스런 증명서다. 그것은 더 많은 것을 하고 싶게 만든다. 이런 마음을 동기라고 하는데, 부모들과 교사들은 그런 동기를 어떻게 심어 주어야 할지 몰라 머리를 싸매고 고민한다.

이 5단계는 논리적으로 이루어져 있다. 전 단계에서 다음 단계로 무조건 이어지는 것이다. 게다가 아이들이 자라는 동안 다른 이익도 가져다준다. 도덕적인 행동, 동기 부여 같은 부수적인 결과물은 그 단계가 진행되는 동안 자연스럽게 생성된다. 진정한 사랑의 과정처럼 이 과정도 절대 순탄하게 진행되지는 않는다. 그렇지만 이 5단계를 실천하기 위해 필요한 기본적인 전략들이 많은 이득을 만들어 낸다.

다음 도표는 5단계와 각 단계가 생성하는 부수적인 결과물들을 설명하고 있다.

마치 아이들에게 바라는 모든 것이 적힌 쇼핑 목록 같다는 생각이 들지도 모른다. 사실 그럴 수도 있다. 일리가 있다. 하지만 5단계의 주기가 생성하는 것을 '구입' 할 수는 없을 것이다.

부모들이 저지르는 실수 중 하나는 먼저 아이가 그런 능력들을 어떻게 키워 갈지는 고려하지 않고 도표에 나오는 것들을 모조리 '구입' 하는 것이다.

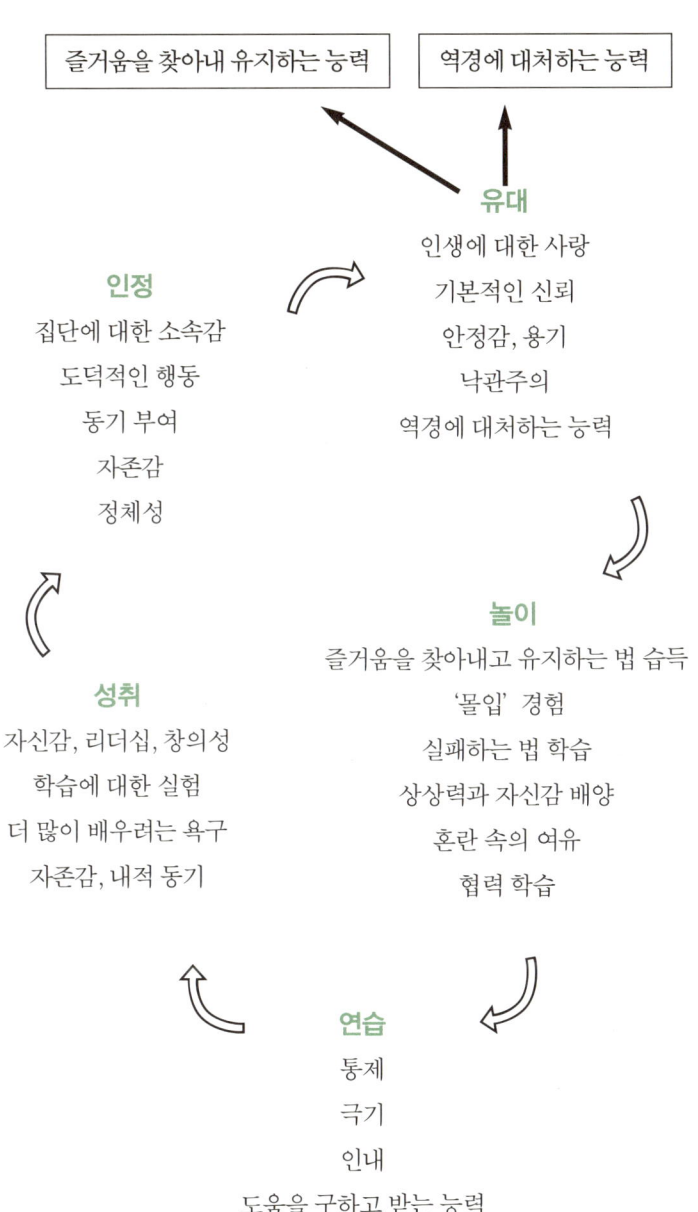

즐거움을 찾아내 유지하는 능력   역경에 대처하는 능력

유대
인생에 대한 사랑
기본적인 신뢰
안정감, 용기
낙관주의
역경에 대처하는 능력

인정
집단에 대한 소속감
도덕적인 행동
동기 부여
자존감
정체성

놀이
즐거움을 찾아내고 유지하는 법 습득
'몰입' 경험
실패하는 법 학습
상상력과 자신감 배양
혼란 속의 여유
협력 학습

성취
자신감, 리더십, 창의성
학습에 대한 실험
더 많이 배우려는 욕구
자존감, 내적 동기

연습
통제
극기
인내
도움을 구하고 받는 능력

도덕적인 행동을 예로 들어 보자. 아니면 자존감도 좋다. 얼마나 많은 부모가 아이들에게 도덕적인 행동을 '가르치고' 자존감을 '주입'하고 싶어 하는지 모른다. 그들은 도덕적인 행동을 가르친답시고 십계명을 외우게 하거나 아이의 자존감을 높여 준답시고 하루 종일 입이 마르도록 칭찬을 한다.

이런 방법은 의도는 좋지만 효과가 없다. 그것은 피상적인 방법이기 때문이다. 마치 슈퍼마켓에서 토마토를 사와 뒷마당 덤불에 붙여 놓고 이렇게 말하는 것과 같다. "와, 내가 키운 근사한 토마토들 좀 봐." 그 덤불은 당신이 붙여 놓은 곧 썩어 없어질 토마토 외에는 단한 개의 과일도 생산하지 못한다.

다 자란 과일을 가져와 붙이는 것보다는 그것을 재배하는 방법을 찾는 것이 가장 좋다. 도덕적 행동과 자존감을 갖다 붙이지 않고 아이의 내면에서부터 자연스럽게 성장시킬 방법을 찾는다면 '토마토'는 오랫동안 자라날 것이다.

도덕적인 행동을 주입할 수는 있지만 그런 방법으로는 오래가지 않는다.

내가 5단계에 대한 단순하고 성실한 접근방법을 강조하는 이유는 각 단계가 다음 단계뿐만 아니라 '쇼핑 목록'에 담긴 모든 물건의 성장과도 자연스럽게 이어지기 때문이다.

다음 장에서는 그런 일이 어떻게 벌어지는지 설명할 것이다.

6.

어린 시절의 긍정적인 에너지를 지키고 활용해라:
5단계가 하는 일

앞 장 마지막 부분의 도표에서 알 수 있듯이 내가 정리한 5단계 주기는 5단계보다 훨씬 더 많은 것으로 이어진다.

그 도표에 나타난 특징이나 능력은 외부에서 만들어 붙이기보다 내면에서 성장할 때 평생 존속하고 성장하는 경향이 있다.

예를 들어, 아이에게 도덕적인 행동을 '주입하는' 대신 아이가 자연스럽게 옳은 행동을 하고 싶어지도록 키우는 것이 가장 좋다.

회의적인 사람들(물론 그들은 자신이 현실주의자라고 말한다.)은 이렇게 불평한다. "무슨 말씀. 인간은 그냥 두면 타락하게 되어 있어요. 분명한 규칙과 결과에 대한 위협을 통해서만 도덕적인 행동이 나온다고요."

다른 방법으로 안 되는 사람들에게는 규칙과 결과에 대한 위협이 필요하다. 하지만 자발적으로 도덕적인 사람(우리는 모두 아이들이 도덕적인 사람인 척하는 법을 배우는 것이 아니라 자발적으로 도덕적인 사람이 되기를 바란다.)은 올바른 행동을 한다. 그런 행동이 더 중요하다고 생각하고 그렇게 하려고 결정하기 때문이다.

그것은 자존감과 함께 온다. 진정한 자아를 진심으로 좋아하는 아이는 자존감을 느낀다. 칭찬과 상을 통해서가 아니라 이런저런 것에 대한 성취를 통해 자존감을 얻었기 때문이다.

지금부터는 5단계 주기가 어떻게 5단계 자체를 넘어서 자존감, 도덕적인 행동, 역경에 대처하는 능력, 즐거움을 찾아내고 유지하는 능력, 내적인 동기 부여 등 모든 부모가 자녀에게 원하는 다른 많은 것을 창출하는지 증명할 예를 몇 가지 들어 보려고 한다.

5단계의 결과: 자존감

모든 부모는 아이들이 자신에 대해 좋은 기분을 느끼고 강한 자존감을 갖기를 바란다. 하지만 수레를 말 앞에 갖다 놓는 경우가 많다. 우리는 아이에게 잘한다는 칭찬만 해 주면 자존감이 상승한다고 생각한다. 하지만 그것은 별로 효과가 없다.

아이를 칭찬하는 것은 유대를 다지는 좋은 행동이지만 그 자체가 지속적인 자존감을 유지시키지는 않는다는 연구 결과가 있다. 자존감은 성취의 결과물이다. 어려운 과제를 완수하고 나면 자존감이 자연스럽게 상승한다. 무거운 물건을 들어 올릴 때 근육이 자연스럽게 부풀어 오르는 것과 마찬가지다. 근육에게 강하다고 말한다고 해서 근육을 부풀릴 수 없는 것처럼 아이에게 잘한다고 말하는 것으로는 아이의 자존감을 높일 수 없다. 5단계 과정, 특히 4단계(성취)와 5단계(인정)를 거치면서 아이의 자존감이 자연스럽게 상승한다. 마치 무거운 물건을 막 들어 올린 근육이나 튼튼하게 자라 열매를 맺은 토마토 나무와 같다.

도덕적인 행동

수와 나를 포함해서 그동안 만나 본 모든 부모는 도덕적인 행동에 관한 문제로 전전긍긍하고 있었다. 특히 요즘에는 교내 총격 사건뿐만 아니라 부정행위, 공공시설물 파괴, 혹은 무례한 행동 등 그보다 경미한 사건에 관한 소식이 많이 들린다. 당신은 자녀들이 예의 바르고 의젓한 어른으로 성장하리라고 어떻게 확신하는가? 우리는 가끔 아이들이 얼마나 잔인하고 무자비한지 깨닫기도 하고, 그들이 옳은 행동을 하려는 생각을 어떻게 갖게 되는지 궁금해 한다.

그래서 가르치거나 아이들을 교회에 데려가거나 내면에 도덕의식이 숨어 있다는 이야기를 들려준다. 가끔 화가 날 때도 있다. 당신은 차를 타고 가면서 아이들에게 '얼마나 큰 특권을 누리고 있는데 그것에 대해 감사할 줄 모르냐'며 장황한 설교를 늘어놓은 적이 있는가? 나는 그런 적이 있다. 그런 설교는 보통 이런 식이다.

"감자튀김이 마음에 안 든다고 저 식당에 가고 싶지 않다니 이해할 수 없구나. 멀리 와서 근사한 휴가를 보낼 수 있는데도 감자튀김 하나 때문에 불평을 해야 되겠니? 어째 다른 사람 생각은 눈곱만큼도 안 하는 거야? 어휴, 난 정말 부모 자격이 없나 보다. 우리가 가진 모든 것에 감사하라거나 다른 사람을 배려하라고 가르친 적이 한 번도 없으니까 말이야. 너무 많은 걸 줘서 너희들을 꼬마 악당으로 만들어 버렸지 뭐니. (이쯤 되면 아이들 중 하나가 내 화를 더 부추길지도 모른다고 생각하는지 입을 틀어막으며 낄낄거리기 시작한다.) 그렇게 하는 것도 지쳤어. 이젠 모든 게 바뀔 거야. 엄마와 아빠가 적당하다고 생각하면 언제든 어디로든 갈 거라고. 알아듣겠니?"

아이들은 알겠다고 대답한다. 한 녀석이 미안하다고 말하면 나머지 둘도 덩달아 따라한다. 그러면 나는 소리를 질러 미안하다고 말하고 우리는 화해를 한다.

나는 한동안은 조금 더 엄격해져서 이런저런 것들을 거절하다가 이내 예전으로 돌아가 지나치게 퍼 주기 시작한다. 그것은 나의 내면에서 벌어지는 싸움이다. 그러나 수 덕분에 아이들이 지나치게 버릇없이 굴지는 않는다. 나의 강의와 설교는 작은 영향을 미친다. 아이들은 터커의 표현대로 나를 눈곱만큼만 무서워할지도 모르지만 나는 그 정도로도 좋다고 생각한다. 하지만 도덕적인 행동의 뿌리는 설교나 십계명에는 없다. 그것들은 규칙을 정할지 모르지만 그 규칙을 따를 동기를 부여하지는 않는다.

옳고 바른 행동을 하게 하는 가장 지속적이고 신뢰할 수 있는 자극제는 신앙이 아니라 유대다. 가족, 팀, 학급, 혹은 친구 등 자신보다 더 큰 집단에 소속된 기분을 느끼는 아이는 잘못된 행동을 해서 그 집단에 피해를 주고 싶어 하지 않는다. 괜히 말썽을 일으켜 자신이나 소속된 집단에 망신을 주는 것을 싫어한다. 아이는 그 집단에서 존중을 받는 중요한 일원이 되기 위해 맡은 역할을 다하려고 한다. 황금률에 대해서 전혀 몰라도 소속감을 느끼는 아이는 바르게 행동한다.

성취가 자연스럽게 자존감으로 이어지듯이, 유대감도 자연스럽게 도덕적인 행동으로 이어진다. 현재 노스캐롤라이나 대학의 J. 리처드 우드리를 비롯한 미국의 학자들이 진행하고 있는 청소년 건강에 관한 장기 연구는 아이의 삶에서 유대감은 도덕적인 행동을 자극할 뿐 아니라 감정적·신체적 건강에도 매우 중요하다는 강력한 증거를 내놓았다. 의도가 아무리 좋아도 부모가 단순히 자존감이나 도덕적인 행동을 '주입' 하는 것은 실수다. 그 둘은 아이들이 유대감을 느낄 때 성장한다. 아이들은 유대적인 환경 속에서 예전에는 할 수 없었던 다양한 것을 성취하는 경험을 할 기회를 얻는다.

역경에 대처하는 능력

역경에 대처하는 능력은 부모들이 자녀에게 있는지 꼭 확인하고 싶어 하는 또 다른 자질이다. 부모들이(그리고 나도) 나에게 말한다. "사는 게 힘들잖아요. 우리 애가 힘들어 쓰러져도 다시 일어날 수 있는지 알고 싶어요." 그런 회복력은 어디서 오는 것일까? 어디까지나 설교에서 오지 않는 것은 확실하다. 그것은 인생에서 나온다. 힘든 일이 생활에서 나오는 것처럼 그것을 대처하는 능력도 마찬가지다. 구체적으로 말하면, 절대 혼자가 아니라는 것을 아는 데서 나온다.

어려움이 닥치면 손을 내밀며 반사적으로 대응하는 것이 중요하다. 연령과 상관없이 많은 사람이 어려움을 만나면 뒤로 물러서고 만다. 아니면 숨어 버리거나 아무 문제도 없는 척한다. 그런 사람들은 대체로 어렸을 때 그런 습관을 배웠다. 어려움이 닥쳤을 때 고통스럽고 고독한 장소로 후퇴하는 것보다 믿고 의지하는 사람에게 손을 내미는 방법을 배우는 것이 훨씬 더 도움이 된다.

유대감을 느끼는 사람은 어떤 역경이 닥쳐도 대응한다. 그것을 이겨 내기 위해 필요한 기술은 생각이나 가르침이 아니라 어떤 느낌에서 시작한다. 그것은 '이 일을 극복할 수 있다.'는 느낌이다. 그것은 '무슨 일이 있어도 해결책을 찾아낼 수 있다.', '예전에도 힘든 시기를 겪었지만 잘 헤쳐 나왔다.', '길을 잃은 것 같을 때에도 항상 돌아갈 곳은 있었다.'는 느낌이다. 이런 느낌을 낙관주의, 자신감, 신념, 희망 등으로 부를 수 있을 것이다. 그런데 그것들은 어릴 때 배워 두지 않으면 영원히 배우지 못한다.

나는 매일 그것 때문에 싸운다. 어렸을 때 그것을 더 잘 배울 수 있었다면 좋았겠지만 내 어린 시절은 너무 단절되어 있어서 거기에 온전히 열중할 수 없었다. 내 인생에서 가장 큰 희망은 내 아이들만큼은 유대감을 느끼는 어린 시절을 보내게 해서 그런 느낌을 강철처럼 단단하게 갖게 하는 것이다. 아이들은 지금까지는 그렇게 하고 있다.

다시 말하지만, 낙관적이고 할 수 있다는 자신감은 5단계 중에서도 특히 첫 번째 단계인 유대에서 자연스럽게 생겨난다. 당신의 아이가 5단계를 거치고도 여전히 패배주의적이거나 비관적이라면 견고하고 영구적인 낙관주의의 중요한 기술을 모두 가르치기 위해 행할 구체적인 방법이 있다. 마틴 셀리그먼의 『학습된 낙관주의』와 『낙관적인 아이』는 그럴 때 도움이 되는 지침서다.

나는 아이들에게 어떤 문제든지 함께 방법을 찾을 거라고 말한다. 하지만 아이들의 마음속에서 두려움을 걷어 내고 자신감으로 채워 주는 것은 그런 말뿐만이 아니다. 어려운 시기가 왔다가 지나가는 것을 확인한 경험, 그리고 유대에서 놀이, 연습, 성취, 인정으로 이어지는 주기의 강력한 힘을 체험한 경험도 그런 역할을 한다.

즐거움을 찾아내고 유지하는 능력

5단계는 아이들로 하여금 어려운 시기를 헤쳐 나갈 뿐만 아니라 즐거움을 찾아내고 유지할 준비를 갖추게 해 준다. 요즘 어린이들은 스스로 즐거움을 찾지 못하거나 겨우 찾더라도 지켜 내지 못한다.

많은 부모가 자식들에게 스스로 즐거움을 찾아내고 유지하는 능력을 길러 주지 않고 즐거운 경험을 하게 해 주는 데만 급급하다. 아이들이 행복하기만 하면 더 바랄 게 없는 부모의 마음을 이해하지 못하는 것은 아니다. 하지만 요즘 부모들은 부모라기보다는 온천에서 손님들에게 시중을 드는 종업원과 다를 게 없다. 잠시 하던 일을 멈추고 생각해 봐라. 당신은 아이들에게 단순한 즐거움을 공급하기보다는 인생을 살아가는 기술을 가르쳐 주고 싶지 않은가?

아이가 5단계를 거치는 동안 즐거움을 찾아내고 유지하는 능력이 자연스럽게 생성된다. 놀이는 핵심적인 단계이며 연습, 성취, 인정은 그런 능력을 견고하게 한다. 유대는 전체 단계가 돌아가게 한다.

예를 들어, 자전거를 배우면 즐거움을 영원히 느낄 수 있는 기술을 배우게 된다. 5단계를 거치며 자전거를 배우기 때문이다. 유대를 느끼는 아이는 자신만만해져서 자전거를 배우며 놀이를 하고 싶은 욕심이 생긴다. 처음에는 실패하기 때문에 연습을 한다. 충분한 연습을 거치고 나서 자전거를 타는 법을 터득한다. 그러면 친구, 형제자매, 부모 등 다른 사람들의 인정을 받는다.

이런 경험을 충분히 쌓으면 항상 그런 경험을 할 수 있다는 자신감을 얻는다. 아이는 도전하고 싶은 일이나 과외활동, 취미 생활을 하기 시작한다. 미하이 칙센트미하이의 '몰입'으로 진입하는 능력을 얻기 시작한다. 앞에서 간단하게 언급했고 이후 더 자세히 얘기하겠지만, 몰입은 우리 자신이 어디에 있고 무엇을 하는지 잊고 현재의 일과 하나가 되는 상태를 말한다.

즐거움을 찾아내고 유지하는 능력, 몰입의 상태로 들어가는 능력은 똑같은 것이다. 자전거 타기에서부터 책 읽기, 화초 가꾸기에 이르기까지 거의 모든 활동이 몰입의 상태로 이어질 수 있다.

그러나 몰입을 자주, 그리고 필요할 때 하려면 사전에 많이 해 보아야 한다. 심심할 때 창조적인 출구를 찾는 습관을 들여야 한다. 그런 습관을 들이는 가장 좋은 방법은 어릴 때 5단계를 많이 경험하는 것이다.

운동을 하거나, 수학 수업을 듣거나, 친구를 사귀거나 어떤 활동을 하더라도 5단계를 거치는 동안 힘든 시기를 이겨 내고 좋은 시기를 앞당기는 방법을 터득하게 된다.

내적인 동기 부여

부모들이 고민하는 가장 흔한 문제는 어떻게 해야 아이들에게 동기를 부여하느냐다. 당근과 채찍으로 상징되는 상과 벌은 지금도 가장 흔한 방식으로 통한다. 이런 외적인 자극제는 자주 필요하기는 하지만 최고의 동기를 부여하지는 못한다.

동기는 외부에서 공급되기보다는 내면에서 솟아나는 것이 이상적이다. 당근과 채찍을 쓸 수도 있지만, 내면에서 샘솟는 동기가 외부에서만 주입하는 동기보다 훨씬 더 오래간다.(내적인 동기가 오래가지 않기를 바랄 때도 있다. 어렸을 때 내재화된 죄책감을 떨쳐 버리지 못하는 사람들에게 물어봐라.)

그래도 대체로 우리는 내적인 자극제를 선호한다. 어른이나 아이나 외적인 동기로 움직일수록 덜 행복해진다. 결과가 매우 성공적이더라도 결과에 대한 두려움으로, 혹은 다른 사람을 즐겁게 해 주거나 감동을 주기 위해 행동한다면 덜 즐거워진다.

'몰입'을 연구한 위대한 학자인 칙센트미하이는 내적인 자극을 받는 사람, 몰입을 가장 잘하는 사람을 설명하기 위해 'autotelic(자기 목적성)'이라는 말을 만들었다. 이 단어가 전문적인 냄새를 풍기더라도 위축되지 마라. 유용한 개념이기 때문이다. 칙센트미하이는 그것을 다음과 같이 설명한다.

자기목적성이라는 의미인 영어 'autotelic'은 두 개의 그리스 단어 'auto(자기)'와 'telos(목적)'가 결합한 말이다. 자기목적적인 활동이란 그 일 자체를 위해 행하는 것이다. 그 일을 경험하는 것이 주된 목적이기 때문이다. 가령, 즐기는 것을 목적으로 체스 게임을 한다면 그것은 자기목적적인 경험이다. 반면에 같은 게임이라도 돈을 벌거나 체스계에서 주목받는 위치에 오르고 싶어서 한다면 외부의 목적에 의해 자극되는 '외재적 목적성'을 가진 경험이다. 자기목적적인 사람이란, 차후의 외적인 목표를 달성하기 위해서가 아니라 일 자체를 위해 하는 사람이다.

물론 완전히 자기목적적인 사람은 없다. 의무감 때문이든 필요에 의해서든 좋아하지 않는 일도 해야 하기 때문이다. 하지만 자기가 하는 일이 별로 할 만한 가치가 없다고 생각하지 않는 사람에서부터 자기가 하는 대부분의 일이 그 자체로 중요하고 가치가 있다고 생각하는 사람에 이르기까지 다양한 부류가 있다. '자기목적'의 개념은 후자에 적용된다. 자기목적적인 사람은 물질적인 소유, 재미, 위안, 권력, 명예를 그다지 바라지 않는다. 자기가 하는 일 자체가 이미 그에 버금가는 보상을 해 주기 때문이다.[1]

아이가 마음에서 우러나 자기 방을 청소하거나, 양치질을 하거나, 시간에 맞춰 학교 버스를 기다린다는 것은 비현실적이다. 하지만 자기목적적인 사람의 뿌리는 어린 시절에 자라난다.

자녀가 좋아하는 것을 찾도록 도와주고 그것을 할 용기를 북돋워 줄수록 자기목적적인 어른으로 자랄 가능성이 커진다. 아이들은 5단계 주기를 거치는 동안 자신을 기쁘게 하는 것을 찾고 그것에 익숙해

---

1. Mihaly Csikszentmihalyi, *Finding Flow* (New York: Basic Books, 197), 117쪽.

진다.

　반면에 돈을 많이 벌거나 명문 대학에 들어가거나 올스타 팀에 들어가는 것 같은 특정한 외적인 목표의 중요성을 계속 강조한다면 아이의 열정을 꺾고 그 자리에 부모나 사회가 원하는 것을 채우는 실수를 저지르기 쉽다. 그런 아이는 물질적으로 성공하더라도 우울한 어른으로 자란다.

　부모는 외적인 것을 궁극적인 목표로 정하지 않도록 경계해야 한다. 부모는 적어도 어느 정도는 상과 벌에 의지한다. 수와 나도 마찬가지다. 하지만 지나치지 않으려고 노력한다. 우리는 아이들이 각자 자신의 열정을 좇게 한다. 신랄한 교육 비평가인 알피 콘은 『보상에 의한 처벌: 금별, 포상 프로그램, A등급, 칭찬 등을 미끼로 벌어지는 문제들Punished by Rewards: The Trouble with Gold Stars, Incentive Plans, A's, Praise, and Other Bribes』이라는 책 전체에 걸쳐 보상에 지나치게 의존해서 초래되는 악영향에 대해 알리고 있다.

　나는 알피 콘만큼 결백하지 않아서 부모로서 곧잘 그가 말하는 미끼에 의지하는 편이지만 그의 기본적인 주장은 옳다고 생각한다. 외적인 자극보다 '자기목적적'인 것에 의지할수록 더 행복해지기 때문이다. 어느 지점에 도달한 과정보다 성취의 중요성을 지나치게 강조한다면 아이를 성취 외에는 그 무엇에 대해서도 진정한 열정이 없는 성취 중독자로 만들 수 있는 위험에 빠진다. 그것은 의미 있고 행복한 삶의 비결이 될 수 없다.

　반면에 어린 시절 내내 아이가 유대에서 인정에 이르는 5단계를 경험하도록 유도한다면, 야구를 하든 바이올린을 켜든 사업을 시작하든, 어떤 것을 할 때 내적인 동기를 확실히 얻고 그 과정에서 중요한 목표를 달성하기 쉬워진다.

어느 특정한 목표를 너무 강조하는 것은 잘못이다. 예를 들어, 어떤 부모는 하버드 대학에 가는 것을 행복한 인생의 비결이라고 믿는다. 그래서 그 한 가지 목표에 목숨을 건다. 행복한 인생을 위해 유명 대학에 가거나 올림픽에서 우승을 하는 등 어떤 요원한 목표에 도달하도록 타이르거나 상을 주거나 명령하는 것은 아주 그릇된 양육법이다. 하버드 대학, 프린스턴 대학, 스탠퍼드 대학을 졸업한 많은 사람이 실패와 불행을 겪는 반면에 그보다 덜 유명한 대학에 가거나 아예 대학 진학을 포기한 많은 사람이 행복하고 성공적으로 살고 있다.

출신 대학보다 훨씬 더 중요한 것은 어린 시절에 체득한 태도다. 할 수 있고 하고 싶다는 자세로 열여덟 살이 된 아이는 성공과 행복으로 가는 길에 선다.

유대에서 인정까지 5단계를 경험한 아이는 자연스럽게 주기를 반복하고 싶어 한다. 굳이 하라고 겁을 주거나 협박을 하거나 설득할 필요가 없다. 마음속에서 우러나온다. 적어도 가장 중요한 것 위주로 자연스럽게 동기가 발생하므로 따로 '동기 부여'를 할 필요가 없다.

그러면 '자기목적'이라는 말의 뜻도 모르는 열 살 아이가 자기목적적인 인간으로 변한다.

어릴 때 경험하지 못한 어른도 그 주기를 훈련할 수 있다. 어릴 때 시작하면 훨씬 더 쉬울 뿐이다. 흔히 말하는 중년의 위기는 한 사람이 남을 기쁘게 해 주거나 남의 비판을 두려워하며 살았다는 자각과 함께 찾아온다. 그들은 이렇게 말한다. "이만하면 됐어. 이젠 나를 위해 살고 싶어." 그래서 자신이 진정 누구이며 무엇을 원하는지 알려고 애쓴다.

그런 깨달음도 너무 늦은 것은 아니다. 그것을 하지 못한 아이는 허락받지 못했기 때문에 하지 않는다. 그것을 하지 않는 어른은 두려워하기 때문에 하지 않는다. 그들은 어릴 때 그런 두려움을 알았기 때문에 그것을 절대 내려놓지 않는다. 두려움은 절망적인 가난보다 더 많은 사람을 행복감에서 멀리 떼어 놓는다.

두려움을 없애는 최고의 명약은 다음 장의 주제인 유대다.

7

유대적인 어린 시절:
다른 모든 것의 열쇠

어린 시절의 유대는 우리가 통제할 수 있는 요소들 중에서 행복한 성인기(행복한 아동기도 포함해서)를 결정하는 가장 중요한 열쇠다.

유대적인 어린 시절은 부모의 기대나 요구가 전혀 없는 자유방임적인 어린 시절을 뜻하지는 않는다. 오히려 그것과는 거리가 멀다. 아이가 유대적인 어린 시절을 보내게 하려면 집이나 학교에서 보살핌을 받고 환영받고 공평하게 다뤄지는 기분을 느끼는 따뜻한 분위기를 가장 우선시해야 한다.

최근의 연구들도 이 문제를 다룬다.

예를 들어, 2장에서 간단하게 소개된 데이비드 마이어스는 행복 분야(왠지 재미있는 연구일 것 같지 않은가?)를 개척한 학자다. 그는 연구에서 가장 행복한 성인을 예측할 수 있는 요소를 간추려 냈다. 무엇이 행복한 어른을 만드는지 안다면 아이들이 행복한 어른으로 성장하기 위해 무엇이 필요한지 아는 데도 큰 도움이 될 것이다.

먼저, 그의 연구는 세상에서 가장 견고한 신화 중 하나를 철저하게 파헤쳤다. 부와 행복은 상관관계가 거의 없다는 사실을 밝힌 것이다. 가난과 불행은 상관관계가 있지만 '가난에서 벗어나 경제적 여건이 더 나아져도 인간의 사기를 그다지 끌어올리지 못한다.'라고 한다.[1]

둘째, 그는 긍정적인 정신 자세를 갖게 하는 네 가지 내적인 특성—자존감, 자제심(적어도 어느 정도는 생활을 통제할 수 있는 능력을 말한다.), 낙관성, 외향성—을 정의한다. 그리고 '수십 차례의 조사를 통해 각각의 특성을 심리적인 행복과 연결'한다.[2] 마치 행복한 사람은 행복하도록 정해져 있다는 것처럼 들릴지도 모른다. 하지만 네 가지 특성을 어느 정도 조절할 수 있다. 만약 당신이(혹은 당신의 자녀가) 하나 또는 그 이상의 특성에서 부족함을 보이더라도 가능하다.

네 가지 특성을 타고나지 않았다면 그 특성들을 키울 가장 좋은 방법은 유대적인 어린 시절을 보내는 것이다.

어른들은 가끔 행복과 불행의 원인을 성공과 실패 탓으로 돌리지만 크게 성공한 사람들도 여느 사람들처럼 무척 불행한 경우가 많다. 이는 어린 시절의 경험이 그들을 초조하게 하거나 상처를 주거나 성공에 안달하게 만들기 때문이다. 크게 성공한 사람들 중에도

---

1. David Myers, *The Pursuit of Happiness* (New York: Avon Books, 1992), 44쪽.
2. 같은 책, 108쪽.

불행한 사람이 많으며, 어렸을 때 충분한 유대감을 느끼지 못해 그것을 보완하려고 애쓰는 사람들도 많다.

유대는 내가 말한 5단계 과정에서 가장 우선적이고 중요하다. 이 과정에서 5단계가 일제히 일어난다는 사실을 명심해라. 나는 이 과정을 정지 화면처럼 다룰 것이다. 각각의 단계를 설명하고, 한 단계가 다음 단계로 어떻게 이어지는지 보여 주기 위해서다. 하지만 인생이라는 영화가 상영될 때에는 모든 단계가 끊김 없는 하나의 과정으로 어우러진다. 예를 들어, 바이올린 켜는 법을 연습할 때, 유대나 놀이, 연습, 성취, 인정 중 한 단계에서 멈출 수 없다. 일단 그 5단계 주기에 들어가면 그 속에 영원히 머물 수 있다.

출발점은 유대다. 그것은 엄마와 아이가 근본적으로 연결된 자궁 안에서 시작된다. 그곳에서도 우리는 이후에 나올 네 가지 단계—놀이, 연습, 성취, 인정—가 연속한다는 증거를 찾을 수 있다. 태아는 자궁 안에서 발차기를 하고 몸을 돌리면서 성장에 따라 생겨나는 팔다리와 기관을 시험해 보는데, 이것을 놀이라고 말할 수 있다. 점점 자라며 새로운 달을 맞이하면서 같은 주기를 반복하는데, 이것을 연습과 성취라 할 수 있다. 태아가 엄마와 아빠 등 여러 사람들에게 사랑과 인정을 받는 기분을 느끼는지는 잘 모르지만 그런 인정이 자궁 속에서 성장하는 태아에게 각인된다고 말할 근거는 충분하다.

아이가 태어나면 세상과 연결되는 인생을 시작한다. 그런 일이 일어나는 과정이 각자의 인생을 결정한다.

생활이 순탄하다면 세상과 교류하는 여러 가지 방법을 배우는 것이 중요하다. 바로 그 순간부터 부모가 할 수 있는 가장 중요한 일(놀이)은 아이와의 관계를 형성하고 또 아이가 세상과 연결되도록 도와주는 것이다.

청소년에 관한 최신 연구는 무엇을 말하는가?

청소년에 관한 한 혁신적인 연구는 이 땅의 아이들에게 당장 무엇이 가장 필요한지 보여 주는 명백한 증거와 극적인 해답을 제시하고 있다. 모든 부모, 교사, 코치가 이 매우 중요한 연구에 대해 알아야겠지만 그런 사람은 드물다. 미국 청소년에 관한 가장 중요하고 포괄적이고 신뢰할 수 있는 이 연구의 이름은 '청소년 건강에 관한 장기 연구' 다.

이 연구는 지금도 진행 중이지만 1997년 9월 10일자 『미국 의학 협회지Journal of the American Medical Association』에 최초의 연구 결과가 게재되었다. 그 결과는 이후 진행된 연구들에 의해 다시금 확인되었다.

이 연구는 유대의 놀라운 힘과 단절의 끔찍한 위험을 실험을 거쳐 명확하게 증명했다.

이 연구가 진행된 과정을 짧게 소개하려고 한다. 그 과정이 얼마나 광범위하고 세밀한지 알고 나면 연구에서 내려진 결론의 신뢰도가 훨씬 더 높아질 것이다.

1차 조사에서 미국의 145개교에 다니는 7학년부터 12학년 사이의 학생 9만 명이 학교에서 사회적이고 인구통계학적인 특성, 교육, 부모의 직업, 가족 구조, 위험 행동, 교우 관계, 미래에 대한 기대, 건강,

자존감 등 생활에 관한 질문에 답했다.

　1차 조사에 응한 9만 명 중 가정에서 면담할 핵심 집단을 선발해 2차 조사를 진행했다. 통계적으로 미국 청소년을 대표하는 12,105명의 청소년이 핵심 표본으로 선발되어 면담을 했다. 1995년에 최초의 면담이 한두 시간 동안 진행되었고, 1996년에 다시 가정에서 면담이 이루어졌다. 면담 주제는 아이의 삶의 다양한 부분에 관한 것이었다. 아이들이 면담을 하는 동안 부모(주로 어머니)는 설문지에 답변을 적도록 요청받았다.

　연구의 장기적인 성격 덕분에 시간이 지나면서 변화를 확인하고 어떤 요소가 어떤 결과에 영향을 주는지 파악할 수 있었다.

　이 연구는 아이들의 생활 속에서 1백 가지의 변수를 찾아냈다. 답변을 구한 질문 중에는 폭력적인 행동, 심각한 감정적인 고통, 자살 시도, 약물 복용, 이른 성관계 등 요즘 부모들이 두려워하는 부정적인 결과에서 학생들을 지켜 줄 수 있는 요소에 관한 것들이 있었다.

　연구는 아이들을 부정적인 결과로부터 보호하는 요소 두 개가 있다는 것을 밝혀냈다. 연구에서 고려한 1백 개 이상의 요소 중에서 이 두 개가 지금까지 가장 중요한 것으로 나타났다.

　첫 번째 요소는 집에서 느끼는 유대다. 집에서 유대감을 느낀다고 말한 아이는(십 대 아이들을 직접 면담했다는 것을 기억하자.) 그렇지 않다고 말한 아이보다 문제를 일으킬 가능성이 훨씬 낮았다. 'connected(유대적인)'는 연구원들이 면담을 수행할 때 사용한 단어였다. 그것은 '어머니(또는 아버지)에 대한 친밀감, 어머니(또는 아버지)의 보살핌에 대한 인지, 어머니(또는 아버지)와의 관계에 대한 만족도, 가족 구성원으로부터 이해, 사랑, 요구, 관심을 받는 느낌' 으로 정의되었다.

집에서 느끼는 유대는 정신적인 고통과 자살에 대한 생각이나 시도, 폭력적인 행동, 흡연, 음주, 마약 흡입, 그리고 이른 성관계를 예방했다.

두 번째 요소는 첫 번째 요소와 비슷하다. 그것은 학교에서 느끼는 유대다. 이는 교사들이 학생을 공평하게 대하는 느낌, 사람들과의 친밀감, 교사와 학생 들이 서로 잘 지내는 것으로 정의되었다.

학교에서의 유대 역시 폭력적인 행동, 정신적인 고통이나 자살에 대한 생각이나 시도, 흡연, 음주, 마약 흡입, 그리고 이른 성관계를 예방했다.

다른 요소도 크게 도움이 되었지만 집과 학교에서 느끼는 유대만큼 효과적이지는 않았다. 그 외 다른 중요한 요소는 다음과 같았다.(무작위로 나열했다.)

- 하루의 중요한 시간(아침, 방과 후, 저녁 먹는 시간, 취침 시간)에 부모가 옆에 있는가?
- 학교 성적에 대한 부모의 기대(아이가 고등학교와 대학교를 졸업하리라는 기대)가 큰가?
- 부모와 자녀가 정기적인 활동에 참여하는가?
- 집에 총기를 두지 않는가?
- 부모가 자녀의 성관계를 허용하지 않는가?
- 담배, 술, 마약을 쉽게 접하지 못하게 하는가?

● 학생이 학교에 대한 편견을 갖고 있지 않는가?

● 자존감(학생이 좋은 자질을 키우고 싶어 하고, 자랑스러워 할 것이 많고, 자신을 좋아하고, 사랑과 요구를 받는 기분을 느끼는 상태로 정의된다.)이 있는가?

● 일주일에 20시간 이상 아르바이트를 하지 않는가?

청소년 건강에 관한 장기 연구는 집과 학교에서 유대를 형성하는 것이 높은 시험 성적만큼 중요하다는 반박할 수 없는 증거를 제시했다. 실제로 유대와 높은 시험 성적은 어깨를 나란히 한다. 우리는 성적이 중요하다는 것은 인정하면서도 유대가 가장 중요하다는 이 연구의 명확한 결론을 깨달아 실천하는 것은 주저하고 있다.

하버드 대학의 리처드 라이트 교수가 대학생을 대상으로 진행한 또 다른 연구도 비슷한 결론을 내렸다. 라이트는 10년 동안 대학생들을 면담하면서, 실증 자료를 수집하여 대학 생활을 성공적으로 마치기 위해 필요한 것들을 정의했다. 핵심 요소들 중 하나가 바로 다양한 형태의 유대였다.

대학에 진학하는 많은 학생이 찾으려고 하는 중요한 유대의 한 가지 형태는 교수와의 긴밀한 관계다. 라이트는 하버드 대학에서 학생들을 면담하면서 신입생 때 대학 생활 4년 동안 무엇을 얻고 싶어 했는지 물었다. 학생들이 지식 습득, 공부를 열심히 하는 것, 인생의 다음 단계를 준비하는 것 등 뻔한 이야기를 하자 라이트는 다른 대답을 해 보라고 재촉했다.

학생들은 당황해서 입을 다물었다. 그러자 라이트는 자신이 면담한 학생들에게 해 줄 수 있는 가장 중요한 조언을 들려주었다. 그것은 이번 학기에 어느 한 교수에 대해 잘 알아보고, 그 교수에게 자신을 알리라는 것이었다.

그 조언의 결과가 얼마나 중요한지 알기에는 학생들이 아직 준비되어 있지 않았다. 하지만 라이트는 연구를 통해 그것이 가장 중요하다는 사실을 증명했다.

청소년 건강에 관한 장기 연구, 리처드 라이트의 연구 같은 중요한 연구가 진행되었지만 유대의 개념, 그것이 예방할 수 있는 문제에 대한 인식은 국민의 의식 속에 자리 잡지 못했다. 많은 사람이 교내 총격 사건에 대해 잘 안다. 하지만 가정과 학교에서 느끼는 유대가 그런 사고를 예방할 수 있다는 사실을 아는 사람은 드물다.

나는 학교 관계자들과 정치인들이 유대적인 학교를 만드는 것을 가장 중요한 목표로 정하지 않는 현실에 경악한다. 그들은 오히려 전국 공립학교의 교육을 개선한답시고 더 높은 시험 점수를 요구하는 대대적인 협공을 펼치고 있다. 게다가 많은 주에서는 표준화 시험을 통과해야 고등학교를 졸업할 수 있다. 표준화 시험을 통과하는 것도 좋지만 성공적인 학교생활을 예측하는 더욱 강력한 척도는 사회적이고 정신적인 건강이다. 그러나 사회적이고 정신적인 건강보다는 지식을 측정하고 개선하기가 더 쉽기 때문에 지식에 돈이 지원된다. 하지만 지식과 정신 건강, 사회적 건강을 모두 개선해야 한다.

만약 교사와 학생 모두 그들의 미래를 '고부담 시험(high stakestesting. 시험 응시자에게 중요한 결과를 가져오는 일명 '운명이 걸린 시험'이다. 시험을 통과하면 고등학교 졸업장, 장학금, 자격증 등 혜택을 받는다. 통과하지 못하면 시험을 통과할 때까지 보충 수업을 받거나 일자리를 찾는 데 제약이 있는 등의 불리함을 겪는다. ─옮긴이)'을 통과하는 데에만 목표를 두면, 학교에서의 유대는 줄고 정신 건강과 사회적 건강도 추락하기 쉽다. 예를 들어, 주 정부가 개최하는 표준화 시험에서 학생들이 낮은 점수를 받은 매사추세츠의 한 학교는 남은 학기 동안 방학을 허용하지 않는 방법으로 대응했다. 학생들은 학교에 남아 다음 표준화 시험을 준비해야 했다. 참 멍청한 정책이 아닐 수 없다.

또 다른 예를 들어 보겠다. 많은 학교에서 교사가 학생에게 접촉하는 것이 금지되어 있다. 초등학교 교사에게 학생을 건드리지 말고 가르치라고 요구하는 것은 관현악단의 지휘자에게 팔을 흔들지 말고 지휘하라는 소리와 같다. 교사의 학대를 방지하거나 그런 학대에 대한 소송을 예방하기 위해 많은 학교에서 교사들이 학생을 안아 주거나 학생의 등을 두드리는 것을 금지하고 있다. 그것이 학생들의 기분을 좋게 할지도 모르는데도 말이다. 접촉은 특히 저학년에게는 유대감 형성에 효과적인 도구다. 그것을 금지하는 것은 크나큰 실수다.

접촉 금지는 많은 학교의 책임자와 정치인들이 유대의 중요성을 간과하고, 긍정적인 것을 증진하기보다는 소송을 예방하는 정책을 만들면서 저지르는 실수의 상징이다.

그러나 부모들은 유대가 얼마나 중요한지 잘 안다. 설사 그것이 옳다고 증명하는 연구를 잘 모르더라도 마찬가지다. 신문에서 읽는 것과는 달리 부모들은 대체로 아이들 곁을 잘 지키고 있다. 2001년에 전국적으로 시행된 십 대에 관한 대규모 설문조사에서 거의 대부분의 응답자가 가족 중 누군가에게 속마음을 털어놓을 수 있다고 답했다. 그들은 유대가 결핍될 때 발생하는 위험을 인정했고 그중 많은 학생이 학교 폭력의 중요한 원인은 부모가 아이들과 함께 시간을 충분히 보내지 않기 때문이라고 대답했다.[3]

유대와 기대─당신은 자녀를 얼마나 들들 볶는가?

연구가 유대의 중요성을 강조하지만 우리의 가슴은 훨씬 더 강력하게 중요하다고 말한다. 달빛이 방안을 은은하게 비출 때 잠이 든 첫째 아이를 바라보며 요람을 흔들며 느꼈던 기분을 기억하기만 해도 유대의 중요성을 알 수 있다. 당신은 너무 피곤해서 아이가 잠이 들어 기쁘다는 것 말고는 다른 감정을 전혀 느끼지 못했을지도 모른다. 하지만 가끔은 그 이상의 감정을 느꼈을 것이다.

사랑, 완전한 헌신……. 무슨 이름으로 부르든 바로 그때 가슴으로 느낀 것이 당신을 단지 한 인간이 아닌 부모로 만들었다. 당신은 자신의 일부가 된 그 느낌을 영원히 가지고 다닌다.

아기를 바라보며 느끼는 감정은 당신을 완전히 바꿔 놓는다. 당신은 아이들의 행복에 헌신적인 한 인간, 바로 현재의 당신이 되었다.

---

3. "The State of Our Nation's Youth", Horatio Alger Association, a nonprofit organization (Alexandria, Va.: 2001년 11월)

그때 아이를 내려다보면서 당신은 꿈을 꾸었을 것이다.

당신이 아이에 대해 품은 꿈 두 가지를 알아맞혀 보겠다. 그러면 그중 어느 것이 행복과 더 가까운지 말해 주기 바란다.

첫 번째 꿈에서 당신의 딸은 시내에서 가장 좋은 보육 시설에 들어간다. 그 다음에는 최고의 중·고등학교, 하버드 대학 같은 '명문' 대학, 법대나 의대에 들어가고 마침내 안정과 명성을 얻는다.

두 번째 꿈에서 당신의 아이는 놀고 있다. 처음에는 마룻바닥에서 당신과 함께 놀다가 다음에는 친구들과 놀고, 놀이방, 운동장에서 놀다가 이윽고 밖에서 공을 차며 논다. 아이는 깔깔대며 전화 통화를 하고 중학교 때부터 꿈꾸어 온 패션 디자인 회사의 조수로 일한다. 5년 뒤에는 친구들과 함께 사업을 시작한다. 아이는 두려움에 숨을 죽이고 있지만 당신은 아이가 어떻게든 성공하리라는 자신감으로 가득하다는 것을 잘 안다.

두 가지 꿈 중에서 나는 한쪽이 두드러지게 좋다. 그리고 첫 번째보다 두 번째 예가 더 행복한 결말의 시작일 가능성이 높다는 내 생각에 당신도 동의하기를 바란다.

하지만 그 두 가지가 서로 배타적일 필요는 없다. 전혀 그렇지 않다. 성적이 좋은 아이가 얼마든지 밖에서 친구들과 이야기를 하며 놀 수 있다. 졸업생 대표이면서 유대를 느끼는 아이가 되는 것이다. 실제로 대부분의 졸업생 대표들이 그렇다. 즐길 줄 모르는 도전적인 사람이 되지 않고서도 유명 대학에 들어갈 수 있다. 위대한 인간을 열망하면서도 방은 엉망이고 빨래를 하지 않아 입을 옷이 없는 지경에 이를 수도 있다. 셰익스피어를 좋아하면서 브리트니 스피어스를 좋아할 수도 있다. 남보다 앞서기 위해 자신의 영혼을, 혹은 어린 시절을 팔 필요는 없다.

그러나 좋은 부모들, 좋은 아이들 중 일부는 그렇다. 그들은 너무 일찍 놀이를 접고 우울한 경쟁 속으로 뛰어든다. 어린 시절에서 끌려 나와 보육원으로 간다. 그때부터 성취라는 추월차선으로 밀려들다 보면 큰 소용돌이에 빠지기 쉽다.

그런 소용돌이를 조심해야 한다. 그것은 아이, 부모, 학교, 팀, 이웃 등 대학 입학 책임자를 제외한 모든 사람에게 해롭다. 아이가 잘 달리도록 도우려다 오히려 다리를 못 쓰게 만들지도 모른다.

부모는 아이를 그런 소용돌이 속에 빠뜨리지 않도록 경계해야 한다. 유대를 최우선순위에 올리기 위해 노력해야 한다. 이력서의 힘보다 어린 시절의 힘을 신뢰한다면 '경쟁'의 반대인 행복의 씨앗을 뿌릴 수 있다.

그러나 성취를 격려하지 않는 행동도 위험하기는 마찬가지다. 나는 부모들이 아이에게 기대를 하기를 바란다. 너무 크지만 않으면 된다. 부모는 아이에게 주는 사랑과 아이가 자신의 기대를 충족하는 것을 연관짓지 말아야 한다. 연구에 따르면 고등학교를 마치고 대학에 들어가는 정도의 적당히 높은 기대를 갖고 있는 부모가 아이를 더 건강하고 행복하게 키운다고 한다.

아이를 너무 심하게 경쟁시키는 위험과 완전히 반대쪽에 있는 것은 충분한 기대를 하지 않는 위험이다. 그것은 무관심이라고 부르는 단절의 한 형태다. 무조건 해야 한다는 소용돌이가 어린 시절을 폐허로 만들고 멍하니 경쟁만 하는 어른을 생산하는 것과 마찬가지로 아무도 관심을 주지 않는 소용돌이는 또 다른 실패를 낳을 수 있다.

매일 학교생활에 대해 묻고 좋은 성적을 받도록 격려하며 아이에게 전념하는 부모들의 아이가 무관심한 부모들의 아이들보다 훨씬 더 낫다는 사실을 많은 연구가 증명하고 있다. 아이에게 높은 기대를 갖는 것은 '네가 할 수 있다는 걸 알아'라며 아이를 칭찬하는 것과 같다. 아이를 위한 기대, 그리고 부모가 아닌 아이의 관심, 능력과 일치하는 기대를 품는 한 부모는 아이에게 아주 큰 도움을 준다.

아이가 아무도 자신을 돌보지 않는다고 생각하면 그것은 아이를 슬픔, 외로움, 자신감 상실에 이어 담배, 마약, 술, 섹스를 위한 섹스 같은 금지된 쾌락과 과속, 무모한 도전, 범죄 등 위험하고 흥분을 느끼게 하는 행동으로 이끈다. 자기 파괴적인 행동의 소용돌이에는 자신을 인도하고 최선을 다할 것을 기대할 사람이 아무도 없는 아이들로 넘쳐난다. 이런 아이들이 모여 세상을 나쁘게 보고 욕하도록 서로를 부추기는 문화를 형성한다. 가정의 유대 결핍, 부모의 기대 부족은 아무리 자기 파괴적이고 집에서 멀리 떠난 사람들일지라도 유대와 기대를 갈망하게 만든다.

부모에게서 아무런 기대도 받지 않는다고 느끼는 단절된 아이가 자기 파괴적인 행동, 폭력, 혹은 다른 종류의 심각한 문제를 일으키지 않는다면 흔히 자신에 대한 기대치를 아주 낮게 설정해서 기나긴 학습 부진의 행진에 끼어든다. 이 아이는 시도하고 실패하기보다는 아예 시도조차 하지 않는 쪽을 선호하기 때문에 계속 자신을 과소평가한다. '그러면 어때서?'라는 말을 입버릇처럼 달고 산다.

앞에서 강조했듯이 유대와 성취는 어깨를 나란히 하고 가야 한다.

유대적인 사람은 단절된 사람보다 성공할 가능성이 훨씬 높다. 그들은 즐기면서 성공한다.

내가 진행한 연구도 그 사실을 증명한다. 1990년대 중반, 나는 심리학자 마이클 디어몬티와 함께 뉴햄프셔 주의 필립스 엑서터 아카데미에 다니는 학생들을 연구했다. 우리는 학생들을 만나 긴 설문지를 채워 달라고 부탁했다. 부모들, 교사들과도 대화를 나누었다. 그 연구는 2년이 걸려 완료되었을 만큼 방대했다.

우리는 가장 의욕적인 학생들이 유대감을 가장 많이 느끼는 학생들보다 낮은 성적을 받는다는 사실을 알아냈다. 다시 말해, '공부를 잘하려는 의지'보다 '타인과의 유대'가 학업 성적의 더 강력한 예측 변수인 것이다. 우리는 '학생이 맨 처음 선택한 대학에 들어가는 것이 인생에서 중요한 변화를 만들 거라고 생각하나?', '학생의 자존감이 특히 성적에 달려 있다고 생각하나?', '학생은 부모님으로부터 공부를 잘해야 한다는 강한 압박을 받고 있음을 느끼나?' 등의 질문에 대한 대답으로 '의욕'의 수준을 측정했다. 역설적으로 그런 질문에 그렇다고 대답한 학생들은 아니라고 대답한 학생들보다 낮은 성적을 받았다.

또, '엑서터의 다른 학생과 유대를 느끼나?', '가족 구성원들과 아주 가깝게 연결된 기분을 느끼나?', '자신보다 더 큰 어떤 집단에 소속된 기분을 느끼나?' 등의 질문에 대한 대답으로 유대의 수준을 측정했다. 그런 질문들에 그렇다고 대답한 학생들은 가장 높은 성적을 받은 학생들이었다. 그들의 우울증 빈도는 가장 낮았고 미래에 대한 자신감은 가장 높았다. 그들은 마약 흡입, 음주, 흡연을 가장 적게 했고, 가장 높은 자존감을 갖고 있었다.

명백한 소수(학생의 약 15퍼센트에 불과하다.)인 비유대적인 집단은 우울증, 마약 사용, 비관주의, 낮은 자존감에서 가장 높은 수치를 나타냈다.

흥미롭게도, 우리의 연구에서 비유대적인 학생을 알 수 있는 가장 효과적인 도구는 낮은 성적이었다. 엑서터같이 거의 모든 학생이 공부를 잘할 지능을 갖고 있는 학교에서, 좋은 성적을 받는 것은 일반적인 일이다. 따라서 어떤 학생이 좋은 성적을 받지 못한다면 문제가 지적인 면이 아닌 감정적인 면에 있다는 것이 밝혀질 때가 많다. 그래서 나는 닭과 달걀의 문제처럼 '낮은 성적이 감정적인 단절의 원인인지, 감정적인 단절이 낮은 성적의 원인인지'에 대한 해답을 찾고 있다. 적어도 엑서터에서는 낮은 성적이 단절의 원인이기보다는 단절이 낮은 성적의 원인인 경우가 더 많았다.

정서 발달뿐만 아니라 성적을 변화시키는 유대의 힘을 뒷받침하는 증거는 수없이 많다.

내 생각에, 부모들은 그 사실을 아주 잘 알고 있다. 우리 부모들의 과제는 아는 것을 실천하고 지나친 압력에 굴복하지 않는 것이다. 실제로 대부분의 부모가 그렇게 한다. 그런 강압에 눌려 물불을 가리지 않는 부모들은 논란이 많은 잡지에 기삿거리를 제공하고 학부모 모임에 참석해 실망을 느끼지만 다행히 소수에 불과하다.

그렇지만 아이에게 유대감을 느끼게 하는 것이 가장 옳고 중요하다는 사실을 다시금 확인시켜 주고 싶다. 그것은 아이에게 최고의

'경쟁 수단'을 선물하는 것과 같다. 유대감을 느끼는 아이는 원하는 만큼 성취하고 그것을 즐긴다. 낙관성과 우울증에 대한 면역을 얻는다. 자신이 안전하며 자신의 인생이 순탄하게 흘러간다는 기분을 느낀다.

행복, 곧 인생이 순탄하다는 기분을 느끼는 것은 불가능한 목표가 아니다. 남은 인생을 행복하게 보내고 싶다면 무엇을 할 수 있을까? 마약을 하거나 로보토미(정신분열증 치료를 위해 대뇌의 전두엽 백질을 절단하는 수술)를 받으면 된다고 말하는 냉소적인 사람도 있을 것이다. 하지만 그것은 옳지 않다.

우리는 모두 큰 시련을 극복하고 행복을 찾는 사람들을 보았다. 샌트와니아 뷰캐넌을 생각해 봐라. 샌트와니아는 말로 다 설명할 수 없는 모진 시련을 겪었다. 하지만 할머니와 동생들이 곁을 지키고 있었다. 샌트와니아는 자신이 아주 보잘것없기는 하지만 한 팀의 일원이라고 생각했다. 그런 느낌으로 시련을 헤쳐 나갈 수 있었다.

하지만 어린 시절에 큰 시련이 없었다고 해서 행복이 보장되는 것은 아니다. 유대는 여전히 필요하다.

나는 물질적인 성공을 한 번도 경험하지 못했지만 유대감을 느끼기 때문에 무척 만족하며 사는 사람들을 많이 알고 있다. 예를 들어, 그들은 가족, 인생의 임무, 특정한 상황, 친구 모임 같은 것들과 연결된 기분을 느낀다. 유대의 형태는 아주 다양하다.

나는 우울하고 난폭하고 충격적인 어린 시절을 극복하려고 발버둥 치며 살았다. 나를 구한 것은 다른 사람들이다. 나의 '팀'은 직계 가족과 가까운 친척들, 수많은 친구들, 내 일(하는 일과도 사람에게 느끼는 것 같은 유대감을 느낄 수 있다.), 하느님으로 구성되어 있다. 나의 팀이 아니었다면 나는 엉망이 되었을 것이다.

당신이 어떤 팀의 일원이라는 느낌을 갖고 있는 한 인생은 절대 당신을 버리지 않는다. 가진 돈을 전부 잃거나 중병이나 중상에 시달릴지도 모르지만 그 종류와 상관없이 당신과 팀이 서로 신뢰한다는 사실을 알면 결코 모든 것을 잃지는 않는다.

많은 현자가 이런 말을 했다. "우리는 근본적으로 외롭다. 우리는 이 세상에 홀로 와서 홀로 떠난다. 결국은 모두가 혼자다."

그런 현명한 사람들에게 나는 이렇게 말한다. "아뇨, 당신이 틀렸어요." 나는 그 사람들이 정말 하고 싶은 말은 이런 것이라고 생각한다. "나는 너무 상처받고 실망해서 이제 아무것도 할 수 없어. 다시는 위험에 빠지고 싶지 않아." 자존심이나 '경험이 주는 지혜'가 그들의 발목을 붙든다. 그래서 그들은 도전하는 위험 대신 고독과 그것을 자주 따라다니는 절망을 선택한다. 그런 다음 머리를 써서 다시 도전하는 것에 대한 두려움을 정당화하기 위해 모든 사람이 근본적으로 고독하다는 철학적인 논제를 제시한다.

그것은 우리 모두가 이해하는 사실이 아닐까? 나는 확실히 이해한다. 나는 여러 번, 여러 방식으로 상처를 받았다. 가끔은 손을 내밀었다가 상처를 받아 도로 거두기도 했다. 다시는 손을 내밀지 말자고 다짐한 적도 많았지만 결국은 마음을 바꾸었다. 외로우면 잘할 수 없기 때문이다. 사람들 대부분이 그렇다.

어른으로서 나는 매일 생활 속에서 유대감과 안정감을 다진다. 매일 그렇게 하는 이유는 어릴 때 그런 느낌을 얻지 못했기 때문이다.

어릴 때 그것을 얻었다면 그것이 코처럼 신체의 일부가 되어 있어 굳이 매일 다질 필요가 없다. 하지만 나는 불안정한 분위기 속에서 성장했다. 무엇을 기대해야 할지 전혀 몰랐고 안정감을 느끼는 일은 거의 없었다.

지금은 어른으로서 안정감을 느끼기 위해 필요한 것을 지키려고 열심히 노력한다. 안정감이 자연스럽게 찾아오기를 바라지만 어려운 일이다. 그 대신 의심스럽고 불안한 기분이 매일 샘솟기 때문에 주변과의 관계를 굳히고 나의 '팀'에 의지하면서 그것들을 물리쳐야 한다. 나는 효과적인 방법이 있어 다행이라고 생각하지만, 그것에 의존하지 않게 되길 바란다.

자연스럽게 안정을 느끼는 사람들은 보통 그런 느낌을 어릴 때 얻는다. 그것은 수와 내가 아이들에게 주려고 애쓰는 소중한 선물이다. 우리 집 아이들은 사랑한다는 말을 귀가 따갑도록 들어서 요즘은 그 말을 하면 내게 눈을 흘긴다.(터커는 예외다. 이 녀석은 아직도 곁으로 다가와 나를 살짝 안아 준다. 앞으로 1년쯤은 그런 호사를 계속 누릴 수 있을 것 같다.)

유대적인 어린 시절에서 자연스럽게 안정감이 흘러나온다. 그런 어린 시절은 행복한 생활을 보장하는 가장·믿음직한 열쇠다.

무조건적인 사랑

유대적인 어린 시절을 만들기 위한 출발점은 누군가의 무조건적인 사랑이다. 보통 무조건적인 사랑은 엄마나 아빠, 혹은 둘 다에게서 온다. 하지만 꼭 그래야 하는 것은 아니다. 아이의 생활에서 적극적인 역할을 하며 절대적이고 무조건적인 사랑을 주는 너그러운 사람을 찾는다면, 그 사랑은 우리의 고통을 막는 예방주사와 비슷한 일을 한다.

하버드 대학의 화학 및 화학생물학과 학장인 스튜어트 슈라이버 교수는 그런 사랑을 받으며 자랐다. 그는 어머니가 자신을 무척 사랑한다는 것을 항상 느꼈다. 화학에 대해 눈뜨기 전인 청년기에는 방황을 했고 공부에도 마음이 없었다. 실제로 대학을 자퇴하고 콜로라도로 가서 스키만 타며 살 생각도 했다. 슈라이버는 자신이 대부분의 부모가 대학생 자녀에게 바라는 길 위에 있지 않더라도 어머니가 자신을 100퍼센트 응원하고 있다는 것을 알고 있었다. 어머니의 무조건적인 사랑은 그의 마음속 깊은 곳에 두려움이 자리 잡지 못하게 할 초석을 깔았다. 그는 무엇에도 얽매이지 않고 자유로웠다.

대학을 그만둘 생각을 하고 있을 무렵, 슈라이버는 화학 강의실에 들어갔다. 그 수업을 듣는 여자 친구가 같이 듣자고 했기 때문이었다. 그는 여자 친구가 좋아서 따라가기는 했지만 화학에는 전혀 관심이 없었다. 그 수업을 듣기 전까지는 그랬다. 그는 칠판에 적힌 것들을 보고 상상에 빠져들었다. 거기에는 굉장하고 아름다운 문양이 있었다. 원자 핵 주위로 전자들이 형형색색으로 구름 모양의 궤도를 이루고 있는 모습이었다. 그는 열심히 필기를 하고 있던 여자 친구에게 물었다. "이게 화학이야?" 디자인을 좋아했던 그는 원자를 묘사한 그림에 매료되었다. 강의실을 떠나지 않고 교수의 말에 귀를 기울였고 눈에 보이는 것을 넘어 상상의 나래를 펼쳤다. 그는 세계적으로 유명한 화학자가 되었다.

그는 자기가 콜로라도, 화학 연구, 아니면 완전히 다른 쪽 어디에 가더라도 행복하기만 하다면 어머니는 상관하지 않았을 것이라고 말했다. 그리고 만약 어느 날 노벨상을 받게 된다면 그 소식을 알렸을 때 어머니가 할 말을 정확하게 알아맞힐 수 있다고 장담했다. "어머, 스튜어트, 그래서 행복하니?" 그의 어머니는 그렇다는 대답을 듣고 나서야 마음껏 기뻐할 것이라고 한다. 그는 이미 어머니의 사랑이라는 가장 중요한 상을 받은 셈이다.

아이가 사랑을 얻으려고 노력해서는 안 된다.

하지만 사랑에 관해 이야기하다 보면 의문이 생긴다. 1장에서 나는 그런 의문을 몇 가지 제시했다. 먼저, 아이들에게 무엇이 가장 필요한지 물었다. 그리고 사랑이라는 대답을 제시했다. 그런 다음에는 얼마나 많은 사랑, 누구의 사랑, 어떤 종류의 사랑이 필요한지, 그리고 어느 정도의 사랑을 주어야 충분한지, 사랑을 받지 못한 아이에게 희망이 있을 것인지 물었다.

얼마나 많은 사랑이 필요하냐는 질문에 대한 답은 충분한 사랑이다. 어떤 아이들은 다른 아이들보다 훨씬 더 많은 사랑을 요구한다. 아이가 충분한 사랑을 받지 못할 때 당신은 그것을 보고 느끼고 들을 수도 있다. 반면에 아이를 사랑으로 질식하게 만들고 너무 많은 것을 줄 때도 그것을 눈으로 확인할 수 있다. 어떤 순간에도 아이가 무엇을 가장 원하는지 느껴진다. 아이에게 다가가라. 그래야 아이들에게 최대한 충분한 사랑을 줄 수 있다.

그렇다면 누구의 사랑을 받아야 할까? 바로 부모다. 친부모는 아이가 가장 원하는 사랑을 줄 수 있는 사람이다. 물론 대리 부모도 나쁘지 않지만 대리 부모 밑에서 자란 나로서는 친부모가 이혼한 뒤에 기숙학교로 보내져 사랑을 찾아 헤매게 하는 것보다 매일 살가운 사랑을 주는 것이 더 좋다고 말하고 싶다.

그렇다면 어떤 종류의 사랑일까? 아이에게 어떤 종류의 사랑이 필요할까? 다시 말하지만 당신은 그것이 무엇인지 뼛속 깊이 알고 있다. 네 살짜리 아이는 들어 올려 안고 입을 맞추고 꼭 껴안으면 된다. 사춘기 아이는 당신이 그렇게 하면 깔깔거리며 웃어 버릴 것이다. 따라서 같은 제품을 다르게 포장해서 아이에게 주어야 한다. 때로는 안 된다고 말하는 것으로 사랑을 보여 줄 필요가 있다. 그렇게 하는 것은 어려울 뿐만 아니라 포옹과는 달리 기분이 좋지 않다. 하지만 그것은 포옹만큼 중요하다. '안 돼'를 특별한 종류의 포옹이라고 생각해라.

사랑을 표현하는 방법은 다양하지만 표현하는 사랑의 종류는 반드시 무조건적이어야 한다. 조건적인 사랑은 불안한 아이를 만들고 그 아이는 결국 불안한 어른이 된다.

무조건적인 사랑이라고 해서 모든 것을 무조건 허용하거나 응석을 무조건 받아 주라는 뜻이 아니다. 오히려 그런 것과는 거리가 멀다. 자식을 사랑하는 부모는 항상 기준을 정하고 아이의 요구를 거절해야 한다.

하지만 아이의 사랑을 거부해서는 안 된다. 아이는 속으로든 겉으로든 자신의 사랑이 무한하고 흔들림 없고 완전히 신뢰할 수 있다는 메시지를 매일 매 순간 보낸다.

『엄마, 난 도망갈 거야*The Runaway Bunny*』라는 제목의 재미있는 동화가 그런 무조건적인 사랑의 상태를 잘 포착하고 있다. 아이들에게 그 책을 읽어 준 부모들이라면 내용을 잘 알 것이다. 엄마 토끼는 아기 토끼에게 어디를 가든 따라가겠다고 말한다. 아기 토끼는 세계 곳곳으로, 다양한 모습으로 변해 도망가겠다고 말한다. 엄마 토끼 역시 그 모든 곳에 가겠다고 말한다.

무한하게 느껴지는 사랑, 절대 꺼지지 않으며 애써 구할 필요가 없는 사랑. 이런 것이 바로 어른이 되었을 때 안정을 주는 부모의 사랑이다.

최근에 진행된 연구는 부모의 사랑이 아이의 성장에 얼마나 큰 영향을 미치는지 증명했다. 성인 애착 인터뷰(AAI. Adult Attachment Interview)라는 조사 방식이 있다. 체계화된 면접을 바탕으로 자신의 어린 시절을 어떻게 설명하느냐에 따라 대상자가 받은 사랑 혹은 '애착' 유형에 관한 신뢰할 수 있는 결론이 도출된다. 그중 하나의 유형은 안정된 애착이다. 그리고 세 종류의 불안정한 애착이 있다. 먼저 회피 유형은, 대상자가 어린 시절을 경멸하거나 그때의 애착을 비현실적으로 이상화시킨다. 둘째, 집착 유형은 어린 시절의 애착 관계를 설명할 때 지나치게 화를 내거나 비정상적으로 소극적인 성향을 보인다. 셋째, 미해결 유형은 어린 시절의 상실이나 학대 문제는 그 어떤 안정된 결과로도 이어지지 않는다는 명백한 증거를 보여 준다.

놀랍게도 열 번 넘게 진행된 연구에 따라, AAI에 대한 부모의 답변으로 영아나 유아에 대한 애착을 예측할 수 있다는 게 증명되었다.

아직 아이가 없는 부모라도 말이다!

다시 말해, 조건적인 사랑을 받으면 조건적인 사랑을 주기 쉽다. 학대를 받으면 학대를 저지르기 쉬우며 불안정하게 성장했으면 그런 상태를 물려주기 쉽다는 것이다.

다행히 예외는 있다. 무기력하게 받은 대로 되풀이하지 않아도 되는 것이다. 성인이 된 후, 친구나 배우자, 심리치료사 혹은 다른 사람으로부터 필요한 정서적인 지원을 받는다면 자신을 무력하게 만든 것과 똑같은 조건적인 사랑으로 아이들을 무력하게 만드는 무의식적인 성향을 이겨 낼 수 있다.

1장에서 제시한 마지막 질문은 '사랑을 받지 못한 아이에게도 희망이 있는가?' 였다. 희망은 항상 있다. 희망은 모든 사람에게 늘 있다. 샌트와니아처럼 손을 뻗어 대신할 것을 찾는 사람들은 잘 해낸다. 그렇게 하지 않거나 할 수 없는 사람들은 보통 잘 해내지 못한다. 그들은 화를 내거나 반사회적이거나 우울해지거나 약물을 복용하거나 감옥에 들어가거나 무기력해진다. 사랑은 그들을 새로운 삶으로 되돌려 놓을 수 있지만 상처받은 아이보다 분노에 휩싸이고 반사회적이고 약물에 중독된 어른에게 사랑을 주는 것은 훨씬 더 어렵다.

아주 많은 것이 사랑에 달려 있다.

워싱턴 D. C.에 있는 중등교육 기관인 시드웰 프렌즈 스쿨의 교장인 브루스 스튜어트는 1960년에 교사 생활을 시작한 이후로 줄곧 아이들과 함께해 왔다. 내가 어른의 행복으로 이어지는 어린 시절의 뿌리가 무엇이라고 생각하는지 묻자 그는 주저 없이 '무조건적인 사랑'이라고 답했다. 브루스는 오랫동안 아이들에 대해 배웠다. 많은 학생이 성장해서 부모가 되는 것을 지켜보았다. 그는 이렇게 말했다. '내가 본 성공한 아이들은 모두 무조건적인 사랑과 용기를 주는 사람을 곁에 두고 있었습니다. 그게 부모가 아닌 경우도 보았어요. 대개 숙모나 할머니처럼 나이 든 여자분들이었죠. 하지만 늘 누군가가 있었습니다.'

브루스의 경우에는 아버지가 그런 사랑을 주었다. 브루스의 아버지는 자식들이 더 나은 인생을 살게 하려고 스코틀랜드에서 이민을 왔다. 그는 자식들이 책임감을 갖고 최선을 다하기를 기대했다. 그래서 브루스에게 곧잘 이런 말을 했다. "아들아, 네게 기회를 주려고 바다를 건넜단다." 브루스는 무조건적인 사랑을 받는다고 느꼈지만 아버지의 높은 기대도 느꼈다. 그러나 그 사랑이 높은 기대를 채울 조건이라는 생각은 들지 않았다.

브루스는 매사추세츠 주의 린에 있는 공립학교에 들어갔다. 그곳은 거칠고 난폭한 아이들이 득시글하고 거친 노동자들이 주로 사는 도시였다. 브루스의 아버지는 아이들이 책임감을 갖기를 바랐다. 브루스는 이렇게 말했다. "아버지는 우리에게 책임을 물었습니다. 다른 누구도 아니었죠. 내가 잘못하면 그건 학교의 잘못도, 교과서의 잘못도, 선생님의 잘못도 아니었습니다. 내 친구들이 그랬던 것처럼 아버지는 내게 책임을 지웠습니다."

그의 아버지는 행동과 모범을 통해 사랑을 보여 주었고 그런 본보기가 브루스에게 용기를 주었다. 아버지는 흔히 그런 역할을 한다. 그들은 말이나 포옹으로 아이들에게 사랑을 쏟아붓는 대신 고된 일과 희생으로 가족에 대한 사랑을 보여 준다. 결국 그것이 아이들에게는 본받을 자극제가 된다. 브루스는 이렇게 말했다. "아버지는 한 쪽 다리가 없었지만 돈을 벌려고 하루 종일 트럭에 가죽제품을 실었어요. 우리에겐 단 50센트의 여유도 없었어요. 텔레비전은 물론이고요. 아버지는 아침 6시부터 저녁 6시까지 일했습니다. 그렇게 희생하는 모습을 보고 누가 실망을 주고 싶겠습니까? 성공은 나 하기에 달려 있었죠."

한 아이가 어떻게 자랄지 예측할 수 있는 가장 효과적이고 통제할 수 있는 방법은 어린 시절 맺은 유대의 질, 특히 부모와 자녀의 상호작용의 질이라는 것이 많은 연구에서 밝혀졌다. '통제할 수 있는 예측 방법'이라는 것은 부모가 뚜렷하게 통제할 수 있는 요소들로, 여기에는 유전적인 요소(적어도 지금은)와 사회, 경제, 의료적인 요소가 배제된다. 부모가 뚜렷하게 통제하면서 아이들에게 줄 수 있는 것을 찾는다면, 유대가 있는 어린 시절은 가장 소중한 선물이 될 것이다.

유대감을 느끼는 어린 시절은 정서적인 건강뿐 아니라 학교생활의 성공도 가져다준다. 컬럼비아 의과대학의 아동 및 청소년 정신의학과 교수이자 세계적으로 가장 저명한 아동 전문가로 꼽히는 피터 젠슨은 내게 이런 말을 했다. "학교생활의 성공을 예측하는 것은 사회·정서적인 요소지, 색깔과 숫자에 대한 지식이 아닙니다. 미국 화폐는 아이들에게 숫자와 색깔을 가르치는 데 도움을 줍니다. 아이들이 10까지 세거나 어떤 색인지 말하게 하죠. 그런 자질은 측정하기 쉽습니다. 하지만 사회·정서적 수준은 측정하기 어렵고 더 중요합니다." 그렇다고 어릴 때 사회·정서적인 면에서 문제가 있는 아이를 식별하기 위해 신경심리 검사를 할 필요는 없다. 그냥 유치원 교사에게 반에서 어느 아이가 걱정스러운지 물어보기만 하면 된다. 대개 교사가 호명하는 아이들이 사회·정서적 문제가 있는 아이들이다.

사회·정서적 문제에 영향을 미치는 가장 큰 비유전적 요인은 가족적인 유대 형성의 실패다. 전 세계의 거의 모든 전문가가 어릴 때 경험한 따뜻하고 화목한 관계가 어른의 행복뿐만 아니라 성공의 기본적인 열쇠라고 입을 모은다.

다행히 어떻게 유대를 맺는지, 어떻게 무조건적인 사랑을 주는지 배우기 위해 수업을 받을 필요는 없다. 대부분의 부모는 아이들을 키울 때, 아이가 아직 뱃속에 머물고 있을 때조차 자신의 가슴 깊은 곳에서 사랑이 우러나오는 것을 느낀다.

아이들에 대한 사랑의 중요성을 절대 과소평가하지 마라. 그 사랑은 이 땅에서 신의 존재를 가장 가까이에서 느끼게 해 준다. 그것은 매일 세상을 바꿀 수 있고 또 그렇게 하고 있다.

아이들에게 사랑을 준다면(많은 아이에게 사랑은 그 아이들이 가질 수 있는 전부다.), 그것은 그들을 구할 뿐만 아니라 아름답고 행복한 인생으로 보내 준다.

부모가 학대나 무관심으로 그런 사랑을 저버리는 것보다 아이에게 나쁜 것은 없다. 통계로도 증명되었지만, 나는 정신과 의사로서 우리가 '악마'라고 부르는 대부분의 어른은 어렸을 때 학대나 버림을 받았기 때문에 그렇게 살고 있다고 판단한다.

아이들을 사랑하는 것은 우리가 하는 일들 중 가장 중요하다. 사랑이 놀라운 마법을 일으킬 수 있으니 우리는 행운아다. 그냥 자신이 사랑을 하도록 내버려 두면 된다.

하지만 정확히 어떻게 행동해야 할까? 나는 아주 단순하고 기본적이고 자연스럽고 꾸미지 않은 행동을 강조하고 싶다. 아기를 안아 보았거나 아기를 안는 것에 대해 이야기해 본 적이 있다면 내 말 뜻을 이해할 것이다. 당신의 눈동자는 부드러워지고 얼굴에는 환한 미소가 가득 번지고 목소리는 사랑스럽게 변한다. 당신은 아기의 연인이라는 역할에 푹 빠진다. 자신을 그냥 방치해 두면 누구나 그렇게 된다.

그 방법을 안다고 해도 그것이 얼마나 중요한지는 잘 모를 수 있다. 아이를 도울 때 사랑의 행위보다 더 좋은 것은 없다. 다이어트도, 펀드도, 운동도, 비타민이나 약도, 두뇌 활동 프로그램도, 수업이나 과외활동이나 선물도 필요 없다.

그러니 사랑을 최우선순위에 두어라. 그것은 깨끗한 집을 갖는 것보다 더 중요하다. 예약 시간에 맞춰 치과에 가는 것보다 더 중요하고, 살을 빼는 것보다 더 중요하고, 돈을 버는 것보다 더 중요하다. 다른 사람을 기쁘게 해 주는 것보다, 전화를 받거나 이메일을 확인하는 것보다 더 중요하다.

사랑을 잘해 보겠다고 일, 빨래, 전화, 이메일 같은 것들을 모조리 포기하라는 것은 아니다. 브루스 스튜어트의 아버지를 생각해 봐라. 그는 하루 12시간을 일하면서도 제대로 아이들을 사랑했다. 아기를 어르거나 아홉 살짜리 아들과 캐치볼을 하며 많은 시간을 보내라는 것이 아니다. 그저 당신의 아이들과 시간을 보내는 다른 어른들이 그러한 애정으로 보살피는지 확인하면 된다.

미국 아동건강 및 인간발달기구(NICHD. National Institute of Child Health and Human Development)는 1991년에 출생한 1,364명의 상태를 계속 추적했다. 미국에서 시행된 가장 광범위한 유아 보육에 관한 이 연구는 전국의 맞벌이 부모들에게(나와 내 아내처럼) 충격적인 결론을 내렸다. 일주일에 30시간 이상 보육시설에서 시간을 보낸 아이들은 엄마와 집에 있는 아이들보다 더 공격적으로 행동하는 성향을 보였다는 것이었다. 하지만 그것은 유명 언론이 내건 지나치게 단순화된 머리기사였다.

이것은 '최신 연구'의 문제점이다. 우리가 접하는 유명 신문의 기사는 대부분 사실을 왜곡한다.(NICHD의 연구는 『피플People』에 실렸다.) 그런 기사들은 주목 받기 위해 사실을 왜곡하고, 뒤틀고, 지나치게 단순화한다. 결국 독자에게는 부정확한 정보와 혼란만 남게 된다.

2001년 4월에 미네소타 주 미니애폴리스에서 열린 회의에 제출된 NICHD의 실제 자료는 언론에 게재된 내용보다 훨씬 더 복잡했다. 이 연구에 참여한 하버드 대학 교육 대학원의 캐슬린 매카트니는 다음과 같은 설명으로 주제를 명확히 짚었다. "부모가 자녀의 발달에 가장 중요한 역할을 하는 것은 지금도 변함없는 사실입니다. 부모의 역할은 아이가 사회·정서적으로 얼마나 잘 해내는지 예측하게 해주는 중요한 자료입니다. 두 번째로 밝혀진 중요한 사실은, 보육 대리인과 아동이 주고받는 교류의 질과 관련되어 있습니다. 교류의 질이 높은 경우, 아이들은 지능 발달, 학교 적응력, 어휘 검사에서 좋은 점수를 받았고 문제 행동도 더 적게 했습니다." 따라서 머리기사의 제목을 더 정확하게 쓴다면, '고품질 보육이 더 나은 아이를 키운다' 쯤 되어야 할 것이다.

맞벌이 부모라도 다른 사람에게 육아를 맡기는 문제를 신중하게 결정한다면 아이를 잘 키울 수 있다.

보육 문제를 신중하게 생각하는 부모는(그렇지 않은 부모는 없을 것이다.) 자신에 대한 배려도 하는 셈이다. 자식을 사랑하는 행위는 아이뿐만 아니라 자기 자신에게 주는 최고의 선물일 수도 있기 때문이다.

아이를 사랑할 때, 갓난아기를 품에 꼭 안고 있을 때, 처음 자전거를 타는 아이를 걱정스런 눈길로 지켜볼 때, 당신은 전혀 관심 없는 장소로 아이를 태워다 주면서 자동차 백미러에 비친 아이를 사랑스러운 눈길로 힐끗 쳐다볼 때 당신은 아이를 든든히 지켜 줄 뿐만 아니라 자기 자신도 지킨다. 사랑이 부모에게 선물이 될 수 있는 이유다.

당신은 연약함이 한 사람을 얼마나 강하게 만들 수 있는지 모를 것이다. 그것은 안전해지려는 노력을 멈출 힘을 준다. 연약함을 인정한다는 것은 당신이 자제력이 있는 척하거나 늘 목적을 갖고 어떤 일을 하는 척하거나 강력한 상대와 대적할 수 있을 만큼 강한 척하지 않게 해 준다. 아이를 사랑하도록 자신을 내버려 둘 때 당신은 갑옷을 벗고 기꺼이 연약해진다.

당신을 그처럼 약하게 만드는 것은 당신의 사랑이 무조건적이기 때문이다. 그것은 이상적이다. 당신은 어려움이 닥쳐도 물러나지 않는다. 한 번 부모는 영원한 부모다. 무조건적인 사랑을 주면 조만간

'수령인'이 나타나 그 사랑이 얼마나 무조건적인지 시험하기 시작한다. 밤새도록 끝없이 울어대거나, 외박을 허락해 주지 않았다고 컴퓨터를 망치는 복수를 하거나, 영화를 보러 갈 돈을 마련하려고 당신의 지갑을 뒤지거나, 참을 수 없는 모욕으로 상처를 준다. 나이가 많든 적든 아이들은 우리가 절대 흔들리지 않는다고 생각하는 부모의 사랑을 시험한다. 그럼에도 부모는 계속 사랑한다. 부모는 아이가 아무리 목이 터져라 울어도 절대 지치지 않는다. 컴퓨터 파괴자를 추방하지도, 지갑 도둑을 쫓아내지도 않는다. 욕을 하는 아이에 대한 사랑을 그치지 않는 것은 물론이다.

무조건적인 사랑은 위대한 선물일지도 모르지만 부모가 돌려받는 것은 그보다 훨씬 더 크다. 부모는 자기 자신을 초월하는 법을 배우는 선물을 받는다. 부모는 점점 더 성숙한다.

부모로서 사랑에 빠질 때, 축구 경기를 지켜보거나 촛불에 불을 붙여 생일 케이크를 식탁으로 들고 가거나 버스를 타고 야영장으로 떠나는 아이들에게 손을 흔들며 자신을 사랑에 내맡길 때, 그 모든 순간 당신은 항상 최우선이었던 자신의 일부를 죽인다. 언젠가는 이별이 올 줄 알면서 완전하고 철저하게 사랑을 한다.

먼 훗날 작별인사를 해야 한다는 것을 알면서 그렇게 많은 사랑에 자신을 내맡길 때마다, 아이들 앞에 나타나 환호하고 미소 짓고 응원할 때마다 당신은 언젠가는 시간이 당신과 아이를 떼어 놓으리라 짐작한다. 그 순간에 몰입해서 "널 정말 사랑한단다. 무슨 일이 있어도 물러서지 않을 거야."라고 말할 때 당신은 가장 위대한 승리를 쟁취한다. 시간도 고통도 상실도 죽음도, 인간으로서 품을 수 있는 극한의 사랑을 막지 못한다.

시간이 흐르면 '도망간 아기 토끼'는 자랄 것이다. 달콤 쌉싸래한 기분이랄까. 당신의 자녀가 다 자라 집을 떠나 대학에 가거나 취직을 하거나 결혼을 할 때 그런 일을 예측하고 있었던 탓인지 가슴이 찢어지지는 않는다. 자랑스러운 생각에 가슴이 벅차오르고 눈물이 흘러내린다. 그렇게 조그맣던 꼬마가 이제 다 커서 더 넓은 세상으로 가려고 하는 상황을 받아들인다. 그동안 당신은 떠날 준비를 하는 아이들을 키우며 충분히 훌륭한 일을 했다. 뿌리와 날개를 모두 선물했다.

부모는 아이를 낳으면서 절벽에서 마법의 공기 속으로 뛰어든다. 그러고는 다시는 단단한 땅에 내려서지 못한다. 그 속에는 상승 기류와 하강 기류가 있다. 우리는 높이 솟구쳤다가도 이내 아래로 떨어진다. 난기류를 만나면 폭풍이 잠잠해지고 서늘한 아침 바람이 몸을 앞으로 밀어 줄 때까지 잔뜩 움츠리고 있다. 그러면서 예전에는 전혀 몰랐던 공포, 처음 느껴보는 기쁨, 끝 모를 불확실함을 배운다. 우리는 그런 공기 속에서 가끔 최악의 상황과 충돌하지만 인생 최고의 기쁨이 무엇인지 알게 된다.

아이를 사랑할 때 부모는 삶이 제공하는 최악의 상황들을 초월한다. 그것들을 똑바로 바라보며 이렇게 말한다. "내게 아무리 안 좋은 것을 줘도 난 이 아이를 사랑할 테야."

부모는 잠시 신의 도구를 빌려와 신의 일을 한다. 신은 부모에게 모든 것을 맡긴다. 부모도 그런 느낌을 자주 받는다. 하지만 부모는 결코 혼자가 아니다. 부모는 어디에나 있으며 모든 부모가 서로를 위해 자기 자리를 지키려고 노력한다. 서로를 알든 모르든 모든 부모는 서로에게 동질감을 느낀다.

유대를 형성하는 요소

유대적인 어린 시절은 무조건적인 사랑 외에 많은 요소로 이루어지는데, 그 요소들이 아이들마다 똑같을 필요는 없다. 하지만 그 모든 것은 한 가지 결과로 수렴된다. 바로 만족스럽고 즐거운 느낌이다.

유대적인 어린 시절을 보낼 수 있는 단 하나의 옳은 방법은 없다. 어린 시절에 맺는 성공적인 유대의 종류는 유대감을 느끼며 자라는 아이들의 수만큼이나 다양하다. 하지만 가장 일반적인 요소들을 소개하겠다.

오른쪽에 유대적인 어린 시절을 구성하는 열두 가지 요소가 나온다. 자녀에게, 그리고 당신에게 이 요소들을 제공한다면 운명과 유전자가 허락하는 한 당신이 인생에서 원하고 요구하는 나머지 것들이 자연스럽게 따라온다. 이 열두 가지 요소는 항상 상호작용을 한다. 이 요소들의 관계는 수직적이지 않다. 무조건적인 사랑이 출발점이지만 다른 요소가 등장하면 서로 어우러져 상승효과를 보인다.

요소들의 배열 상태를 보면 유대적인 어린 시절이 마치 거미줄이나 그물인 것 같다. 강한 그물을 만들려면 한 개나 두 개 이상의 줄이 필요한 것처럼 아이를 확고하게 안정시키려면 한 개나 두 개 이상의 요소가 있어야 한다. 한두 요소로도 생존이 가능하지만 보통 그 이상의 요소가 있어야 성공할 수 있다.

유대적인 어린 시절의 요소

무조건적인 사랑과 가족의 화목

자신과 맺는 유대

친구, 이웃, 공동체

신과 (또는) 영적인 삶

집안일, 아르바이트, 책임

기관과 조직
(학교)

과외활동, 운동

아이디어와 정보
(학교)

애완동물

과거에 대한 감각

자연

예술

13장에서 이 요소 각각에 대해 더 자세하게 설명하고 그것들을 가족생활에 어떻게 적용할지 도움이 되는 제안을 할 것이다.(그 요소들은 각각 유대의 종류가 된다.) 여기서는 유대적인 어린 시절과 유대적인 인생을 구성하는 유대의 요소들을 언급만 했다.

8

놀이:
평생 지속되는 즐거움의 원천

놀이는 지루함이라는 폭군에게서 우리를 자유롭게 해 준다. 놀이
는 칙센트미하이가 말한 몰입에게 우리를 인도한다. 놀이와 창의력
은 서로 손을 맞잡고 당신이 인생의 남은 시간 동안 돌아가고 싶은,
지극히 몰입된 마음 상태를 만들어 낸다. 놀이는 즐거운 인생으로
가기 위한 중요한 열쇠다. 당신의 자녀가 아이라는 이유만으로 스스
로 노는 방법을 터득할 거라고 생각하지 마라. 요즘 많은 어린이가
노는 방법을 배우지 못하고 있다.

놀이의 중요성을 과소평가할 수 없다. 특히 혼자 하는 놀이, 친구
들과 하는 놀이는 더욱 그렇다. 놀이는 아이가 하는 가장 중요한
'일'이다.

어쩌면 독자들은 내가 말하는 '놀이(play)'가 무슨 의미를 담고 있

을지 짐작할지도 모른다. 옥스퍼드 영어사전에서 여섯 쪽을 할애해 이 간단해 보이는 단어를 빼곡히 다루고 있다. 이 책에서 놀이의 의미는 아주 중요하기 때문에 내가 직접 정의를 내리려고 한다.

내가 말하는 놀이는 자연스러운 발명과 변화의 여지가 있는 활동이다. 먹으면서 놀 수 있고(많은 아이가 그렇게 한다.), 운전하면서 놀 수 있고(그래도 그래서는 안 된다.), 심지어는 오줌을 누면서도 놀 수 있다(역시 많은 아이가 그렇게 한다!). 놀이의 반대는 일하지 않는 것이다. 사실, 최고의 일이 바로 놀이다. 놀이의 정확한 반대는 지시받은 대로 하는 것이다. 기계적인 기억은 놀이와 반대다. 반면에 연속된 항목을 기억하기 위해 연상 기호를 떠올리는 것은 놀이와 아주 가깝다.

누구나 평생 놀 수 있다고 말한다고 해서 나를 극단적인 낙관주의자라고 부르지 마라. 노벨상을 두 번(1954년 화학상, 1962년 평화상) 받은 라이너스 폴링은 나이 들어 이렇게 말했다. "나는 우두커니 앉아 앞으로 뭘 하며 살지 고민한 적이 없었던 것 같아요. 그냥 내가 좋아하는 것을 계속했을 뿐입니다."

물론 자기가 하고 싶은 일과 남에게 중요한 일이 일치한 것은 행운이었다. 일에 성공한다는 것은 남이 기꺼이 돈을 지불해 주는 놀이 방법을 찾았다는 것과 같다. 그런 놀이는 어린 시절에 뿌리를 내린다.

나는 터커가 노는 모습을 관찰하면서 최고의 놀이를 본다. 터커의 놀이는 자발적인 발명과 변화로 가득하다. 터커는 놀이를 하면서 규칙을 정하고 기분 내키는 대로 방법과 등장인물과 결과를 바꾼다.

놀이와 변화는 평행선을 달린다. 넘어지면 상처가 나는 것처럼 놀이에는 고통과 실수가 따라다닌다. 놀이는 늘 그 종류가 변하기 때문에 불안전하다.

하지만 놀이는 어느 정도 체계화되어 있고 규칙의 통제를 받을 수 있다. 예를 들어, 피아노를 칠 때는 악보를 따라한다. 발명과 변화의 여지는 그 악보에 대한 해석에 있다. 야구를 할 때도 체계적인 규칙이 있다. 자발적인 발명과 변화의 여지는 방망이를 돌리는 방법, 공을 던지는 방법에서 나온다.

놀이는 더 많은 관심을 받아야 한다. 심상과 발상을 겸한 놀이는 창조적이며, 이 창조성은 문명을 진보시킨다.

어른이 그만 놀고 시키는 대로만 하라고 다그치지 않는 한 아이는 스스로 놀이를 배운다. 시키는 것만 하는 아이는 제대로 놀지 못한다.

유아기는 개인의 인생에서 가장 좋은 시기다. 그 이유 중 하나가 유아기에 놀이를 하기 시작하기 때문이다. 두뇌 발달이나 정서 함양 방법으로 놀이보다 더 나은 것이 있는지 모르겠다.

우리 집 아이들은 어렸을 때 저마다 가장 좋아하는 장난감이나 게임이 따로 있었다. 예를 들어, 루시는 아주 어릴 때부터 옷을 좋아했다. 말을 할 수 있었다면 자기 기저귀까지 품평했을 것이다. 이 아이는 지하실에 내려가 옷을 바꿔 입으며 소피라는 친구와 연극하는 것을 좋아했다.

루시가 네 살이었을 때 경매에 가서 오래된 헌 옷을 트렁크 한 가득 사 준 적이 있다. 그 속에는 깃털 달린 목도리, 모조 다이아몬드가 박힌 블라우스, 중산모와 지팡이, 이런저런 모양의 하이힐, 스카프, 색깔과 크기가 다른 여러 개의 숄이 들어 있었다. 그것은 내가 루시에게 준 최고의 선물이었다. 루시는 시간이 가는 줄도 모르고 소피와 친구 하나를 더 불러서 역할이 바뀔 때마다 의상을 입고 벗기 바빴다. 루시가 열두 살이 된 지금, 우리 집엔 아직도 쓸모없어진 옷들이 한가득하다. 요즘 루시의 마음은 리미티드 투, 갭, 아버크롬비 앤 피치 같은 옷으로 옮겨갔다. 하지만 시작은 그 트렁크였다. 그럼 루시의 장래 희망은 무엇일까? 루시는 의상 디자이너가 되고 싶다고 한다. 아마 앞으로도 수도 없이 마음을 바꾸겠지만 현재 루시가 품고 있는 꿈으로 내가 이 책에서 예를 들고 있는 5단계를 설명할 수 있다. 루시의 기호는 소피와 유대를 맺으며 시작했고, 둘은 옷을 가지고 놀았다. 그리고 연습으로 이어졌다. 둘은 다양한 옷의 조합과 자기들이 창출하는 외모의 전문가가 되었고 옷 입기에 숙달된 기분을 느끼게 되었으며 서로에게, 친구들에게, 그리고 우리 어른들에게 인정을 받았다. 루시는 패션 디자이너가 된다면 자기 일에서 다른 사람이 기꺼이 대가를 지불하려고 하는 놀이를 발견할 것이다. 그런 천직이 시작된 뿌리를 찾는 것은 그리 어려운 일이 아니다.

잭의 놀이는 퍼즐이다. 잭은 걸음마를 떼기도 전에 퍼즐 조각을 끼워 맞췄다. 공간 감각이 탁월해서인지, 내가 하면 30분이 걸리는 퍼즐을 어린 아이가 몇 분 만에 뚝딱 완성했다. 잭이 퍼즐을 맞추는 모습은 흥미롭다. 처음에는 바닥에 앉아 자신을 에워싼 퍼즐 조각들을 유심히 살핀다. 이윽고 조각 하나를 집어 들어 다른 조각에 연결한다. 조각들이 빠른 속도로 제자리를 찾아가는 동안 그림이 점점 완성된다. 그러는 동안 잭은 희미한 미소를 지으며 퍼즐에 완전히 몰입해 있다.

어린 시절의 놀이는 그 순간의 행복으로 그치지 않고 많은 세월이 지난 뒤의 행복으로 연결된다.

놀이는 그 자체가 훌륭한 목적이지만 아이들에게 놀이가 필요한 이유는 꼭 그것 때문만은 아니다. 아이는 놀이를 하는 동안 특별한 기술, 곧 놀이의 기술을 배우는데, 이는 다른 어떤 것보다 더 유용한 기술이다. 놀이의 기술, 다시 말해 어디서 무엇을 하든 시간을 창조적으로 사용할 수 있는 기술은 모든 발견, 모든 진보, 모든 창조적 활동의 출발점이다. 만약 놀이를 할 수 있다면, 행복해질 수 있고 위대한 어떤 것을 할 수 있다는 뜻이다.

'놀이(Play)'는 아주 짧은 단어여서 마땅히 받아야 할 대접을 못 받는 건지도 모른다. 그보다는 수학이, 지리학이 더 중시된다. 심지어는 양치질이 더 대접받는다. 어쩌면 놀이는 쉴 때나 심심해서 빈둥거릴 때나 하는 것으로 인식되기 때문에 존중받지 못하는지도 모른다. 사실, 휴식이나 빈둥거리기도 더 대접을 받아야 한다.

그런 이유로 놀이와 휴식, 빈둥거리기에 새 이름을 지어 주어야 하는 건 아닐까? '주변 환경과 자발적이고 창조적으로 상호작용을 하는 것'이라고 고쳐 부르면 어떨까? 그러면 놀이와 휴식, 빈둥거리기가 더 존중받을까?

나는 놀이가 더 존중받을 수 있는 방법을 안다. 우리는 노는 아이들이 그렇지 않은 아이보다 더 높은 SAT 점수를 받는다는 사실을 이미 증명했다. 하지만 유대에 관한 연구와 마찬가지로 사람들은 대체로 놀이와 두뇌 기능 증진이 서로 관련이 있음을 입증한 연구에 대해서는 잘 모른다. 돈을 더 많이 버는 문제에 대한 연구가 있는지는 나도 모른다. 그러나 어릴 때 노는 법을 배운 어른이 더 행복하다는 것만큼은 장담할 수 있다.

테디 베어, 블록, 인형에 싫증이 난 아이는 다른 장난감과 놀이를 찾는다. 말과 놀며 작가가 되거나 숫자와 놀며 수학자가 된다. 화학과 놀며 화학자가 되거나, 사람들과 놀며 리더가 되거나, 야구공과 놀며 야구선수가 된다. 생각과 놀며 철학자가 되거나, 감정과 놀며 배우, 예술가, 심리치료사, 코치, 혹은 교사가 된다. 옷과 놀며 패션 디자이너가 되거나 퍼즐과 놀며 건축가가 된다. 관심 분야가 무엇이든 놀이에 푹 빠진 아이는 그것을 사랑하고 그것에 뛰어나게 된다.

놀이의 기술을 터득하는 것보다 더 확실한 행복의 보루가 있는지는 나도 잘 모른다. 그것은 무조건적인 사랑, 유대와 마찬가지로 어른의 행복으로 이어지는 어린 시절의 가장 중요한 뿌리다.

놀이와 몰입

몰입을 할 때 우리는 자신이 누구인지, 어디에 와 있는지, 몇 시인지, 어디로 가려고 했는지 잊어버린다. 자의식을 완전히 잃고 지금 하고 있는 것과 하나가 된다. 당신은 스키를 타거나 피아노를 치거나 열띤 논쟁에서 자기주장을 펼치거나 타오르는 불을 응시하거나 망상에 빠져 있다. 무엇을 하든 그것이 마음을 완전히 사로잡아 '자아'는 사라지고, 행위에 몰입한 당신, 스키를 타는 당신, 피아노를 치는 당신, 논쟁을 하는 당신, 생각에 빠진 당신이 그 자리를 차지한다. 자신을 관찰하는 당신의 일부는 한순간 자취를 감춘다.

이 때문에 사람들은 기억을 통해서만 몰입의 경험을 인식한다. 우리는 가장 행복할 때, 몰입하고 있을 때는 그 사실을 깨닫지 못한다. 행복의 생성을 인식하지 못하고 강렬한 순간이 사라지고 난 뒤에야 겨우 기억한다.

어쨌든 몰입을 경험할 기회를 많이 만들수록 더 행복해진다. 몰입을 하면서 시간을 많이 보낼수록 더 성공한다. 그처럼 집중된 상태가 가장 효율적이기 때문이다.

그렇다면 몰입과 놀이는 어떤 관련이 있을까? 놀이는 아이들이 몰입하는 방식이다. 4장에서 설명한 대로 터커는 자신이 키운 액션 배우들과 상상의 은하 전투를 벌이며 몰입 상태에 빠진다. 자기가 누구인지, 어디에 있는지 잊고 놀이와 하나가 된다.

터커의 놀이를 살펴보면 칙센트미하이가 발견한 몰입의 기본 단계를 찾을 수 있다.

첫째, 몰입의 상태에 도달하려면 행위에 대한 도전성이 행위자의 능력과 맞떨어져야 한다. 도전성이 너무 높으면 행위자는 좌절하고 포기한다. 실력이 월등하게 좋은 사람과 테니스 경기를 한다고 생각해 봐라. 도전성이 너무 낮으면 테니스를 처음 치는 사람과 경기를 하는 것처럼 지루해진다. 아이들은 자연스럽게 놀이의 도전성과 놀이에 필요한 능력을 맞춘다.

둘째, 매 순간마다 자신이 무슨 행위를 하는지 알고 단계를 조절한다. 터커는 놀이를 완전히 통제하고 자기가 하겠다고 말하는 것을 정확히 실행한다. 갈팡질팡하거나 놀이에 압도되지 않는다.

셋째, 자신의 행위에 대한 즉각적인 평가를 받는다. 나는 테니스 경기를 할 때면 내가 방금 어떤 종류의 타구를 했는지 인식한다. 지금처럼 책을 쓸 때도 한 문장을 끝내자마자 그것이 어떤 종류의 문장인지 파악하고 곧바로 그것을 내면의 평가 기준과 비교해 본다.(물론 실망을 할 때가 많다.) 테니스에서 공격 기회를 놓치거나 어색한 문장을 썼다고 할지라도 금세 다른 기회가 생기므로 즉각적인 평가는 나를 몰입의 상태에 붙들어 놓는다. 터커는 놀면서 자신이나 친구가 방금 한 행위의 결과를 즉시 확인하기 때문에 그 자리에서 문제를 바로잡는다.

아이들은 놀 때, 몰입으로 이어지는 놀이들 사이를 자연스럽게 표류한다. 그럴 때 부모가 할 일은 아이들의 에너지가 그런 식으로 옮겨 다니지 않게 하는 것이다. 그래서 가끔 아이와 텔레비전, 닌텐도 같은 수동적인 놀이 사이에 장벽을 세울 필요가 있다. 그런 놀이는 몰입을 바람직하게 진척시키지 않는다.

아이들이 몰입을 배우려면 텔레비전을 끄고 마음의 불을 켜야 한다고 칙센트미하이는 말한다. 그는 이렇게 쓰고 있다. '몰입을 경험하려면 그것을 더 적절하게 제공하는 행위, 즉 정신 활동과 적극적인 여가 활동에 참여해야 한다.'

그는 또 이렇게 덧붙인다. '훌륭한 인생을 살려면 행복한 것만으로는 충분치 않다. 잠재력을 키우고 발휘하는 능력을 확장하면서 행복한 것이 중요하다. 특히 유년기에는 그래야 한다. 아무것도 하지 않으면 행복한 십 대가 행복한 어른으로 자랄 가능성은 희박하다.

그렇다면 놀이의 목적은 정신을 확장하고, 즐거움을 찾는 방법이 적힌 목록을 늘리는 것이다. 칙센트미하이의 연구는 또 놀이와 몰입의 발달에 유대가 얼마나 중요한 역할을 하는지 입증한다. 잘 몰입하고 그 상태를 유지하는 사람들은 '다른 사람보다 가족과 훨씬 더 많은 시간(일주일에 4시간 정도) 동안 교류한다. 이것은 왜 그들이 무엇을 하든 즐겁게 하는지를 설명한다. 가족은 아이가 방어나 경쟁을 의식하거나 걱정할 필요 없이 상대적인 안전함을 느끼게 해 주는 보호 환경의 역할을 하는 것으로 보인다.'

이는 유대와 놀이의 관계에 대한 나의 주장과 정확히 일치한다. 먼저 안전한 환경을 조성하면 놀이는 자연스럽게 뒤따른다. 정말 위험한 학습 장애는 난독증이나 주의력 결핍증(나는 그 둘 다 가지고 있다.)이 아니라 두려움이다. 수치와 부끄러움의 사촌인 두려움은 아이들이 최선을 다하거나 새로운 것을 배우지 못하게 막는다. 두려움은 놀이를 막는다. 두려움은 몰입을 방해한다. 따라서 아이들에게 놀 시간을 줄 때는 자신이 안전하고 어딘가에 소속되어 있다는 느낌을 갖게 해 주어야 한다.

놀이는 끝나지 않아야 한다

어릴 때부터 놀았던 아이는 계속 놀기 마련이고, 운이 좋으면 어른이 되어서도 놀이를 찾는다.(그 놀이에 돈이 든다 하더라도 기꺼이 지불한다.) 자기 일을 할 때 가장 행복한 사람들을 봐라. 그들은 자기가 하는 일을 놀이처럼 표현한다. 심각한 놀이, 힘들고 피곤한 놀이, 가끔은 고통스러운 놀이라고도 말한다. 하지만 그 핵심에는 놀이가 있다.

나는 그런 점을 염두에 두고, 아이의 인생에 힘겨운 전환기가 왔을 때 부모가 감당하는 법에 대해 알려 주려고 한다. 그런 전환기는 아이에게는 쉽지만 많은 부모에게 힘겹다. 그 무렵이면 아이가 장난감에 시큰둥해지기 시작한다. 부모는 기억 속이 아니면 다시 만날 수 없을 어린 아이에게 작별을 고해야 한다. 지금은 어디론가 사라져버린 인형들을 갖고 놀던 루시의 모습이 내 기억 속에 있다. 잭이 하나둘씩 점점 손을 대지 않게 된 레고를 갖고 놀던 기억도 난다. 터커는 지금도 자기 방에서 곰 인형, 장난감 병사, 초능력 영웅 들과 놀고 있다. 그런 모습을 바라보노라면 터커가 자신을 의식하지 않고 놀이에 빠져 있을 시기도 금세 지나가겠지 하는 생각이 든다. 그런 시기는 아이에게는 자랑스럽지만 우리 부모들에게는 무척 슬프다.

영국의 작가 A. A. 밀른은 『이제 우리는 여섯 살Now We Are Six』이라는 시집에 이런 전환기를 주제로 한 시를 썼다. 시에서 밀른은 '놀이방의 주인들', 즉 아이의 장난감들이 어떤 심정으로 자신들을 갖고 놀았던 꼬마가 돌아오기를 기다리는지 노래한다. 정말 그 꼬마는 어디로 갔을까? 슬프지만, 꼬마는 어른이 되어 버렸다.

놀이방의 주인들이
줄을 서서 기다리네.
높은 벽에는 다섯
낮은 벽에는 넷

큰 임금과 작은 임금

갈색 곰과 검은 곰

모두 기다리네.

존이 돌아올 때까지.

누구는 꼬마 존이

숲 속에서 길을 잃었다 생각하고

누구는 돌아올 수 없다 하고

누구는 곧 돌아올 거라 하네.

누구는 꼬마 존이

언덕에 숨었다 하고

누군가는 존이 돌아오지 않을 거라 하고

누군가는 돌아올 거라 하네.

천천히, 천천히

새로운 날이 밝아 오네.

꼬마 존은 무엇이 되었을까?

아무도 말해 주지 않네.

누구는 꼬마 존이

언덕에서 길을 잃었다 하고

누군가는 존이 돌아오지 않는다 하고

누군가는 돌아온다 하네.

꼬마 존은 무엇이 되었을까?

아무도 몰라.

꼬마 존은 줄넘기를 하고

공놀이를 하고

울긋불긋 나비들을 쫓아 뛰어다녔지.

꼬마 존은 행복한 것들을 아주 많이 하고는

잠자리에 들었지.

그러나 터커가 곧 장난감을 떠나 잭과 루시와 함께 커 갈 거라는 생각으로 슬픈 만큼, 해가 거듭될수록 놀이의 기술이 사라지지 않고 날로 발전할 거라는 생각에 가슴 뭉클해진다. 장난감도 놀이도 변할 테지만 터커가 한 살부터 여섯 살 때까지 터득한 정신적인 활동, 곧 창의력과 상상력을 동원한 놀이는 계속 성장할 것이다.

이만큼, 이만큼 자란 다음에는 떠나야 하기 때문에 자라나는 키를 어떻게 할 수 없다는 터커의 말처럼, 장난감들과 함께한 좋은 것들을 가져갈 것이다. 바로 노는 능력을 가져간다.

벽에 진열된 장난감들은 분명 자랑스러워 할 것이다. 꼬마 소년이 앞으로 얼마나 많은 돈을 벌지 모르지만, 그보다 더 소중한 선물을 소년에게 주었기 때문이다.

그래서 부모들은 기운을 낸다. 당신의 루시, 잭, 터커가 노는 방법을 안다면 임무를 다했다고 생각해라. 나는 세상 아이들의 방에 있는 장난감들에게 이렇게 말하고 싶다. "아주 잘했어. 너희들은 찢어지고 해어졌지만 훌륭하고 용감한 장난감들이야. 슬퍼하지 마. 너희가 아이들의 상상력을 강하고 커다랗게 만들어 주었단다. 너희 덕분에 아이들은 이제 못할 게 없단다. 외로워 하지 말고 자랑스러워 하렴. 곧 더 많은 아이가 찾아올 거야. 너희들에게 새 친구들을 찾아줄게."

아이의 놀이와 어른의 행복을 연결하는 것은 중요하다. 어떤 어른이 행복할지 불행할지 예측하고 싶으면 그가 놀 수 있는지 없는지 보면 된다. 놀 줄 아는 어른은 회복력이 있고 삶의 충만한 기쁨을 느낄줄 안다. 놀 줄 모르는 어른은 원하는 목적은 이루겠지만 행복한 순간을 느낄 가능성이 낮다.

그들에게는 혁신적이거나 창조적인 순간이 별로 없다. 요즘 업계는 모두가 '틀을 벗어난 사고'를 할 줄 아는 사람을 채용하고 싶어한다. 그런 자질을 원하는 기업은 아이들을 채용하거나 차선책으로 놀 줄 아는 어른을 뽑으면 된다.

놀 줄 모르는 어른은 행복을 추구하는 것뿐만 아니라 최고를 추구하는 것에도 문제가 있다. 그들이 겪을 만한 문제를 예로 들어 들어보겠다.

나는 하버드 대학 화학부의 컨설턴트로도 일한다. 지난 몇 년간 짐 앤더슨 학장과 한 달에 한 번씩 만나서 졸업생이나 박사 연구원을 성공으로 이끄는 문제에 대해 자주 이야기했다.

짐은 학교에는 공부할 수 있는(내 방식으로 표현하면 놀 수 있는) 학생과 공부할 수 없는 학생, 두 부류가 있다고 말했다. 하버드 대학 대학원 과정 지원자라면 누구나 지원 자격을 증명할 최고의 성적표와 수상 경력을 두루 갖고 있다. 하지만 그런 최고 학생들 중에서 많은 수가 훌륭한 과학자로 성공하지 못한다. 최고의 과학자와 그렇지 않은 과학자를 구분하는 기준은 노는 능력이다.

화학과 대학원에 입학하면 규칙이 달라진다. 기존 지식을 습득하기만 해서는 안 되고 새로운 지식을 찾아내야 한다. 실험실 매뉴얼의 지시사항을 따르기만 해서는 안 되고 실험을 직접 설계하고 운영해야 한다. 1등을 가리기 위한 느닷없는 시험이 사라지고 새로운 실험을 조용히 기다리는 실험대와 자신의 장벽을 뚫을 방법을 찾아내보라고 말하는 미지의 세계가 존재한다.

어떤 학생들은 그런 것들을 보고 기뻐 날뛰며 이렇게 외친다. "당장 해볼게요!" 마침내 그동안 기다려 온 것, 자신의 놀이터를 찾은 셈이다. 그것은 어렵고 중요하고 힘든 놀이다. 그들은 밤을 새우지만 좋은 결과보다는 나쁜 결과를 더 많이 얻는다. 발견되지 않은 지식의 장벽에 머리를 부딪치고 아무런 결과를 얻지 못하는 과정을 반복한다. 때로는 운을 탓하고 중대한 것을 결코 발견할 수 없을지도 모른다고 탄식한다. 하지만 그들은 호기심을 좇기 때문에 자기 일을 사랑한다. 늘 하고 싶었던 것을 한다. 진정한 과학자는 우리가 일반적으로 떠올리는 '범생이'가 아니라 위험을 무릅쓰고 잃어버린 성궤를 찾아 나서는 인디아나 존스다. 미개척지로 가는 길을 찾는 탐험가, 그것이 바로 과학자다.

놀 줄 모르는 다른 학생들은 몰락한다. 시험도, A학점도, 무엇을 하라고 말해 줄 사람도 없어 어디로 가야 할지 모른다. 아무런 지시가 없어 갈팡질팡한다. 논제와 가설을 어떻게 세울지, 실험을 어떻게 설계해야 할지 모른다. 그들은 결코 진정한 과학자가 되지 못한다.

이와 같은 구분은 대부분의 분야에 적용된다. 문학이나 역사, 기술, 사업에서 새로운 땅을 개척하는 사람들은 흔히 학교에서는 최고 학생이 아니지만 학교를 졸업하고 호기심과 창조력이 이끄는 인생 (내 방식으로 표현하면 '놀이')에 뛰어들 때까지 몸이 근질거리는 것을 참는다.

어린 시절로 돌아가 봐라. 그러면 학교에서 그와 똑같은 두 가지 부류를 만날 수 있다. 어떤 아이들은 할 일을 꼭 말해 줘야 하거나 텔레비전이나 컴퓨터에 질질 끌려 다닌다. 자기 혼자서는 아무것도 못한다. 그러나 빈 방에서도 놀 수 있는 아이들이 있다. 장난감도 필요 없다. 가구도 필요 없다. 아무것도 없어도 된다. 하지만 그들은 상상의 인물을 만들어 곧바로 방 안을 창조적인 놀이로 가득 채운다. 놀지 못하는 아이를 놀 수 있는 아이로 바꾸는 것은 놀 수 없는 어른을 놀 수 있는 어른으로 바꾸는 것보다 훨씬 더 쉽다.

어떤 아이들은 노는 방법도 배우지 못한다. 권위적인 환경에 갇혀 있어서가 아니라 텔레비전을 보고 비디오, 컴퓨터 게임을 하느라 너무 많은 시간을 쓰며 스스로 제약을 가하기 때문이다. 파멜라 크루거가 전국에 배포되는 잡지 『패스트 컴퍼니*Fast Company*』에 '조니는 왜 놀지 못할까?*Why Johnny Can't Play*'라는 주목할 만한 기사를 썼다. 기사에는 시장조사 담당 임원이 전 국민을 대상으로 실시한 설문조사 결과가 실렸다.

요즘 아이들은 무엇이 문제일까? 시장조사의 대가 테드 클라우버는 아이들이 너무 바쁘고, 너무 체계적이고, 디지털 기술에 너무 물들어 있어 즐길 틈이 없다고 말한다.

테드 클라우버는 영사기를 만지작거리며 자신의 주장을 설명해 줄 적당한 비디오 클립을 찾고 있었다. 뉴욕 출신으로 거대 광고 회사 FCB의 고위 임원인 마흔두 살 클라우버는 아동과 기술의 관계를 연구하며 작년 한 해를 보냈다. 그래서 요즘 아이들과 이전 세대의 아이들은 얼마나 다른지, FCB의 고객들이 그런 차이에 어떻게 대처해야 하는지 말하려면 며칠로도 모자란다고 한다.

하지만 클라우버는 자신의 주장을 가장 분명하게 설명할 수 있는 목소리의 주인공은 아이들과 부모들이라는 사실을 잘 안다고 했다. 그래서 불을 끄고 준비한 영상을 보여 주었다. 먼저, 런던에 사는 어린 소년들이 그 주에 해야 할 끝도 없어 보이는 방과 후 활동 목록을 죽 읊었다. 싱가포르에 사는 한 소년의 어머니는 자기 아들이 토요일마다 네 가지 수업을 받는다고 말했다. FCB의 모회사 마인드 & 무드의 전 세계 총 책임자인 클라우버 부사장은 이렇게 말한다. "생각해 보면 놀라워요. 내가 어렸을 때는 파란 자전거를 타고 몇 시간이고 돌아다녔어요. 요즘 아이들은 매일 할 일을 계획합니다. 하루에 단 20분의 자유 시간도 없는 아이들도 있더군요."

클라우버는 이 연구를 시작할 때는 아무 가설도 세우지 않았다. 오로지 디지털 기술이(그리고 그에 따른 생활 방식의 문제가) 어린 아이들의 '즐거움에 대한 감각, 놀이, 사고'에 어떤 영향을 미치는가에 대해 가끔 생기는 의문을 풀고 싶었을 뿐이었다. 그는 브라질, 독일, 멕시코, 미국을 포함한 여러 나라의 아이들(6세에서 11세)과 그 부모들이 참여한 40회에 걸친 심층 워크숍을 마친 뒤에 새롭고 놀라운 해답을 얻었다.

　일곱 가지의 주요 결과 중에는 효율성과 생산성을 가진 부모들의 강박관념이 가장 어린 아이들에게까지도 흘러들어 간다는 것이 있었다. 그러면 놀이는 클라우버가 말한 '목적 없는 재미를 느낄 시간이 거의 없으며' 그저 빠르게 움직이고 목적을 지향하는 나라인 '신기한 디지털 세상'으로 흡수된다. 요즘 아이들은 경쟁, 효율성, 결과에 골몰한다. 그런 과정에서 아이들의 상상력이 후퇴한다. 놀이가 과정이 아닌 목표가 되기 때문이다.

　클라우버는 이렇게 말한다. "부모들이 자기들의 어린 시절에 대해 말할 때는 경이로움이 묻어 나오더군요. 베개와 담요로 성을 쌓았던 일이나, 공들여 이야기를 꾸며 낸 일을 기억해 냈죠. 요즘 아이들은 자유 시간을 거의 갖지 못하고 늘 전자기계에 둘러싸여 있기 때문에 평소 다니는 길을 벗어나 다른 길로 가 보려는 마음이 없답니다. 그저 빠르고 쉽게 즐기려고 할 뿐이죠. 지루함의 예술 같은 것은 애초에 잃어버렸고요……."

　클라우버의 결론으로 고객과 동료들이 아이들과 자신의 요구에 대해 다시 생각하게 된 것은 말할 필요도 없다. 예를 들어, 마텔의 한 임원은 클라우버의 프레젠테이션에 참석한 뒤에 아이들과 더 많은 시간을 보내려고 휴가를 떠났다. FCB의 한 임원은 그의 결론에 감동해서 아들의 생활에 조금 더 많은 여유를 줄 방법을 부인과 의논하기 위해 일찍 퇴근했다.[1]

　다양한 분야의 전문가들도 같은 목소리를 내고 있다. 교사, 과학자, 의사, 부모 등 어린이와 관련이 있는 사람들이 연합한 아동 연맹은 그중 가장 권위 있는 단체다. 이 연맹은 「바보의 금: 어린 시절의 컴퓨터에 대한 비판적인 시각*Fool's Gold: A Critical Look at Computers in Childhood*」이라는 제목의 논문을 작성했다. 또 다른 아동 전문가인 제인 힐리 박사는 『연결 실패*Failure to Connect*』라는 좋은 책에서 컴퓨터를 교육의 만병통치약으로 바라보는 시각을 경계했다. 존스홉킨스 대학의 수잔 빌라니 박사는 『미국아동청소년정신의학회보*Journal of the American Academy of Child and Adolescent Psychiatry*』 2001년 4월호에 과거 10년간 다양한 전자 매체(텔레비전, 비디오, DVD, 비디오 게임, 닌텐도, 컴퓨터 게임, 인터넷 등)가 아이들에게 미치는 영향에 대해 진행된 모든 연구를 되짚어 보는 기사를 발표했다.

전문가들은 두 가지 문제에서 명백한 합의를 도출했다. 먼저, 아무리 좋은 매체라도 지나치면 나쁘다는 것이다. 둘째, 부모가 아이들이 빠져드는 모든 매체의 내용을 감시해야 한다는 것이다. 일부 영화나 책처럼 어떤 웹사이트는 백해무익하다. 부모는 자녀가 얼마나 보는가에 그치지 말고 무엇을 보는가도 알아야 한다.

요즘 아이들의 어린 시절이 극적으로 달라진 가장 큰 이유는 이전 세대들도 함께한 텔레비전뿐만 아니라 인터넷, 이메일, 채팅, 휴대폰 문자 메시지, 비디오 게임의 출현이다.

---

1. Pamela Kruger, "Why Johnny Can't Play", *Fast Company*, 37호(2000년 8월), 271쪽.

클라우버의 지적처럼 전자 기기가 다른 놀이를 모조리 밀어내거나 유해한 내용을 담고 있지만 않다면 그 자체가 나쁜 것은 아니다.

컴퓨터나 인터넷으로도 얼마든지 생산적으로 놀 수 있다. 컴퓨터 기술, 그중에서도 특히 컴퓨터 게임 디자이너들이 가장 잘 노는 사람들에 속한다.

그러나 게임을 설계하는 것과 그것을 가지고 노는 것은 크게 다르다. 설계자는 창조적이며 게임을 하는 사람은 약간만 창조적이라고 할 수 있을 뿐이다.

따라서 전자 기기에 주의를 기울여야 한다.

부모는 자녀를 위해 소위 '인간적인 순간'을 지키고 보호해야 한다. 나는 그런 순간의 긍정적인 힘을 철저하게 파헤쳐 『인간적인 순간Human Moments』(국내 출판명 『행복의 발견』)이라는 책도 썼다. 인간적인 순간은 전자적인 순간의 반대말로 다른 사람과 직접 만나 어울려 살아가는 순간이다. 가족과 함께하는 저녁식사는 인간적인 순간이다. 어디론가 운전을 하면서 차 안에서 이야기를 하는 것은 인간적인 순간이다. 큰 소리로 책을 읽는 것도 인간적인 순간이다.

인간적인 순간은 전자적인 순간보다 훨씬 더 풍요롭다. 전자 기기를 통하는 것보다 직접 만나서 얻는 정보가 훨씬 더 많기 때문이다. 직접 만나면 몸짓 언어, 목소리 크기, 얼굴 표정, 단어와 문장의 타이밍을 포착한다. 이 중 어느 것도 당신이 직접 참여하지 않으면 얻을 수 없다. 인간적인 순간은 더 안전하기도 하다. 익명으로 존재하거나, 오해를 받거나, 무모한 위험을 감수할 일이 훨씬 적기 때문이다.

인간적인 순간은 놀이를 위한 최고의 환경을 제공한다. 전자 기기를 이용한 놀이가 나쁘다는 것은 아니다. 하지만 그것이 인간적인 순간을 대신한다면 나쁜 영향을 미친다.

그러나 놀이를 할 때 꼭 다른 사람과 함께 있어야 할 필요는 없다. 나는 지금 혼자 이 책을 쓰며 놀고 있다. 물론 글을 쓰는 것이 힘은 들지만 어쨌든 이 단어, 저 단어를 써 보고 이 문장, 저 문장을 실험하며 즐긴다. 묘기를 부리는 사람이 공이나 방망이를 던지고 받는다면 나는 단어를 던지고 받는다. 자주 고민에 빠지기는 해도 글쓰기를 사랑하기 때문에 내게 이것은 놀이다. 어떤 기술을 훈련하는 대부분의 사람들이 그런 감정을 느낀다. 힘들 때가 많아도 어쨌든 놀이는 놀이다.

성인이 종사하는 수많은 생산적인 놀이의 뿌리는 어린 시절에 있다. 말에 대한 나의 사랑은 고모, 삼촌, 사촌 들이 저녁을 먹고 고스트 같은 단어 게임을 하던 시간으로 거슬러 올라간다. 고스트 게임에서는 첫 선수가 알파벳 하나를 무작위로 골라 제시한다. 't'를 예로 들어 보겠다. 다음 선수는 't'의 앞이나 뒤에 들어갈 글자를 말해야 하는데, 이때 단어를 완성하면 안 된다. 선수들은 현재 만들어진 단어의 조합 앞이나 뒤에 글자를 계속 붙인다. 단어를 완성해도 지지만, 다음 선수가 전 선수에게 생각하고 있는 단어를 말하라고 요구했을 때 단어를 얘기하지 못해도 진다. 알고 있는 단어가 없으면서 알고 있는 척 큰소리를 치기도 하기 때문이다.

우리 가족은 저녁을 먹으며 고스트 게임을 하는 일이 많았다. 그래서 어려운 글자의 조합을 생각해 내는 데 도사가 되었다. 't'를 예로 들면, 나는 의외의 글자 'b'를 제시한다. 이것은 내가 'tb'가 든 단어를 알고 있다고 주장하는 것과 같다. 게임을 처음 하는 사람이라면 그런 단어를 생각해 내기 어렵다. 그런 단어는 정말 적어서 'bootblack(구두닦이)', 'batboy(배트 보이)', 'hatbox(모자 상자)', 'flatbed(평상형 트럭)' 등 손에 꼽을 정도다.

영어에는 글자 조합이 어려운 단어가 아주 많으며 그래서 합성어도 많다. 하지만 어려운 글자 조합을 합성어에서만 찾을 수 있는 것은 아니다. 예를 들어, 당신은 'uu' 조합이 있는 단어를 아는가? 나는 한 개 알고 있다. 바로 'vacuum(진공)'이다.

이 게임 덕분에 나의 내면에는 단어에 대한 사랑이 움트게 되었다. 그런 관심은 단어 게임에 대한 유전적인 기질과 함께 시작되었는지도 모른다. 그런 유전자가 없었다면 그 게임을 지루하게 여겼을 것이다. 하지만 그런 유전자를 갖고 있기 때문에 그 게임에 자극받고 끌렸을지도 모른다. 나는 학교에 다닐 때도 문법을 아주 좋아하는 별종이었다. 지금도 문법 문제를 따져 보는 것을 좋아한다. 규칙을 전부 알지는 못하지만(오히려 그 반대지만) 그냥 살펴보는 게 즐겁다. 야구팬이 통계 서적을 옆에 두는 것처럼 사전이나 파울러의 『현대영어용법사전Dictionary of Modern English Usage』, 스트렁크 & 화이트의 『문체의 요소들Elements of Style』(국내 출판명 『영어 글쓰기의 기본』)을 곁에서 떼어 놓은 적이 단 한 번도 없다.

자녀가 어떤 놀이에 끌리는지 관찰하면 유전적인 성향을 알아낼 수 있다. 루시는 옷에, 잭은 퍼즐에, 터커는 등장인물과 그들에 대한 이야기를 꾸며 내는 놀이에 끌렸다. 자신이 타고난 것을 갖고 놀기 시작하면 그것과 점점 더 많이 놀게 된다. (5단계에서 놀이의 다음 요소인) '연습'이라는 것을 하게 되는 것이다. 하지만 자신이 더 나아지고 싶어서 하는 것이기 때문에 그 과정이 부담스럽지 않다.

그런 활동 중에는 특히 더 가치 있는 것들이 있다. 많은 아이가 닌텐도를 좋아하지만 '닌텐도 전문가'는 될 만한 가치가 없다. 그러나 닌텐도에 대한 사랑이 전자 기기나 컴퓨터 과학에 대한 흥미로 이어진다면 그 가치는 어마어마하게 상승한다.

우리 부모들은 아이의 재능이 말썽으로 시작되는 상황을 알아채고 종류가 어떻든 아이가 무엇에 열정을 갖고 있는지 관찰해야 한다. 말썽은 좋을 수도 있다. 말썽이 종종 열정을 암시하기도 하기 때문이다. 스티븐 스필버그가 어릴 때 계란 노른자로 부엌을 노란색으로 색칠했다는 유명한 일화가 있다. 그의 어머니가 이렇게 말하지는 않았을 것이다. "어머, 스티븐, 넌 어쩜 이렇게 기발하니? 넌 정말 제작의 천재구나." 하지만 그의 어머니는 어린 스티븐에게 청소를 시키며 아이가 처음부터 말썽을 피우려고 그러지는 않았을 거라고 자신을 달랬다.

어린 시절에는 재능이 놀이로 나타나기 쉽다. 당신의 자녀가 어떤 재능을 타고났는지 알고 싶다면 놀이를 관찰해라.

놀이는 거의 항상 불완전하고, 혼란스럽고, 지나치고, 통제력이 없고, 여러 어른을 성가시게 한다. 부모는 아이에게 청소, 사과, 정리하는 것을 가르쳐야 하지만 그 뒤에 숨은 열정과 창의성을 죽여서는 안 된다. 조롱이나 부적절한 벌, 분노, 혹은 죄책감으로 그런 것들을 죽일 수 있다.

아이들이 노는 데 이어 연습하고 성취하고 인정받는 법을 배울 가장 일반적인 영역은 유소년 스포츠다. 운동은 한때는 남학생들의 전유물이었지만 요즘은 여학생들에게도 기회가 열려 있다. 지금은 남학생이나 여학생이나 수준에 관계없이 스포츠에 참여할 수 있다.

유소년 스포츠—완벽한 놀이터…… 그러나 조심하라!

조직화된 유소년 스포츠에 참여하는 3세부터 14세 사이의 미국 어린이는 3,500만 명 정도다. 전성기를 누리고 있는 조직화된 스포츠는 내가 이 책에서 정리한 어른의 행복으로 가는 5단계를 경험할 수 있는 이상적인 장소다. 하지만 지나친 압박으로 유소년 스포츠를 강요해서 놀이가 아닌 일로 만들어 망친다. 그것에 아무런 문제가 없다고 생각한다면 슬픈 통계를 하나 알려 주겠다. 유소년 스포츠에 참여하는 어린이의 70퍼센트가 열다섯 살이 되면 운동을 그만둔다고 한다.

가장 좋은 점은, 아이들이 팀을 통해 멘토로 삼을 수 있는 어른(코치)뿐 아니라 또래 아이들과 유대를 맺을 수 있다는 것이다. 이 안전한 유대의 영역에서 아이들은 운동의 종류와는 관계없이 놀이를 하기 시작한다. 그들은 함께 놀며 즐긴다. 스포츠의 직접적인 목적은 재미여야 한다. 많은 부모, 교사, 코치는 재미로 인해 긍정적인 사건들이 폭포처럼 쏟아진다는 사실을 잘 모른다. 아이들이 유소년 스포츠에서 재미를 찾는 것을 목표로 삼고 그것을 이룬다면 연습, 훈련, 성취, 인정뿐 아니라 협동심, 희생 등 운동을 통해 더 많은 것을 배울 가능성이 높다. 보스턴 대학 농구팀의 활기 넘치고 성공한 코치 앨 스키너는 이렇게 말했다. "유소년 스포츠의 목적은 재미입니다. 재미가 있으면 아이들은 더 연습하고 나아질 것이고 그러면 성공이 뒤따르겠죠."

앨 스키너는 그 사실을 꿰뚫고 있다. 그런데 좋은 의도를 가진 많은 부모는 그렇지 않다. 우승이나 유명세, 혹은 훈련을 첫째 목표로 삼는다면 아이들의 재미와 운동의 이익을 죽인다.

앨 스키너의 지적처럼 재미있는 놀이는 연습으로, 연습은 다시 성취로 이어진다. 그리고 성취는 동료 등 다른 사람의 인정으로 이어지고 결국 더 깊은 유대, 더 많은 놀이, 더 많은 연습, 더 많은 성취, 더 많은 인정으로 연결된다. 더 많은 승리도 뒤따르겠지만 그것은 첫 번째 목표가 아니며 과정에서 얻어지는 부산물일 뿐이다.

유소년 스포츠는 모든 부모가 무심코 저지르는 실수도 잘 보여 준다. 부모는 아이가 나중에 커서 잘 살아야 한다는 걱정 때문에 아이가 어린 시절을 누리는 것을 두려워한다. 어린 시절의 과정을, 아이가 자신의 장래희망대로 자랄 수 있는 능력을 믿지 않는다. 부모들은 그 대신 자신이 미리 생각해서 정한 성공에 대한 청사진을 강요한다. 우승과 상, 뛰어난 학업 성적, 아이의 흥미나 소질은 고려하지 않고 그저 이력서를 빛내 줄 화려한 과외활동 등 대단한 결과물을 원한다. 보기 좋은 결과물이 인생의 성공을 보장하는 최고의 방편이라고 믿는다.

'어린 시절의 과정을 신뢰하라' 는 내 말은 아이의 어린 시절을 방치하라는 뜻이 아니다. 그보다는 이 책에서 내가 정리한 제안을 실천해야 한다. 아이들을 그냥 아이들이게 해라. 아이들이 성인 세계의 압력을 느끼기 전에 놀면서 즐기게 해라. 어렸을 때 놀이를 통해 즐거움을 얻은 행위는 나중에 성인 세계의 압력을 수용하는 법을 배울 최고의 방법이다.

내가 소개한 과정을 신뢰하고 놀이와 재미를 그 과정의 기본 요소로 인정한다면, 먼저 아이가 아이답게 자라고 나중에 성인으로 살게 한다면, 놀라운 일이 벌어진다. 그 아이는 장래희망대로 된다. 부모가 바라는 사람이 아니라 자신이 되고 싶은 사람이 된다.

성인 세계의 강한 압력에 대처하고 심지어는 그것을 즐기기 위한 최고의 준비는 아이가 준비를 마치기 전에는 압력을 경험하지 않는 것이다. 그 반대로 자신감, 낙관주의, 희망의 힘을 키울 기회를 얻어야 한다. 아이들은 특별하고 느긋한 여름날 아침, 즉 우리가 어린 시절이라고 부르는 기나긴 아침에 그것들을 천천히 쌓아야 한다.

나는 5단계를 설명하는 각 장의 말미에 해당 단계를 잘 거칠 수 있는 실천 방법을 제안했다. 유대에 관해 더 자세히 소개한 13장에서는 특정한 유대의 종류를 설명하고 각각의 유대를 쌓기 위한 실천 방법을 제시해 놓았다.

다음은 놀이에 관한 실천 방법이다.

● 놀이의 의미와 그것이 아이들(과 어른들)에게 얼마나 중요한지 이해해라. 농구 연습을 할 때 마지못해 시늉만 하는 아이는 놀이에 참여하고, 나무 아래서 친구와 앉아 쉬는 아이는 놀지 않는다고 생각

하는 실수를 범하기 쉽다. 농구 연습에 매달리는 아이는 지시받은 것을 억지로 하고 있으며, 나무 밑에서 친구와 쉬는 아이는 가장 획기적인 우주선에 대한 영감을 떠올리고 있을지도 모른다.

● 놀이를 할 시간을 주어라. 바쁜 일정에서 시간을 조금씩 빼내야 한다면 그렇게 해라. 아이(와 어른)에게는 놀 수 있는 자유 시간이 필요하다. 일정표에 아무것도 없는 시간, 즉 어디에 가거나 무엇을 하지 않아도 되는 시간이 필요하다.

● 전자 기기 사용 시간을 제한해라. 자유 시간을 정해 놓으면 아이들은 닌텐도나 채팅, 혹은 문자 메시지를 주고받으며 시간을 채울지도 모른다. 그런 시간을 금지하는 것보다는 제한하는 것이 좋다. 우리 집에서는 '전자 제품(텔레비전, 비디오, 컴퓨터, 닌텐도) 사용 시간'이 평일은 하루 한 시간, 주말은 두 시간으로 정해져 있다. 그리고 나머지 자유 시간은 아이들이 스스로 재미있는 것을 하거나, 친구를 찾아 놀거나, 새로운 놀이를 생각해 내거나, 책을 읽거나, 상상력을 이용한 즐거운 놀이를 하며 보내게 한다. 우리 아이들은 아마 그 시간이 하루 중 가장 중요한 시간이라는 사실을 잘 모를 것이다.

● 자유롭게 놀 시간을 줄이는 과외활동으로 아이들을 혹사시키지 마라. 아이들은 마냥 빈둥거릴 시간이 있어야 한다. 조심하지 않으면 아이들에게 좋은 것들을 과하게 줄 수 있다. 강습(바이올린, 축구, 컴퓨터 기술, 히브리어 등), 미리 정해진 흥미로운 활동이 너무 많다. 그 결과는 너무 많은 자극을 받는, 스스로 생각하지 못하는 아이를 만들어 낸다.

● 스포츠는 놀이를 하기에 아주 좋은 환경을 제공하지만 유소년

스포츠를 심한 압박감을 주는 경쟁 도구로 만들지 마라. 유소년 스포츠와 학교에서 하는 모든 운동은 재미를 느끼는 장이어야 한다. 그곳에서 어른이 되어 느낄 분노나 후회가 아닌 행복해지기 위한 뿌리를 심어야 한다. 협동심, 팀에 대한 기여, 협력, 양보, 희생, 자신보다 더 유능한 사람들과 잘 지내는 법, 품위 있게 이기고 지는 법 등 인생 교훈을 배우는 장소가 되어야 한다. 팀이 승리하고 패배한 기록은 인생 교훈 목록에서 가장 중요하지 않은 항목이다.

● 어른으로서 노는 방법을 다시 배워라. 마당으로 나가거나 바닥에 주저앉아 마음이 가는 대로 내버려 두어라. 재미있는 소리를 만들거나 재주넘기를 해 봐라.(그런 것들을 언제 마지막으로 해 보았는가?) 천진무구해져라.(명랑해져라.) 놀이를 만들어라.(자기 자신을 방치하면 저절로 된다.) 놀이 방법을 다시 배우고 있으면 아이들도 그 놀이를 좋아하게 될 뿐만 아니라 생활의 모든 면, 특히 사랑과 일에서 당신에게 도움이 된다.

● 아이들이 혼자 놀 수 있는 공간을 찾아라. 가능하면 울타리가 있는 뒤뜰이 가장 좋다. 아니면 집 밖도 괜찮다. 예전에는 으레 엄마나 할머니가 창밖으로 눈길을 고정시키고 모든 아이가 안전하게 놀고 있는지 살펴보았다. 하지만 그런 동네는 노는 날짜가 따로 있고 친구가 멀리 사는 현대식 동네로 탈바꿈했다. 그래서 창의력을 발휘해 아이들이 어느 정도 편하고 안전하게 놀 수 있는 장소를 찾아야 한다. 공원도 좋고, 야영을 하거나 팀을 만들어도 좋다. 어른들이 근처에서 살필 수 있는 파티도 괜찮다.

● 아이가 다니는 학교가 놀이의 가치를 이해하는지 확인해라. 어

떤 학교에서는 공부에 더 많은 시간을 할애해서 표준화 시험 점수를 올리기 위해 휴식시간을 없애고 있는데, 그렇게 하지 못하도록 해라. 아이들이 공부에 가장 좋은 정신 상태를 갖도록 규칙적으로 놀고 운동해야 한다는 점을 학교가 알고 있는지 확인해라.

● 가족이 유머가 있는 활기찬 생활을 하게 해라. 유머는 놀이다. 아이에게 웃음을 찾아 주는 것은 놀이를 찾아 주는 것과 같다. 웃음과 놀이가 있으면 우울, 불안, 두려움을 그다지 많이 느끼지 않는다고 밝힌 연구들이 있다.

● 이제 직접 실천 방법을 만들어 봐라. 아이들, 당신 자신, 가족의 생활에 놀이를 불러들일 실질적인 방법을 생각해라. 당장 물건을 하나 숨겨 놓고 저녁을 먹고 난 뒤에 그 물건을 찾아내는 놀이를 해도 좋을 것이다. 아니면 저녁식사를 마치고 이렇게 말해 봐라. "모두 밖으로 나가 풀밭에 누워 하늘을 보자."(이왕이면 여름이 좋겠지만 눈 위에 누워도 된다.) 저녁 먹은 뒤에 단어 만들기 게임을 해도 좋다. 아이들과 숨바꼭질을 하면 어떨까? 볼링장에 데려가면 어떨까? 마지막으로 볼링을 한 때를 기억하는가? 아이들과 함께 낚시를 가도 좋다. 이번 여름에는 나도 낚시를 갈 생각이다. 나는 형편없는 낚시꾼이지만 최근에 다 함께 낚시를 하러 가서 아이들 모두 무척 좋아하는 것을 보았다. 그래서 둘리틀 호수의 빌린 오두막집에서 지내며 (낚시하는 방법은 잘 모르지만) 아이들에게 간소한 낚싯대를 하나씩 사 주고 낚시를 하러 갈 생각이다. 이것도 놀이다. 즐거움을 느끼기 위해 꼭 전문가가 될 필요는 없다.

9

연습:
놀이에서 성취로 가는 길

으악.

연습과 그 사촌인 훈련에 대해 우리가 흔히 보이는 반응이다.

나는 이 장에서 연습과 훈련에 관한 완전히 다른 철학을 소개하려고 한다. 이 철학은 '성공하고 싶으면 열심히 공부하라' 는 구시대적인 훈계에서 탈피해 부모와 아이들이 그 말들을 열정을 갖고 쓰도록 해 준다.

아동기와 성인기의 행복에 관한 과학적인 연구들은 항상 자기 자신과 환경을 통제하고 있다는 느낌을 갖는 것이 중요하다고 강조한다. 통제 감각을 기르기 위한 가장 좋은 방법은 연습이다. 연습은 성취로 연결되는데, 이는 우리가 적어도 어느 정도는 자기 자신의 인생을 통제할 수 있음을 말해 준다.

더욱이 체계와 훈련은 재능을 펼칠 계기를 마련한다. 얼마나 많은 어른이 자기 발전을 위한 체계를 세우거나 훈련을 하지 않아서 숨은 재능을 발휘하지 못하는지 모른다.

체계와 훈련은 자유 시간을 찾아주기도 한다. 숙제를 체계적이고 계획적으로 마칠 수 있다면 전화 통화나 바깥 놀이를 할 시간이 더 많아진다.

하지만 그런 개념을 아이들에게 어떻게 전달할 것인가?

괜히 어렵게 만들지 말고 체계와 훈련이 자유 시간을 벌고 재능을 키울 수단이라고 설명해라. 그게 더 정확하고 설득력 있다.

어른들은 연습이나 훈련 같은 문제를 다루면서 꼭 찬물을 끼얹는다. 어떤 부모는 아이 손을 맞잡고 방 청소를 하면 어떻겠냐며 간곡히 부탁한다. 아니면 스파르타식 육아법을 읽고 내 아이는 절대 망치지 않겠다는 불타오르는 신념으로 소매를 걷어 붙이고 집을 신병 훈련소로 만드는 부모도 있다.

미안하지만 둘 다 별 효과가 없다. 그동안 나는 나와 아이들의 인생에서 훈련에 대한 생각을 바로잡으려고 노력했다. 그것은 어린 시절의 느긋한 즐거움을 없애는 끔찍한 생활 요건이 아니라 실제로 그렇듯이 인생을 자유롭게 해 주는 효과적인 도구다.

부모(교사와 코치)는 연습과 훈련을 긍정적으로 바라보는 것이 중요하다. 그렇지 않으면 분위기에 찬물을 끼얹는 사람, 훈계만 늘어놓는 사람, 노상 꾸중하는 사람이 되고 만다.

한 가지 기본적인 사실을 이해하고 믿으면 연습과 훈련을 열심히 응원하고 싶어진다. 그것은 연습과 훈련이 놀이와 성취를 이어 준다는 사실이다. 아이들은 그 사실을 머리로 이해하지는 못해도 늘 경험한다. 어른도 마찬가지다.

놀이를 할 때 우리는 흔히 좋아하는 것을 찾는다. 그것을 좋아하기 때문에 계속해서 하고 싶어 한다. 예를 들면, 아기는 엄마와 손바닥을 마주치거나 까꿍 놀이를 한다. 열 살짜리 아이는 농구를 하고, 십 대 아이는 일기를 쓰거나 면허를 따자마자 차를 운전한다. 무엇을 되풀이하는 것을 두고 우리는 연습이나 훈련이라고 부른다. 그것은 시간이 지나면서 성취로 이어진다. 그래서 연습과 훈련은 놀이와 성취를 이어 주는 다리다.

훈계를 하는 것보다 그 과정을 반복하게 해 주는 것이 훨씬 더 효과적이다. 다른 아이와 교감하며 놀게 하고, 좋아하는 것을 찾아 연습한 뒤에는 성취감을 맛보게 하고 인정받게 해라. 이 과정이 반복되는 동안 연습과 훈련의 뿌리가 자라기 시작한다. 아이들이 규칙을 지키거나 연습을 하라는 잔소리에 시달리게 해서는 안 된다.

부모나 CEO는 연습과 훈련의 중요성에 대해 아이들(이나 어른들)을 훈계하면서 각자 역할에 충실하고 있다고 생각할지도 모른다. 하지만 그게 오히려 역효과를 일으키기 쉽다. 훈계에 귀를 기울일지는 몰라도 다시 연습하고 싶은 마음은 사라진다.

연습하는 습관은 놀이를 통해 자연스럽게 성장한다. 오래 지속되는 연습과 훈련은 죄책감, 두려움, 단순한 순종보다 열정, 욕구, 강한 애착에서 더 많이 생겨난다.

영어 단어 'discipline(훈련)'은 'disciple(그리스도의 제자)'과 같은 어원에서 파생했다. 그리스도의 제자들이 두려움이나 죄책감이 아니라 열정과 열의로 가진 것을 모두 희생하고 그리스도를 따르기로 선택한 것처럼, 행복하게 훈련받은 아이나 어른은 두려움이나 죄책감이 아니라 욕심과 열정으로 연습하고 희생한다.

나를 예로 들어 보겠다. 여러 면에서 나는 훈련되지 않았다. 과식, 과음도 모자라 잠이 너무 많고 경제관념도 없다. 살을 뺐다가 도로 찌우기 일쑤고, 텔레비전에 넋이 빠져 있는가 하면, 툭하면 전화나 이메일에 답신하는 것을 잊어버린다. 늘 늦어서 시간에 쫓겨 다니고, 주차 위반 벌금을 내는 시기를 놓치고, 물건을 잘 잃어버린다.(특히 펜과 우산을 잘 잃어버린다. 프로이트 학파여, 기뻐하시라!)(오스트리아의 심리학자인 지그문트 프로이트는 펜과 우산, 막대기 등 길게 생긴 물건이 남근을 상징하며, 그런 물건의 분실은 곧 남성성의 분실이라고 해석했다.—옮긴이) 어디 그뿐인가. 어떤 계획을 시작은 해도 끝까지 완수하지 못하고, 생산적인 일은 하지 않고 허공만 멍하니 쳐다본다.

이래저래 나는 전혀 훈련되지 않은 사람이다.

그러나 나는 내가 좋아하는 분야에서는 극도로 훈련되어 있다. 아내와 아이들과 많은 시간을 보내고, 환자를 치료하는 데 훈련되어 있다. 강의와 세미나, 스쿼시에 훈련되어 있다.(아주 잘하지는 못한다.) 몇몇 친구와 멀어지지 않으려고 짬을 내어 만나는 데 훈련되어 있으며, 완벽하지는 않지만 교회에 다니는 것에도 훈련되어 있다.

나는 어떻게 이처럼 훈련되어 있는 동시에 훈련되지 않을 수 있을까?

실은, 내가 좋아하는 것에는 훈련되어 있고 좋아하지 않는 것에는 미숙하다. 나는 가족과 글쓰기와 정신과 의사의 일, 강의와 세미나,

친구들과의 스쿼시, 교회를 좋아한다. 오랫동안 계속되는 연습은 대개 어떤 행위에 대한 사랑, 그것을 더 잘하거나 적어도 다시 해 보려는 욕심에서 출발한다.

유대는 놀이로, 놀이는 연습이나 훈련으로 이어진다. 놀이를 통한 유대와 연습을 거쳐 성취와 인정에 이르기까지 아래에서 위를 향한 훈련을 계속한다면 아주 많은 부분에서 훈련되지 못한 나 같은 사람의 내면에도 훈련된 인격이 형성된다. 반대로 위에서 아래로 내려오는 훈련, 다시 말해 내가 명령했으니 행해야 한다는 방식에 지나치게 의존하는 것은 그야말로 복종이랄 수밖에 없다.

당신은 이렇게 말할지도 모른다. "그렇지만 양치질과 방 청소는요? 그걸 좋아서 하는 사람은 아무도 없다고요!"

사실 아이들의 경우에는 그 말이 맞다. 그러나 이를 닦거나, 머리를 손질하거나, 손톱을 깎는 것처럼 자신을 위해 하는 행위는 자신을 잘 돌보고 싶은, 자신에 대한 관심의 표현이다. 방 청소를 하는 것도 자기 보살핌, 질서에 대한 사랑에서 나올 수 있다. 정말로 질서정연한 것을 좋아하는 사람들이 있다. 그들은 방 청소를 하면 기분이 좋아진다. 아무 관심도 없는 사람들도 있다. 그런 사람들은 아이든 어른이든 자기 방을 잘 청소하지 않는다.

당신은 또 이렇게 물어볼지도 모른다. "내가 좋아하는 것(질서)과 아이가 좋아하는 것(무질서)이 일치하지 않으면 어쩌죠? 사랑과 열정에 바탕을 둔 훈련은 어떻게 시키는 거죠, 잘나신 의사 선생님?"

당신은 '내가 해야 한다고 말하니까 이걸 해야 해.' 식의 낡은 훈련의 개념에 매여 있다. 많은 부모가 일반적으로 그렇게 말할 것이다. 하지만 남이 원해서 시작된 훈련은 오래가지 않는다.

루시, 잭, 터커는 적어도 아직까지는 질서정연한 것을 좋아하지 않는다. 시키지 않으면 절대 방 청소를 안 한다. 수는 방이 심하게 지저분하면 아이들에게 청소를 하라고 시킨다. 청소할 때 우리는 대개 루시보다는 터커를 더 많이 돕는다. 잭은 그 중간이다.

루시, 잭, 터커는 '부탁해요', '고마워요' 라는 말을 하면서 태어나지는 않았다. 그래서 우리 부부는 그런 말들을 가르쳐야 했고 지금도 잊지 않도록 일러 주어야 한다. 우리 아이들은 처음 만나는 사람의 손을 꼭 쥐고 악수를 하고 상대의 눈을 바라보는 법을 알고 태어나지 않았다. 그래서 우리 부부는 그것을 가르쳐야 했고 지금도 그렇게 하도록 가르치고 있다. 식탁 예절, 적절한 옷차림, 등교 준비를 계획적으로 하고 숙제를 하는 것 등에 대해서도 마찬가지다.

나는 예절, 정리정돈, 시간 지키기, 책임감 등을 가르치고 강요하는 역할을 포기하라고 말하고 싶지 않다. 있는 그대로 방치하라고 말하고 싶은 마음도 없다. 그 반대다. 나는 우리 아이들이 위에 나열된 것들뿐만 아니라 그 이상을 하도록 다그친다. 하지만 아이들이 유대적인 어린 시절을 보내는 경우에는, 연습과 훈련이 놀이와 성취를 연결해 주는 다리로 자연스럽게 발전할 수 있다는 점을 말하고 싶다.

특정한 행동 기준을 따르도록 유도하고 그게 안 되면 야단치는 것이 부모의 역할이다. 밖에서 저녁을 먹을 때 손가락이 아닌 포크를 사용하거나 '죄송합니다', '고맙습니다' 라고 말하는 것처럼 시간이 지나면 그런 기준들은 습관이 된다. 그런 사소한 문제들이 시민의식이라는 중요한 덕목이며, 대부분의 아이들은 그것을 저절로 습득하지 못한다. 다른 사람과의 원만한 관계는 평생의 행복을 좌우하는 열쇠다.

그처럼 사소한 것들을 가르칠 때는 체계가 필요하다. 집 안에서의 규칙, 식탁에서의 규칙, 게임 규칙 등 갖가지 규칙이 있어야 한다. 또, 계획을 세워 이런저런 것들을 할 시간을 정해야 한다. 악수를 할 때 상대의 눈을 바라보고, 다른 사람의 집을 나올 때는 "안녕히 계세요."라고 말하고, 식사 전에 손을 씻는 것 같은 예의도 가르쳐야 한다. 이런 체계들 중에서 열정, 사랑, 욕구, 열의에서 시작되는 것은 하나도 없지만 행복한 인생에는 적어도 어느 정도의 체계가 필요하다.

아이들은 체계를 좋아한다. 35년간 아이들을 가르친 데리 던엄은 내게 이런 말을 했다. "체계는 자유를 줍니다. 아이들은 규칙과 시간표, 옳은 길과 그른 길이 있다는 것을 알고 싶어 하죠. 나는 그런 사실을 항상 확인합니다. 정해진 규칙에 따라 생활하는 아이는 더 행복해지고 건강해지며 자기가 하는 모든 것에서 성공하기 쉽답니다."

따라서 체계, 규칙, 계획, 예절 등의 훈련은 위에서 아래로 흐르고, 책임을 맡은 사람의 지시를 받고, 단순한 권고를 넘어 강제되어야 한다. 대개 그것은 아래에서 위로 흘러가지 않는다.

하지만 그와 동시에 부모들은 체계를 연습과 훈련이라는 더 큰 도구의 일부로 생각하고, 고된 노력이 꼭 힘들기만 한 것은 아니라는 점을 알아야 한다. 실제로 오랜 시간에 걸쳐 가장 훈련이 잘된 일은 그 일에 대한 사랑에서 출발한다. 그것은 개인으로 하여금 자발적으로 희생하고 고통을 견디게 한다.

우리 아이들의 생활에서 두 가지 예를 들어 보겠다.

잭은 여덟 살이 되어서야 축구를 몹시 좋아하기 시작했다. 여섯 살에 축구를 시작했지만 여덟 살이 될 때까지는 그다지 관심이 없었다. 아마 친한 친구인 노아가 축구를 좋아해서 더 열심히 하게 된 것 같다.

그 무렵 잭은 자꾸 숨이 찼다. 운동장을 가로질러 뛰고 나면 다른 아이들보다 숨을 고르는 시간이 더 오래 걸렸다. 그때는 나도 몰랐는데, 더 열심히 하면 점점 더 나아질 거라고 잭에게 말해 준 어른들이 있었다. 그래서 잭은 최대한 자신을 혹사시켰지만 다른 아이들보다 숨이 더 차는 건 여전했다.

어느 날 저녁, 퇴근길에 인도 위를 뛰어가는 남자 아이 하나가 보였다. 차를 가까이 몰고 가 보니 아니나 다를까 잭이었다. 나는 차의 속도를 줄이고 창문을 내린 다음 잭 옆으로 차를 대고 뭘 하느냐고 물었다. 잭은 달리기를 멈추지 않고 헐떡거리며 대답했다. "지구력을 기르려고 동네를 돌고 있어요."

달리기를 끝내고 집으로 돌아온 잭은 다른 아이들보다 숨이 더 찬다는 이야기를 자세하게 들려줬다. 우리는 잭의 호흡 기능이 왜 그렇게 떨어지는지 알아보기 위해 병원에 갔다. 의사가 낭포성섬유증(호흡기관과 위장관에 진하고 끈적끈적한 점액 분비물이 달라붙어 있는 증상이 나타나는 유전성 대사장애) 검사를 하자는 바람에 깜짝 놀랐지만 다행히 음성으로 밝혀졌다. 그러나 다른 폐 기능 검사 결과에서 문제가 발견됐다. 잭은 천식을 앓고 있었다. 그동안 진료도 치료도 받지 못한 채 자신을 혹사했던 것이다. 천식 치료가 끝나자 잭의 호흡 기능이 눈에 띄게 좋아졌다.

나는 여덟 살 난 잭이 호흡을 단련하겠다고 인도를 뛰어다니던 모습을 결코 잊지 못할 것이다. 축구를 더 잘하겠다는 욕심에 연습이 끝나고도 동네를 돌았다. 어디 그뿐인가. 많은 아이에게 축구 포기 사유가 될 만한 신체적 장애를 갖고 있으면서도 자신을 혹사했다. 잭에게 동네를 한 바퀴 돌고 오라고 말한 사람은 아무도 없었다. 잭은 더 열심히 노력하면 더 잘할 수 있다는 말을 믿었을 뿐이다. 그래서 더 열심히 노력했다. 그게 바로 어떤 것에 대한 사랑, 더 나아지고 싶은 욕심에서 출발하는 훈련이다. 그것은 오래 계속된다.

우리는 잭에게 그런 훈련에 대해 특별히 가르친 적이 없다. 그것은 축구를 더 잘하고 싶은 욕심에서 자연스럽게 나왔다. 축구를 해도 된다는 사실, 도전할 용기를 주는 유대감에서 자연스럽게 흘러나왔다.

물론 잭은 자기 방을 청소하는 문제에 있어서는 그런 노력을 보여주지 않았다. 그것만큼은 우리가 시키고 요구해야 했다.

다른 예로, 루시는 6년 동안 바이올린을 배우고 있다. 제일 친한 친구가 바이올린을 배우고 있었기 때문에 여섯 살 때 교습을 받기 시작했다. 우리 부부는 오직 친구가 하기 때문에 바이올린을 배우고 싶어 한다는 생각에 처음에는 배우지 못하게 했다. 하지만 루시가 열심히 하겠다며 계속 졸라대는 통에 하는 수 없이 허락했다.

지금 루시는 열두 살이고 바이올린을 정말 좋아한다. 하지만 연습은 끔찍하게 싫어한다. 스스로 달리기를 할 정도로 훈련을 하겠다는 의지가 자연스럽게 우러나온 잭과는 달리 루시는 우리가 연습을 채근해야 한다. 루시는 일단 연습을 시작하면 정말 좋아하고 바이올린 연주를 즐긴다. 우리가 그만두고 싶지 않냐고 물어보면 항상 아니라고 대답한다. 하지만 연습할 시간이 되면 싫다고 할 때가 있다. 그럴 때는 일단 시작하면 즐기는 성격을 이용해서 우리가 연습을 유도한다.

따져보면 수와 나는 미식축구의 코치처럼 행동하고 있다. 미식축구 선수들은 팀에 들어가려고 자발적으로 경쟁하지만 훈련과 반복된 연습은 싫어한다. 코치는 그런 선수들을 몰아붙여야 한다. 선수들은 언제든 팀을 그만둘 수 있지만 계속 선수로 남고 싶다면 코치가 연습에서 혹독하게 요구하는 것을 견뎌야 한다.

그럴 때는 훈련에 외부의 자극이 필요하다. 루시가 언제든 바이올린을 그만둘 수 있지만 계속하기를 바란다면(루시는 바이올린을 연주할 수 있다는 것 자체를 정말 좋아한다.) 수와 내가 연습 과정을 확인해가며 도와주어야 한다고 생각한다.

연습은 놀이에서 성취로 가는 다리를 놓지만, 그것이 느리고 고통스러울수록 하기가 더 힘들어진다. 부모, 교사, 코치로서는 외적인 재촉을 얼마나 해야 하며, 아이에게는 얼마나 맡겨 놓아야 하는지 결정하기가 무척 어렵다.

부모, 교사, 코치가 자신의 이기적인 동기로 아이를 몰아붙이지 않는다는 확신만 갖고 있다면 강압적인 자극은 아이로 하여금 정말 이루고 싶은 어려운 목표를 달성하도록 도와준다.

대체로 아이가 꾸준히 흥미를 느끼고 작은 관심이라도 있는 것 같다면 속으로는 자신의 연습을 도와주고 열심히 하라고 재촉해 주기를 바라고 있을지도 모른다.

　아이가(혹은 어른이) 성취감을 맛보면 외적으로 자극할 필요성은 완전히 사라지지는 않더라도 확연히 줄어든다. 다이어트를 할 때 처음 몇 킬로그램이 빠질 때 느낀 것 같은 성취감은 그 무엇보다 훌륭한 자극제다.

　당신의 자녀가 연습과 훈련의 습관을 들여 행복으로 가는 길에 올라서도록 도와줄 방법을 몇 가지 소개한다.

- 당신의 어린 시절을 되돌아봐라. 당신에게 효과가 있었던 것과 없었던 것은 무엇인가? 당신이 저지른 실수와 똑같은 실수를 자녀들에게 저지르지는 않는가? 효과가 있었던 것을 실천하려고 노력해라.
- 마음을 느긋하게 먹어라. 아이들이 어지럽히는 건 당연하다. 그게 오히려 좋을 수 있다. 어린 아이에게 질서를 최우선순위로 강요해서는 안 된다. 자녀의 놀이 공간에 회사 직원의 책상과 똑같은 기준을 적용하지 마라.
- 훈련이 자유 시간, 성취, 성공의 지름길이라고 말해라. 아이들이 이해할 수 있는 말로 설명할 방법을 궁리해 봐라. 먼저 당신이 진정으로 믿는지 충분히 생각해라. 안 그러면 중고차 판매상이 하는 말처럼 들릴 뿐이다.
- 아이들이 존경하는 성공한 사람들이 얼마나 열심히 노력해서 목표를 이루었는지 설명해라. 그런 다음 그 사람들이 열심히 노력한

것은 특별히 운이 좋아서가 아니라 성취했을 때의 기분이 좋아 계속 반복했기 때문이라고 설명해라.

- 연습과 규율에 대한 당신의 콤플렉스를 아이들에게 전달하면 안 된다. 깔끔한 것에 집착하는 성격이라면 도를 넘지 않도록, 가족에게 영향을 주지 않도록 노력해라. 반면에 선천적으로 게으름을 타고났다면 그것을 문제로 인정하고 잡동사니에 익숙해진 아이들이 그런 상태를 당연하게 생각하지 않도록 노력해야 한다.

- 계획에 관한 조언을 해 주고 아이들이 각자에게 효과가 있는 방법을 결정하도록 도와라. 시간 관리가 문제라면 직접 적는 일정표, 알람시계 등의 도구를 활용해라. 악기 연습이 문제라면 그냥 다그치지만 말고 문제가 무엇인지 알아내려고 노력해라. 음악 교사나 문제가 있는 분야의 교사에게 도움을 구해라. 아이가 우선순위를 정하고 계획을 짤 수 있는 능력을 갖추도록 도와라. 많은 아이에게 그런 것이 자연스럽게 찾아오지는 않는다. 그러니 플래시 카드, 목록 등 그동안 배운 기억을 되새기는 요령을 알려 주고 아이가 선택하게 해라. 부모가 가지고 있지만 잘 잊어버리는 최고의 도구는 아이들이 부모의 행동을 모방한다는 것이다.

- 운동장, 수업, 놀이 등 어떤 활동이든지 학교에서 한 것을 집에서 보강해라. 가능하다면 당신의 자녀와 함께 시간을 보내는 다른 어른들과 대화를 해 보고 훈련과 연습에 대해 같은 접근 방식을 이용해라.

- '게으름뱅이', '굼벵이', '패배자' 같은 말을 사용하지 마라. 그런 말을 들은 많은 사람은 자신이 훈련을 받기에 필요한 자질이 부

족하다고 생각하며 너무 일찍 포기한다. 훈련의 열쇠는 고통을 감내할 가치가 있다는 점을 믿는 것이다. 부정적인 단어를 쓰지 말고 격려가 되는 말을 해라.

● 숙제에서 집안일, 예절에 이르기까지 할 일을 주저 말고 요구해라. 가끔은 단순히 밀어붙이는 것도 필요하다. 유머를 섞어서라도 꼭 하게 해야 한다. 아이들은 목표를 원하며, 그것을 이룰 때까지 계속 노력할 것이다.

● '너무 많은 훈련'이나 '오랜 연습'이 필요하다는 말로 아이가 어떤 것을 회피하게 만들지 마라. 과제가 너무 어렵다는 우울함만 느끼게 할 뿐이다. 나는 의대가 얼마나 힘들고 어려우며 얼마나 많은 훈련을 받아야 하는지 들었을 때 포기할 생각까지 했다. 늦잠 자는 걸 좋아했기 때문에 의사가 될 자질이 부족하다고 생각했다. 그런데 그게 아니었다. 일찍 일어나는 법은 누구나 배울 수 있다. 어떤 것을 하고 싶다면 얼마든지 할 수 있다. 당신의 자녀들에게 그런 태도를 가르쳐야 한다.

10

성취:
최고의 동기 부여

　연습과 훈련으로 힘들게 만든 다리를 지나면 성취라는 근사한 나라에 도착한다.

　한번 그곳에 갔다 오면 다시 가고 싶어진다. 성취를 맛보면 여러 번 느끼고 싶어진다. 당신은 자신이 할 수 있으리라고 생각하지 못한 것을 처음 해냈을 때를 기억하는가? 내게는 그것이 자전거 타기였다. 사촌 제이미가 자전거 타는 방법을 가르쳐 주었다. 열 번째쯤인가 제이미가 자전거를 잡은 손을 놓았을 때의 기분을 지금도 잊을 수 없다. 나는 넘어지지 않았고, 그때부터 자전거를 타고 또 탔으며 어른이 될 때까지 계속 탔다.

　성취와 그것을 다시 경험하고 싶은 욕구는 아이를(어른도 마찬가지다.) 뒷걸음치며 두려워하는 초보자에서 적극적인 참여자로 변화시킨다. 부모, 교사, 코치가 세워야 할 목표는 아이가 성취를 경험할 수 있는 분야를 찾은 다음 강력한 성취를 느끼게 하는 것이어야 한다.

성취는 훌륭한 자극제다. 사람은 으레 자기가 잘하는 것을 하고 싶어 하기 때문이다. 내 딸이라면 분명 '지당한 말씀!' 이라고 했을 것이다. 하지만 우리는 그런 중요하고 명백한 사실을 곧잘 잊어버린다. 그러고는 아이가 열정적으로 몰입하지 못하는 것은 나쁜 태도나 게으르고 어리석은 행동 때문이라고 단정 짓는다.

아이들을 가장 주저하게 만드는 것은 일을 망칠지도 모른다는 두려움이다. '난 못해. 바보가 되고 싶진 않아.' 라고 말하고 싶은 기분이다. 두려움은 사람을 무능력하게 만든다. 두려움은 아이들(그리고 어른들)이 자신의 잠재력을 깨닫지 못하게 막는다.

성취감을 많이 느낄수록 새로운 활동이나 과제를 시작할 때 생기는 두려움에 굴복하는 일이 줄어든다. 더 많은 성취를 경험할수록 자신감이라고 불리는 '감정의 근육' 이 더 강해진다. 두려움, 수줍음, 자기 불신의 최고 해독제는 성취감이다. 성취는 훌륭한 자극제일 뿐만 아니라 훌륭한 자존감 촉진제이기도 하다. 성취의 기억은 처음에 목표에 미치지 못했더라도 재도전을 포기하지 않게 해 준다.

부모, 교사, 코치가 흔히 저지르는 실수는 아이들을 유도하지 않고 덮어놓고 잘하라고 요구하는 것이다.

나는 훌륭한 스승은 다른 사람을 성취에 이르도록 이끌어 주는 사람이라고 정의한다. 최고의 부모는 훌륭한 스승이다. 어떤 목표를 이루는 것보다 더 큰 기쁨이 있다면 그것은 아이를 목표로 이끌어 주는 기쁨일지도 모른다.

부모에게는 매일 여러 가지 방법으로 그것을 할 기회가 주어진다. 신발 끈을 묶으라고 말해 주는 것부터 손톱을 깎는 것에 이르기까지 우리가 당연하게 하는 사소한 일들 모두 아이에게 처음에는 낯설고 불가능해 보인다. 아이는 그런 일들을 좌절과 심지어는 수치의 원인으로 받아들일지도 모르지만 부모가 잘만 인도한다면 성취와 기쁨의 원인으로 바뀔 수 있다.

언젠가 루시에게 손가락을 튕겨 '딱' 소리를 내는 방법을 가르친 적이 있다. 루시는 내가 하는 것을 보더니 며칠 동안 계속 연습을 했다. 마침내 일주일이 지나기도 전에 손가락 튕기기 선수가 되었다. 그리고 몇 달쯤 지나서야 밤낮으로 손가락으로 소리를 내는 것을 그만두었다.

5단계 주기의 첫 단계를 시작해서 성취에 도달할 때마다 한창 자라는 자신감과 자존감의 근육에 힘줄이 하나 더 붙는다. 행복을 몸이라고 한다면 이것은 가장 중요한 근육이다.

어른이 아이로 하여금 5단계의 주기를 통과하도록 이끌어 주는 것은 어렵지 않다. 끈기와 시간만 있으면 된다.

그리고 무척 재미있기도 하다.

이런 일이 있었다. 몇 년 전 어느 비오는 토요일 오후에 나는 잭과 함께 집에 틀어박혀 있었다. 수와 다른 아이들이 어디로 갔는지는 기억나지 않는다. 잭과 나는 무엇을 해야 좋을지 몰라 서로를 물끄러미 바라보고만 있었다. 내가 불쑥 볼링을 하자고 제안했다. 집 근처에 볼링장이 있는데도 잭은 다섯 살이던 그때까지 볼링을 한 번도 쳐 보지 못했다. 그동안 거실 양탄자 위에서 플라스틱 공으로 플라스틱 핀을 넘어뜨리며 놀아본 게 전부인 잭은 "좋아!"라고 말하며 그 제안을 받아들였다.

내가 자란 매사추세츠 주의 케이프코드에서는 캔들핀 볼링(볼링의 한 종류로 핀이 양초처럼 생겼으며 주로 미국 북동부와 캐나다에서 즐긴다.—옮긴이)이 일반적이다. 다행히 그 볼링장에서는 캔들핀 볼링과 텐핀 볼링(우리가 흔히 얘기하는 볼링이다.—옮긴이)을 모두 할 수 있었다. 잭과 나는 캔들핀 볼링을 선택했다. 어린 아이를 가르칠 때 가장 즐거운 부분은 아이가 아직 경험하지 못했거나 호불호가 갈리지 않은 분야일 경우 부모가 가르쳐 주는 대로 따라 한다는 것이다.

나는 먼저 시범을 보이며 공을 레인 위로 굴리는 방법을 가르쳐 주었다. 잭이 자몽만 한 공을 집어 들었는데 한 손으로는 너무 크고 무거웠는지 양손으로 공을 잡고 레인의 가장자리 쪽으로 집어 던졌다. 공은 두 번 콩콩 튀어 오르더니 가장자리의 홈을 향해 굴러갔다. 이 레인에는 아이들을 위해 홈을 따라 난간이 달려 있었다. 때문에 공은 홈으로 빠지지 않고 난간에 부딪쳤다가 핀 몇 개를 쓰러뜨렸다.(홈 옆의 난간은 아이가 성공할 수 있도록 유도하는 방법을 보여 주는 훌륭한 예다.)

잭은 환호했다. 그리고 당장 다른 공을 던지고 싶어 했다. 나는 이번에는 두 손으로 공을 잡고 허리를 굽힌 다음 다리 사이에서 공을 굴리는 방법을 보여 주었다.

그 뒤 내가 계속해서 어른들이 하는 것처럼 공을 굴리자 잭은 몇 번 따라했다.

잭은 한 손으로 공을 들고는 떨어뜨리지 않으려고 손목을 위로 굽

했다. 그러고는 출발선을 향해 세 걸음을 성큼성큼 내딛더니 내가 시범을 보여 준 것과 최대한 비슷하게 공을 굴렸다.

나는 그 광경이 아직도 생생하다. 그저 함께하는 것만으로 어린 아들에게 볼링 방법을 각인시키고 있었다. 아이가 나와 비슷하게 하려고 애쓰고 있는 모습과(어른이라면 나와 똑같이 공을 굴리고 싶어 하지는 않을 것이다.) 내게 의욕을 불어넣을 수 있는 능력이 있다는 사실에 무척 감격했다.

이 예는 아이들을 성취로 이끌면서 느낄 수 있는 기쁨의 일부에 불과하다. 아이들은 부모가 잘 못하는 분야에서도 부모의 능력을 높이 평가한다.

4년이 지난 지금, 잭은 볼링을 아주 좋아한다. 아직도 약간은 나와 비슷하게 공을 던지지만 자세를 다듬어 자신의 것으로 만들었다. 아홉 살인데 나보다 볼링을 훨씬 더 잘한다.

일찍 씨앗을 뿌리면 없는 기술도 성장한다.

당신의 아이가 잘하길 바란다고 해서 그것을 아이에게 시키지 말아라. 물론 아이가 부모의 욕심을 물려받기를 바라는 것은 이해하지만 강요하는 것은 잘못이다. 대신 많은 씨앗을 심어라. 그런 다음 어떤 것이 잘 자라는지 지켜봐라. 무엇이 자라든 성취는 자신감, 자존감, 내적인 동기를 부른다.

성취와 성공

성취와 성공을 구분하는 것이 중요하다. 성취는 느낌이고 성공은 기준이다.

　보통 성취감은 성공과 함께 온다. 이처럼 성취와 성공은 어깨를 나란히 하고 있다. 하지만 그렇지 않을 때도 있다. 어떤 아이들과 어른들은 성취감 없이도 성공에 이른다. 성공으로 가는 과정을 생략하기 때문이다. 예를 들어, 대학에서 오로지 A학점을 받겠다는 목표로 쉬운 강의를 듣는다면 높은 성적을 받겠다는 목표를 달성할지는 몰라도 성취감은 그다지 크지 않을 것이다. 또 과학 프로젝트를 완성하기 위해 필요한 최소한의 양을 실행한다면 프로젝트를 완수하겠다는 목표를 달성하더라도 성취감은 별로 크지 않을 것이다.

　그러나 문제는 그보다 더 심각해질 수 있다. 어떤 사람들은 아주 특별한 것을 달성하더라도 성취감을 느끼지 못한다. 성취감을 느낄 수 있는 능력이 지나친 비난과 과도한 기대에 의해 차단되기 때문이다. 아이들에게 최선을 다하라고 요구하는 것도 좋지만 어떤 것을 능숙하게 해냈다는 기분을 느끼지 못하게 하는 것은 옳지 않다.

　아이에게 기본적인 숙제를 시키는 것만으로도 흰머리가 늘어날 지경이니 그것을 그리 큰 문제로 생각하지 않을지도 모른다. 하지만 나는 세상 사람들이 최고라고 치켜세워도 자기 일에서 자신감이나 성취감을 느끼지 못하는 성공한 어른을 많이 알고 있다. 문제의 원인은 그들이 한 번도 만족시키지 못한 부모, 교사, 혹은 코치로 거슬러 올라간다. 비판보다 칭찬을 훨씬 더 아끼는 수많은 유능한 사람들처럼, 그들은 만족할 줄 모르는 스승의 냉혹한 비판에 세뇌당해 자신에 대한 불만으로 가득 차게 되었다. 큰 성공을 거둔 사람들에게는 가장 잔인한 모순이다. 이것은 마땅히 누려야 할 기쁨이 아니라 더 많은 요구와 더 강도 높은 자기비판을 낳는다.

하지만 대부분의 사람은 열심히 일하고 도전적인 일에 최선을 다한다면 성취감을 느낄 수 있다. 성취감을 계속 느끼려면 기대치를 더 높여야 한다.

예를 들어, 자전거를 처음 배웠을 때 나의 성취감은 최고였지만 그 다음 몇 주 동안 점점 줄어들었다. 그 기분을 다시 느끼려면 자전거를 이용해 새로운 것을 시도해야 했다. 한 손을 놓고 타다가 두 손을 다 놓고 탄 다음에는 자전거가 굴러가는 동안 안장 위에 올라서는 것(이건 한 번도 해 본 적이 없다.)처럼 더 많은 것이 필요해진다.

성취감 그 자체가 보상이다. 하지만 많은 것을 달성하더라도 만족감이나 성취감을 거의 느끼지 못할 수도 있다. 그러나 성취감은 다른 사람들이 그다지 좋아하지 않는 것에서 나타나기도 한다. 나는 의대에 다닐 때 피 뽑는 법을 배우면서 커다란 성취감을 느꼈다. 채혈을 하는 방법을 아는 병원의 다른 사람들에게는 사소한 일이었겠지만 나는 기분이 무척 좋았다.

부모가 최선을 다하라고 격려하면 아이들은 성취감을 느낀다. 그것에 이어 자존감, 더 잘하려는 의욕이 뒤따른다. 행복은 성공이 아니라 점점 더 커지는 성취감에 달려 있다.

성취와 낙관주의

내가 요약한 5단계의 과정은 강력한 심리적 씨줄과 날줄로 엮여 있다. 가장 중요한 것 중 하나는 낙관주의라는 내면의 습관이다. 성취를 반복해서 경험하면 낙관적인 태도가 형성된다.

연구에 따르면 낙관적으로 키워진 아이가 행복하고 당당한 어른으로 성장할 가능성이 높다고 한다. 문제는 '어떻게 아이를 낙관적으로 키울 것인가?' 이다. 내 어머니처럼 낙관주의를, 내 아버지처럼 비관주의를 갖고 태어날 수 있다. 하지만 어릴 때 낙관적이거나 비관적으로 성장하도록 자극받을 수(실제로는 학습될 수)도 있다. 나는 아버지에게서 비관주의를 물려받았지만 어머니의 유전자와 가르침 덕분에 낙관적인 성향이 강하다.

낙관주의가 성인의 행복을 예측하는 가장 강력한 지표의 하나라는 사실이 연구에 의해 증명되었다. 우리는 낙관주의를 피상적인 것으로 생각하지만 실제로는 전혀 그렇지 않다. 낙관주의는 살아남기 위해 존재하기 때문에 비관주의와 그것의 허약한 사촌인 냉소주의보다 훨씬 더 강하다. 낙관주의가 강하지 않다면 몇 번만 실패해도 뒤로 나자빠질 것이다. 비관적이고 냉소적으로 기우는 것보다 낙관적인 태도를 유지하는 것이 훨씬 더 많은 용기와 창의성을 요구한다.

비관주의는 진퇴양난의 수렁과 같다. 손을 대면 댈수록 더 달라붙는다. 냉소주의도 마찬가지다. 당신이 비관주의와 냉소주의의 옷을 입고 있다고 할지라도 아이들을 그것들로 건드리지 않도록 조심해라. 부정적인 태도를 물려주지 않도록 노력해야 한다. 그것은 저주다.

연구 결과 낙관주의는 어느 정도 유전적으로 타고난다고 한다. 그러나 부모로서 학습된 낙관주의로 인생을 바라보게 하기 위해 해 줄 일이 아주 많다. 낙관주의는 자연적으로 타고나지 않더라도 학습될 수 있는 습관이다. 당신 자신과 아이들이 나쁜 일을 확대하거나 비극화하지 않도록 훈련한다면 적절한 시각으로 그런 일들을 바라보는 법을 배울 수 있다. 문제를 비관적이지 않고 낙관적으로 해석하는 방법을 가르쳐 주면 아이로서는 평생 받을 큰 선물을 받는 것과 다름없다.

낙관주의는 평생 지속되고 성장도 한다. 그것은 인생의 부정적인 면을 맹목적으로 부정하는 것이 아니라 문제를 해결할 방법을 찾으려는 노력을 마다하지 않으며, 상황이 아무리 나빠도 현실적인 희망이 있다고 믿는 성향이다.

낙관주의 분야를 주도하는 마틴 셀리그먼은 이렇게 말한다.

낙관주의는 어느 정도(50퍼센트 이하) 타고나는 것은 분명하지만 그렇다고 낙관주의 유전자가 존재하거나 어린 시절의 올바른 경험이 낙관주의를 형성하는 데 중요한 것은 아니다. 부모와 교사는 아이가 이루는 많은 성공이 낙관주의로 이어진다는 사실을 늘 인식해야 한다. 자신의 방식을 벗어나 아이가 성공을 연이어 경험할 수 있도록 도와주어야 한다. 그들의 적절한 인도는 아이의 낙관주의를 지탱하고 유지하며, 그런 중요한 경험들이 아이의 낙관주의를 견고하게 한다.[1]

---

1. Martin Seligman, *The Optimistic Child* (New York, Harper Perennials, 1995), 98쪽.

셀리그먼의 연구는 낙관주의는 어떤 연령에서도 학습될 수 있으며 어릴 때 배워야 가장 좋다는 사실을 증명했다. 아이가 무슨 일이 생겨도, 좋은 결과를 얻기 위해 노력하는 정신적인 태도를 훈련한다면 그것은 목표를 달성하리라는 예언과 같다. 반면에 아이가 얼마나 똑똑하고 창의적인지를 떠나 인생에서 일이 잘 풀리지 않는다고 생각하는 태도를 갖고 있다면 대개 그런 결과가 생긴다. 잘되는 일이 생겨도 그 사람은 좋은 시간을 즐기지 못한다. 다음에 일어날 나쁜 일들을 비관적인 태도로 기다리기 때문이다.

부모가 아이에게 줄 수 있는 좋은 선물들 중 하나가 낙관주의라면 그런 성향이 없는 부모는 어떻게 해야 그것을 선물할 수 있을까?

아이와의 긍정적인 관계를 통해 낙관적인 태도를 쌓아 나가야 한다. 당신은 어렸을 때 많은 관심을 받지 못했지만 자녀에게는 관심을 기울일 수 있다. 당신이 갖지 못한 것을 줄 수 있다는 것이다. 다행히 낙관적인 성향을 갖고 있다면 자녀에게 물려주기 위해 노력해라. 유대는 저절로 일어나지 않는다. 시간을 내어 정원에 물을 주어야 한다.

누군가와 밀접하게 연결되어 있고 무조건적으로 사랑받는다고 생각하는 아이는 기본적인 신뢰감과 안정감을 갖게 되는데, 그런 감정들은 자연스럽게 새로운 것을 시도하는 것이 안전하다는 느낌으로 이어진다. 이것이 놀이로, 연습과 성취로 이어진다. 반복된 성취의 경험은 낙관주의와 자신감으로 이어진다. 하지만 처음에 유대가 없다면 성취의 중요한 경험도 그다지 자주 일어나지는 않는다.

캔자스 주 로렌스에 있는 캔자스 대학의 심리학과 교수 C. R. 스나이더 박사는 저서 『희망의 심리학: 이곳에서 저곳으로 건너가라*The Psychology of Hope: You Can Get There from Here*』에서 아동의 희망과 낙관주의에 기여하는 세 가지 요소에 대해 설명했다. 첫 번째 요소는 목표, 두 번째 요소는 의지력, 혹은 목표를 달성하기 위해 필요한 에너지다. 그리고 세 번째 요소는 스나이더가 이름 붙인 'waypower(수단력)', 혹은 많은 길이 있어도 마음에 품은 목표에 도달하는 방법을 찾을 수 있다는 내면의 느낌이다.

목표는 아이들에게 자연스럽게 찾아온다. '과자 먹고 싶어.', '커서 우주비행사가 될 거야.' 같은 것이다. 그러나 의지력과 긍정의 힘은 유대, 놀이, 연습, 성취의 기억에 달려 있다. 유대가 끈끈한 아이일수록 더 자연스럽게 나머지 단계로 이어진다.

내 딸 루시가 어렸을 때 받은 검사 중에서 내가 가장 신경을 쓴 것은 내가 직접 한 검사였다. 그것은 마틴 셀리그먼의 『낙관적인 아이』라는 책에 나오는 검사로, 한 아이가 얼마나 낙관적이거나 비관적인지 측정하는 것이다. 그의 연구를 보조한 나딘 캐슬로우 박사와 리처드 탄넨바움 박사는 이 검사법을 개발해 어린이 수천 명을 대상으로 실시했고 통계적으로 그 유효성을 입증했다. 이는 직관만으로 검증하는 것보다는 더 신뢰성이 있는 평가다. 이 검사는 8세에서 13세 아동을 대상으로 하며 정해진 검사 시간은 약 20분이다.

어느 날 나는 열두 살인 루시에게 네가 앞으로 어떻게 살게 될지 아는 데 도움이 될 질문을 몇 개 해도 좋은지 물었다. 루시는 좋다고 대답했다. 내가 셀리그먼의 책에 나오는 질문을 하는 동안 루시는 바닥에 누워 종이에 낙서를 하고 있었다. 나는 불안했지만 루시는 시종일관 재미있어 했다.

내가 불안했던 이유는 루시가 낙관주의를 몸에 익히는 것을 무척 중요하게 생각했기 때문이다. 그것은 루시의 인생에 도움이 될 터였다. 루시는 그때나 지금이나 활발한 아이지만 나는 그런 태도가 그저 겉모습에 불과할지도 모른다고 생각했다. 특히 우울증을 가진 내 가족사를 감안할 때 마음 깊숙한 곳에서는 비관적이지 않을까 궁금했다. 그래서 이 낙관주의 검사에서 나온 점수는 루시의 지능 지수, 학교 성적, 혹은 다른 학업 측정 결과보다 내게 훨씬 더 중요했다.

검사를 마치고 점수를 계산했다. 연구원으로서 캐슬로우와 탄넨바움이 개발한 이 검사법은 '늘 나쁨', '늘 좋음', '어디서나 나쁨', '개인적으로 나쁨', '(나쁜 일에 대한) 희망' 등의 항목으로 나누어져 있고 각각의 점수를 따로 매겨야 한다. 그래서 계산을 하는 동안에도 최종 점수를 종잡을 수 없었다. 내가 종이에 숫자를 끼적이고 있는 동안에도 루시는 여전히 바닥에 누워 낙서를 했다.

마침내 점수 계산이 끝났다. 나는 결과를 확인하자마자 풀쩍 뛰며 루시를 꽉 안았다. "네가 낙관적이래!" 나는 큰 소리로 외쳤다. "그냥 낙관적인 것도 아니고 아주 낙관적이라는구나!" 루시는 마치 '웬 호들갑이야?'라고 말하는 것처럼 나를 쳐다보았다. 하지만 미소를 지으며 한 한마디가 나를 웃게 했다. "잘됐네."

셀리그먼이 수집한 방대한 자료에 따르면 루시가 받은 매우 높은 낙관주의 점수는 회복력, 성공과 상관관계를 가지고 있으며 절망을 버텨 내게 해 준다.

부모가 가까이 다가가 따뜻하게 감싸는데도 아이가 클수록 비관적인 태도를 키워 가고 있다는 것을 알게 되는 경우가 있다. 그렇다고 실패한 것은 아니다. 통제할 수 없는 다른 요인들, 가장 크게는 유전자, 교사, 친구, 코치의 말과 행동, 그 사람이 사는 문화 등이 영향을 주기 때문이다. 하지만 그런 요소들이 낙관주의에 반하는 것일지라도 계속 낙관적인 성향을 가질 수 있도록 격려하기 바란다.

부모는 확고한 유대를 형성할 뿐만 아니라 본보기가 되어 아이의 낙관성을 키워 주어야 한다. 그렇다고 날아갈 듯한 기분으로 휘파람을 불거나, 노먼 빈센트 필 목사(저명한 저술가이자 '만인의 성직자'라고 불리는 동기부여 연설가)의 말을 인용하며 다니거나, 차 범퍼에 '스마일' 스티커를 붙이라는 것은 아니다. 하지만 부정적으로 생각하는 습관은 피하려고 노력해야 한다. 한 번의 나쁜 일이 평생 이어질 것이라고 확대하거나, 한 가지 문제를 심각한 재앙의 징조로 생각하거나, 하나의 단점을 자신의 무능력을 증명하는 지표로 보거나, 한 번의 좌절을 앞으로 그런 일만 닥칠 조짐으로 해석하는 습관을 버려야 한다.

자신은 말할 것도 없고 아이들을 위해 직접 본보기가 되어 적절한 낙관주의를 가르쳐라. 합리적인 낙관주의는 문제에 갇히기보다는 그것을 해결하려고 노력하는 힘을 준다. 가장 좋은 지침은 마틴 셀리그먼의 『학습된 낙관주의』에 나와 있다.

낙관주의는 신비롭거나 비이성적이지 않다. 실제로는 굉장히 합리적이다. 합리적인 낙관주의는 모든 문제나 재앙 속에 숨은 진짜 기회를 보도록 이끌어 준다. 어떤 문제가 인생 전체를 점령하게 두지 않고 경계선을 긋도록 인도한다. 일자리를 잃을 때 가족에게 곧

무일푼이 된다거나 가족 모두가 허리띠를 조여 매야 한다고 말하게 하지 않는다. 지금은 한 걸음 물러났을 뿐이고 같은 상황에 처한 다른 많은 사람처럼 조만간 새로운 일자리를 구할 것이라고 말하게 한다. 합리적 낙관주의는 불합리한 비관주의에 점령당하거나 우울증에 빠지는 대신 희망을 달라고 이성에게 호소하게 한다.

아이들은 어른이 문제에 어떻게 대처하는지를 보고 배운다. 이것은 비유전적인 유산이다. 아이들은 설명을 하는 방식에서 배운다. 유전적으로 획득하지 않았더라도 부모의 태도와 행동을 보고 배운다.

감정과 태도가 가장 유동적인 어린 시절의 가마솥 안에서, 나중에 어른이 되어 즐거움을 찾아내고 유지하게 할 뿐 아니라 불행을 견디게 할 만큼의 강력한 감정과 태도가 만들어진다.

성취감은 '달성한 것'이 무엇이든 그것을 다시 하고 싶은 간절한 기분의 다른 말인 낙관주의로 이어진다.

성취를 경험했는데도 여전히 자신감이 없을 수 있다. 어떤 시점이 되면 다른 사람의 인정과 칭찬이 필요한데, 그것은 내가 설명한 과정의 다섯 번째 단계이며 다음 장의 주제다.

하지만 먼저 성취를 느끼기 위한 몇 가지 방법을 제시하려고 한다. 이 책에 제시된 모든 조언과 마찬가지로 이 방법 역시 요리책처럼 그대로 따라하게 하는 것이 아니라 당신의 생각을 자극하는 것이 목표다.

● 당신과 아이가 성공과 성취의 차이를 아는지 확인해라. 성공은 기준이며 성취는 느낌이다. 그 두 가지는 나란히 갈 수 있지만 아이가 성공했을 때 성취감도 느끼는지 확인하는 것을 잊어서는 안 된다. 성취감이 없는 성공은 묽은 죽과 같아서 체력에 그다지 도움이 되지 않는다.

● 성취감은 훌륭한 자극제다. 나는 일 년에 서너 번은 골프를 친다. 홀마다 적어도 한 번은 멋진 샷을 날리기 때문이다. 공을 잘 쳤을 때의 기분은 공을 잘못 쳤을 때의 나쁜 기분을 완전히 잊게 하고 다시 하고 싶은 동기를 부여한다. 아이가 많은 성취를 경험하게 할수록 내적인 동기는 더욱 커진다.

● 최대한 많은 방법으로 아이가 성취를 경험할 수 있도록 노력해라. 걸음마를 배우는 것은 최고의 성취를 이룬 순간이다. 말하고, 읽고, 덧셈 뺄셈을 배우는 것 모두 성취감을 안겨 준다. 부모로서, 혹은 교사나 코치로서 할 일은 그런 순간들을 더 많이 만들어 주는 것이다.

● 칭찬이 성취의 경험을 대신할 수 있으리라는 기대를 버려라. 어른들은 칭찬을 하는 것만으로도 자존감을 줄 수 있다고 생각한다. 그런데 그렇지 않다. 자존감과 자신감은 어떤 것을 잘했다는 경험에서 나온다.

● 성취에 앞서 고통과 좌절을 겪게 된다고 설명해라. 이런 사실을 설교조로 말하지 마라. 그러면 아이는 또 다른 잔소리로 듣고 만다. 대신 그것을 정보의 하나로, 아이에게 알리고 싶은 인생의 궁금한 사실로 다루어라. 우리는 고통을 성취의 즐거움으로 교환할 수

있다. 아이가 너무 힘들어서, 더 잘하지 못해서 불만을 내비치면 이렇게 말해라. "그런 기분이 드는 것이 정말로 좋아. 넌 지금 기지개를 켜고 있는 거야. 더 나아지려고 그러는 거란다. 곧 잘한다는 생각이 들 거야. 그냥 계속하렴. 그럼 곧 알게 될 거야."

아이를 행복한 어른으로 자라게 하는 5단계

11

인정:
욕구와 유대를 잇는 다리

성취는 그 자체로도 보상을 해 주지만, 또 다른 중요한 요소가 성취를 강화하고 더 큰 유대로 연결해 준다. 그 요소는 바로 인정이다. 그것은 특히 당사자가 존중하는 의견을 가진 타인에게 평가를 받아야 한다.

하버드 대학의 찰스 두세이는 내게 '갈망에서 유대까지' 라는 말을 가르쳐 주었다. 그가 겸손하게 '너무 번지르르한 말' 이라고 했지만, 나는 적절하게 주고받는 인정이 어떤 힘을 갖고 있는지를 그 말이 완벽하게 설명해 준다고 생각한다.

과거로 돌아가 보자. 당신은 무척 까다로운 선생님이 "아주 잘했다."라고 말했을 때 공중으로 2미터 정도 붕 뜨는 기분을 느낀 순간을 기억하는가? 아니면 어떤 날, 선생님에게 특별한 칭찬을 듣고 1년 내내 열심히 공부했던 기억은 없는가? 3학년이나 5학년, 아니면 중학교 때의 일일 수 있다. 하지만 대부분의 어른들은 선생님이나 코치에게 조금만 칭찬을 들어도 신이 나서 더 열심히 노력하고 싶은 마음이 들었던 기억을 갖고 있다.

실제로 어른의 주요 관심 분야는 내적인 재능이나 호기심이 아니라 어렸을 때 받은 교사나 코치의 인정에 의해 결정된다. 그런 인정은 아이에게 무척 큰 영감과 동기를 부여하며, 결국은 교사의 전공과목이나 코치가 맡은 운동이 아이가 좋아하고 평생 계속하는 대상이 된다.

인정은 칠판지우개를 털어 달라거나 점심을 먹기 위해 기다리는 줄의 맨 앞에 서게 하는 것처럼 사소해 보일 수 있다. 특히 기대하지 않는 아이에게 책임을 맡기는 것이 미국 대통령이나 대기업 CEO를 만들기 위한 첫 번째 단계가 될지도 모른다.

부모, 교사, 코치는 인정을 통해 매우 긍정적인 영향력을 행사할 수 있다. 어른들은 어린 시절에 그것이 우리에게 얼마나 큰 영향을 미쳤는지 너무 빨리 잊어버렸다. 그것은 우리에게 세상을 의미했고, 요즘 아이들에게도 마찬가지다.

누가 그런 인정을 하는가도 중요하다. 독자들은 내가 잭에게 볼링을 가르쳐 줄 코치를 고용했다면 잭이 훨씬 더 볼링을 잘했을 것이라는 생각을 할지도 모른다. 하지만 난 잭에게 볼링 실력 이상의 것을 기대했다. 나는 아들이 나와 함께한 추억을 만들고, 아빠와 운동을 함께하는 묘미를 느끼며, 무엇보다도 내가 함께하고 싶어 했다는 것을 알아주기 바랐다. 잭이 자기가 사랑하는 누군가에게 인정받는 기분을 느끼게 하고 싶었던 것이다.

어떤 사람이 무엇을 잘하려고 배우고 있는데 다른 누군가가 그것을 인정하면 내적으로는 뿌듯한 기분을, 외적으로는 유대를 느낀다. 그것은 자신의 성과를 인정하는 사람과의 유대며, 그가 소속된 더 큰 집단과의 유대다.

예를 들어, 자전거를 배우면서 제이미가 잘한다고 칭찬을 해 주었을 때 나는 그와 그가 대표하는 자전거를 타는 사람들 모두에 대해 더 끈끈한 유대를 느꼈다. 그래서 자전거를 탈 수 있는 사람들의 세계로 자랑스럽게 입성할 수 있었다.

그러나 인정을 하거나 구하는 방식에는 주의를 기울여야 한다. 인정은 매우 강력하며, 위험해질 수 있다. 어떤 아이들(그리고 어른들)은 끊으면 살 수 없는 마약처럼 인정에 목말라 있다. 이는 그들이 더 큰 집단과 유대하기 위해서가 아니라 거기에서 떨어져 나와 더 돋보이기 위해 인정을 사용하고 있기 때문이다. 그들은 유대가 아니라 자기가 남보다 월등하다는 것을 보여 줄 수단으로, 그들에게서 분리되기 위한 수단으로 칭찬과 인정을 열망한다.

특히 요즘처럼 경쟁적인 세계에서는 그런 종류의 칭찬과 인정이 커다란 위험을 불러올 수 있다. 아이나 어른이 오로지 남보다 앞서기 위한 수단으로 인정받기를 원한다면 그 사람은 정신 건강 전문가들이 말하는 나르시시스트(자기도취형의 사람)가 될 수 있다. 그들은 남이 자신을 선망할 때만 기쁨을 느끼고, 끝없이 존경받고 싶어 한다. 그런 사람들은 진정으로 사랑을 하거나 다른 사람들에게 긍정적인 느낌을 줄 수 없다. 나르시시스트는 아주 높은 기준에 도달해도 다른 많은 사람과는 달리 극도로 불행하다.

그가 불행한 것은 너무나 고독하기 때문이다. 그는 다른 누군가와 친밀감을 느끼는 순간, 그 사람에게서 사랑과 존경을 받아야 한다고 생각한다. 그래서 존경을 받아 내기 위해 '대단한' 행동을 한다. 나르시시스트는 그 사람에게서 원하는 것을 남김없이 빼앗고 난 뒤에는 흥미를 잃고 다른 대상을 물색한다. 그들은 감정적인 뱀파이어처럼 다른 사람의 '생혈' 을 먹고 산다.

하지만 모든 칭찬이 자기도취로 이어진다고 생각할 필요는 없다. 인정의 위험성이 너무 크기 때문에 노파심에서 아이들이 칭찬을 원하거나 즐기는 것이 잘못되고 '이기적' 인 행동이라고 가르치게 되는 건지도 모른다. 우리는 아이들이 자기도취에 빠진 작은 괴물이 되기를 바라지 않는다. 하지만 어른처럼 아이에게도 어느 정도의 칭찬이 필요하다.

금욕적일 정도로 엄격하게 아이가 받아야 할 자랑스러움과 칭찬에 기뻐하는 것을 '꼴사납다' 고 가르치면, 우리는 아이에게 그것이 피해야 할 정도로 위험하다는 메시지를 보내는 것이다. 그러면 자신의 행동에 대해 좋은 기분을 느끼거나 다른 사람에게 칭찬을 받는 것이 수치스럽다는 생각을 하게 된다.

그런 아이는 자기도취의 징후를 보이는 아이와 정반대의 문제를 갖고 있다. 낮은 자존감, 인간관계와 일에서의 수동성, 자기가 하는 모든 것에 그다지 기쁨을 느끼지 못하는 생활을 이어 간다. 거기에 죄책감까지 가세하면 내면에서 성장하려는 자존심의 덩굴을 낚아채 예쁜 구석이 하나도 없는 황폐한 내면을 만든다.

이런 끔찍한 극단적인 상황이 드물지 않게 발생한다. 그러나 둘 다 예방할 수 있다.

칭찬을 끝없이 갈망하는 나르시시스트와 성취와 칭찬을 건전하게 즐기는 일반적인 사람을 구분하는 중요한 요소는 5단계의 첫 번째 요소인 유대다. 아이(혹은 어른)가 편안하고 안전하게 세상과 연결된 기분을 느낀다면 굶주린 사람이 필사적으로 음식을 탐하듯이 인정과 칭찬을 갈망할 필요가 없다. 오히려 그것을 떳떳하게 자신이 소속된 집단으로 가져가 나누어 먹고 싶어 한다. 그들은 집단에서 분리되기 위해서가 아니라 집단에 기여하기 위해 칭찬을 사용한다. 맡겨진 몫 이상으로 자신의 임무를 충실히 수행하는 것을 자랑스러워한다. 혼자 떨어져 나가 외로워지기 위해서가 아니라 집단에 소속된 것을 즐기고 집단이 번영하고 지속될 가능성을 높이기 위해서다.

그 집단이란 가족이나 팀, 5학년, 자전거를 타거나 볼링을 칠 줄 아는 사람들의 세계처럼 한 개인이 소속감을 느낄 수 있는 모든 모임이다. 자기도취가 요즘 어린이와 성인 사이에서 퍼져 있는 한 가지 이유는 아주 많은 사람이 어느 집단에 소속되어 있다는 기분을 전혀 느끼지 않기 때문이다. 그들은 단절감을 느낀다. 단절된 사람들은 성공과 인정을 마약처럼 여길 수 있다. 매일, 심지어 매 시간 그들은 '주사'를 원한다. 그것이 없으면 화를 내거나 우울해지거나 두 가지 증상을 모두 나타낸다. 그리고 손을 내밀어 남에게 도움을 구하기 전에 자신이 원하는 칭찬과 인정의 '주사'를 주지 않는 이들에게 뛰어난 재능을 이용해 복수를 한다. 사람들이 어쩔 수 없이 칭찬하고 인정할 수밖에 없도록 훨씬 더 큰 것을 달성하는 것이다. 그리고 "내가 누군지 보여 주겠어."라는 말을 입에 달고 다닌다. 그들은 그들의 마음속에 곧 생겨날 완벽한 세상에 군림하겠다는 꿈을 꾼다. 받은 것을 되돌려 주거나 참여하기 위해서가 아니라 복수를 하고 왕관을 받기 위해 빌 게이츠나 타이거 우즈 같은 강력한 존재가 되는 환상을 즐긴다.

이와 정반대로 어릴 때 무엇을 자랑스러워 하면 안 된다고 배워 아무것도 즐기지 못하는 어른이 있다. 그들은 나르시시스트보다 덜 눈에 띄어서 어릴 때도 문제를 잘 드러내지 않는다. 이들은 침묵 속에서 고통스러워 한다. 필요하다면 웃고, 칭찬을 받으면 고맙다고 말한다. 불평을 하거나 화가 난다고 삐죽거리며 뛰쳐나가지 않는다. 사람들은 그들의 속마음이 드러날 때만 그들이 얼마나 불행한지 알 수 있다.

그들은 남에게 결정을 미루는 것을 당연하게 여긴다. 남이 필요한 것을 찾아 갖다 준다. 사랑이나 인정을 받기 위해서가 아니라 그렇게 하지 않으면 죄책감을 느끼기 때문에 남을 기쁘게 해 준다. 안 그러면 그 사람을 실망시킬지도 모른다고 생각한다. 나르시시스트가 인정과 칭찬에 대한 갈망으로 움직인다면, 즐거움을 느끼지 못하는 사람은 남을 기쁘게 해 주지 못할지도 모른다는 두려움으로 움직인다. 그들은 긍정적으로 눈에 띄거나 부각되면 무척 불편해 하기 때문에 얼른 다른 사람에게 공을 돌린다. 칭찬을 받으면 부끄러움과 수치를 느낀다.

그처럼 칭찬을 들을 때 느끼는 불편은 행복한 인생의 핵심 요소 중 하나인 긍정적인 자존감이 만들어지는 것을 완전히 불가능하게 만든다. 그들은 자신에 대해 좋은 기분을 느끼는 것을 잘못된 일이라고 생각한다. 자기중심적인 사람과 완전히 반대로, 자신을 중심에 놓는 걸 의도적으로 거부하므로 집중할 '자신'이 없다.

그런 태도는 어린 시절에 시작된다. 나르시시스트와 마찬가지로 그들은 인정을 건전하게 받아들이는 법을 배우지 못한다. 제대로 받아들여지지 않으면 한 사람의 영혼을 영원한 고통의 나락으로 떨어뜨리는 게 인정이 가진 힘이다.

이러한 고통스러운 두 부류의 인격이 형성되지 않도록 하려면 건전한 인간관계, 특히 유대적인 어린 시절을 제공해야 한다. 자기도취에 빠지거나 자신을 부정하는 성인 중에서 따뜻한 정을 느끼며 어린 시절을 보냈다고 말하는 사람은 거의 없다.

그러나 아이에게 최선을 다해 유대감을 심어 준다면 칭찬과 인정이 중독성 마약이나 두려움의 대상이 되지는 않는다. 오히려 그것들이 유대를 더욱 확장하고 심화한다. 집단이 중요하게 여기는 것을 하는 아이는 인정을 받으면 소속감을 느낀다. 타인 위에 군림하거나 자신을 부정하는 대신 남을 위해 행동하려는 성향이 더욱 강해진다. 집단의 구성원이 된 기분을 느끼면서 타인이 자신을, 자신이 타인을 좋아하며 서로 사랑을 주고받는 것이 좋다는 확신을 갖는다.

인정을 받아들이는 방법을 배우는 것은 특히 사춘기 아이들에게 중요하다. 수많은 십 대가 무뚝뚝하고 감사할 줄 모르고 부루퉁하고 잘 토라지는 어른이 되는 가장 큰 이유는 어른 세계와 단절된 기분을 느끼기 때문이다. 그들은 소속감을 느끼지 못한다. 보살펴 달라고 요구할 수 있는 어린 아이도, 생계를 꾸리고 원하는 대로 들락날락하는 독립적인 성인도 아니다. 그들은 그 두 세계 사이에 붙들려 있다. 그들이 소속감을 느낄 유일한 근원은 또래 집단이다. 사춘기 아이들에게 친구들이 중요한 영향력을 발휘하는 것은 바로 그 때문이다.

사춘기 아이들은 아르바이트를 해 월급을 받거나, 학교에서 상을 받거나, 아니면 단순히 어떤 것을 잘해서 칭찬을 받으며 어른들의 인정을 얻는다. 그런 과정에서 곧 진입할 더 큰 세상에 더욱 소속된 기분을 느낀다. 그런 칭찬과 인정은 사춘기 아이들이 (비밀스럽게) 느끼고 싶은 어른 세계와의 유대를 낳는다.

내 경우를 예로 들어 보겠다. 나는 12학년 때 한 인간으로서 무척 부족하다는 기분을 느꼈다. 12학년 영어 선생님인 프레드 트레말로는 학년 초에 내가 쓴 단편 에세이를 돌려주며 이런 의견을 달았다. '이 이야기를 소설로 만들면 좋겠구나.'

나는 생각했다. '소설이라니? 세 쪽도 겨우 썼는데.' 내가 정말 소설을 써야 하는지 묻자 트레말로 선생님은 그렇다며 고개만 끄덕였다.

나는 트레말로 선생님을 존경했다. 그는 정말 화통한 사람이었다. 콧수염을 길렀고 첩보기관 출신이었다. 또 책을 낸 경험도 있었다. 그런 선생님이 내가 소설을 쓸 수 있다고 생각하다니…….

나는 나르시시스트뿐만 아니라 자아를 부정하는 사람의 기분도 함께 느꼈다. 그리고 이런 생각이 들었다. '내가 소설을 쓸 수 있다고 생각한단 말이야? 와, 난 정말 대단해.' 하지만 이런 생각도 들었다. '왜 하필이면 나일까? 그렇게 잘하지도 못하는데. 선생님은 왜 내게 이런 짐을 지우는 걸까?' 우리는 가끔 그런 두 가지 극단적인 감정을 경험하면서, 이런 순간을 겪는 건 위험하며 이런 현상이 자칫하면 습관으로 굳어질 수 있다고 생각한다.

나를 어느 한쪽에 빠지지 않도록 지켜 준 것은 내가 받은 교육이었다. 나는 우리들 대부분이 그렇듯 불완전하게 자랐지만 인정이 설치한 어느 한쪽의 덫에 걸리지 않을 정도의 교육은 받았다.

그래서 나는 배운 것을 실천했다. 선생님이 내 준 숙제를 했다. 세 쪽짜리 이야기에 천천히 살을 붙이기 시작했다. 원고가 점점 늘어났다. 트레말로 선생님은 그동안 계속 의견을 달아 주었다. 수정과 비평을 해 주는 동시에 격려도 해 주었다.

학년이 끝나 갈 무렵 나는 학년 초에 완전히 불가능하다고 생각했던 일을 완성했다. 3백 쪽짜리 소설을 쓴 것이었다. 놀랍게도 그 소설로 졸업반 때 영어 수업에서 우수상을 받았는데, 그것을 지금까지 받은 그 어떤 상보다 더 소중하게 여기고 있다.

소설을 쓴 것은 프레드 트레말로 선생님과 나의 유대에서 비롯되었다. 그 유대는 놀이(글쓰기), 연습과 훈련(선생님이 달아 준 의견, 계속된 글쓰기), 성취감, 인정, 상으로 이어졌다.

나는 상을 받았을 때 소속된 기분을 느꼈다. 친구들 사이에서 고개를 당당히 들고 다닐 수 있을 것 같았다. 내가 잘할 수 있는 것을 찾았다. 그렇게 받은 인정은 상을 받기 전보다 학교 공동체와 일반적인 공동체에 더 끈끈하게 소속된 기분을 느끼게 해 주었다.

이번에는 다른 예를 들어 보겠다. 내 딸 루시의 이야기다. 어느 날 저녁, 루시가 식탁에 앉아 울고 있었다. 루시 앞에는 직접 만든 7학년 과학 숙제가 놓여 있었다. 그 숙제는 인간의 심장과 폐가 하는 일을 분석해서 모형을 만드는 것이었는데, 진짜 심장과 폐의 모양이 아닌 심장과 폐가 하는 일을 설명할 수 있는 다른 모양으로 모형을 만들어야 했다. 루시는 혈액이 기체를 심장과 폐로 운반하는 것처럼, 비행기들이 승객을 싣고 내리는 공항 모형을 만들기로 결정했다.

루시는 숙제를 아주 잘했다. 아니, 내가 집에 가서 루시가 울고 있는 모습을 볼 때까지는 그랬다. 그런데 루시가 말하길 숙제를 완전히 망쳤다는 것이었다. 숙제를 다시 읽어 보니 모든 혈관과 심실을 보여 주어야 하는데 '바보 같은 공항 모형'으로는 그렇게 할 수 없었다.

나는 당장 선생님에게 전화를 걸어 7학년이 하기에 너무 어려운 숙제라고, 아이들에 대해 이렇게 모르냐고 따지고 싶었다. 그러나 다행히 참을 수 있었다. 루시의 숙제를 대신 해 주고 싶은 유혹도 참았다.

대신 의자에 앉아 고칠 방법을 찾을 수 있다고 태연하게 말하며 루시를 안심시켰다. 루시를 웃게 하려고도 했는데 서서히 성공했다. 루시는 웃기 시작하면서 활기를 띠고 창의력을 발휘했다. 그러고는 혈관을 만들 담배 파이프를 청소하는 도구와 매니큐어를 사다 달라고 부탁했다. 그리고 동생들의 레고를 빌려 심실을 만들었다. 루시는 몇 시간이 지나 과학 숙제를 다시 만들어 냈다. 나는 옆에서 루시를 응원하고 물건을 사다 준 것 말고는 한 일이 없다.

루시는 이튿날 아침에 숙제를 들고 등교했다. 자기가 한 것에 대해 뿌듯해 했다. 아픔은 겪었지만 약간의 성취감을 맛보았다. 유대에서 놀이를 거쳐 훈련과 성취로 옮겨 간 것이었다. 하지만 어떤 종류의 인정을 받을까? 그리고 그 결과는 어떻게 되었을까?

루시는 숙제를 제출하고 선생님의 평가를 듣기 위해 기다려야 했다. 친구들은 잘 만들었다고 말했지만 루시가 가장 관심 있는 것은 선생님의 평가였다. 며칠 뒤, 루시는 그 숙제로 A⁻를 받았다는 것을 알았다. 잭이 누나에게 잔소리를 했다. "그런데 왜 마이너스야?" 그렇지만 루시는 뿌듯해 했다. A⁻라는 점수를 통해 받은 인정은, 열심히 노력하면 보상이 따르며 모든 것을 잃은 것 같은 때에도 희망이 남아 있다는 루시의 생각을 견고하게 해 주었기 때문이다.

인정은 용접공이 사용하는 불꽃과 같다. 그것은 내면의 중요한 느낌과 외부 세계를 당신과 이어 준다. 하지만 주의를 기울여 사용하지 않으면 우리가 강해지길 바라는 것에 심각한 손상을 줄 수 있다.

하버드 대학에 관한 중대한 착각

이것은 인정에 대한 갈망이 실제로 어떤 피해를 입히는지 보여 주는 예다.

'하버드 대학에 관한 중대한 착각' 이란 어떤 성공을 인생의 행복에 다가가기 위한 수단으로 지나치게 강조하는 경향을 일컫는다. 미국 어린이에게 하버드 대학(혹은 다른 명문 대학)에 들어가는 것은 아주 멋진 목표가 될 수 있다.

하버드 대학 자체가 착각은 아니다. 많은 사람이 하버드 대학을 어떤 대가를 치르더라도 달성해야 할 멋진 목표로 생각한다는 것이 바로 착각이다. 그것은 영국 작가 새뮤얼 존슨이 『헛된 소망*The*

Vanity of Human Wishes』에서 밝힌 것처럼 "허영의 기도에 숨은 적"과 같다. 조금 더 쉽게 말하면 단지 얻으려는 욕심으로 그것을 달라고 기도하는 것에 신중해야 한다는 것이다.

그 목표는 하버드 대학이 아니라 예일이나 프린스턴, 스탠퍼드, 듀크, 텍사스, 미국 육군사관학교일 수도 있다. 대학이 아니라면 의사나 프로 운동선수 같은 직업일지도 모른다. 아니면 장군, 교수, CEO 같은 직위나 올림픽 금메달, 노벨상 같은 상일 수도 있다. 하버드 대학이든 하버드 대학에 버금가는 것이든 그것은 누군가의 손에 들어가기만 하면 그 사람에게 신과 같은 지위를 부여하는 목표를 상징하게 되었다. 그 목표에 도달하면 보통 사람이 대단한 사람으로 바뀌고 행복의 열쇠를 거머쥔다고 많은 사람이 믿는다. 안타깝게도 그 열쇠를 찾으려는 열망은 행복의 문을 열지 못하고 오히려 영원히 닫아 버릴 수 있다.

그것은 주객이 바뀌고, 목적이 수단을 정당화하고, 말 앞에 수레를 놓는 격이다. 그것은 무척 흔한 심리적인 함정이기 때문에 설명하는 말도 아주 많다. 이 함정에 빠지만 당신은 아이를 도와준다고 믿고 있지만, 사실 큰 피해를 주고 있을 수도 있다.

잠깐 생각해 보면 그것이 착각임을 금방 눈치 챌 수 있다. 인생의 성공과 행복을 결정하는 것은 그 사람이 다니는 대학의 질이 아니라 그 대학에 다니는 사람의 질이다. 불행히도 많은 아이, 심지어는 부모들까지도 그 반대로 믿는다. 그들은 대학의 이름이 자신의 성공을 가져다준다는, 이미 거짓으로 증명된 그릇된 믿음에 빠져 있다.

프린스턴의 앨런 크루거와 앤드루 W. 멜론 재단의 스테이시 버그

데일이 진행해서 1999년에 출판한 한 연구 결과는 명문 대학의 영향력에서 생기는 즉각적인 이익은 약 7퍼센트에 불과하고, 시간이 흐르면서 대학의 이름보다는 개인의 명성이 두드러진다는 사실을 증명했다. 예를 들어, 제너럴 일렉트릭의 전 CEO인 잭 웰치는 좋은 대학이기는 하지만 명문은 아닌 매사추세츠 대학을 졸업했다.

데일과 크루거는 연구를 통해 미래의 영향력을 예측하면서 특정 자질이 대학 이름보다 훨씬 더 중요하다는 사실을 알았다. 그런 자질은 상상력, 야망, 끈기, 성숙도, 극기 등 어떤 면에서 뛰어난 능력을 말한다.

이 책에서 내가 정리한 5단계의 방법처럼 부모와 교사가 그런 자질에 초점을 둔다면 성공과 대학 입학은 알아서 갈 길을 개척한다. 말이 수레 앞으로 가고 주인과 손님이 제 역할을 한다.

아이가 타인을 배려할 뿐만 아니라 자신의 재능과 흥미를 찾기 위해 최선을 다하는 좋은 사람으로 자라게 하는 것에 초점을 둔다면, (부모가 어떻게 정의내리든) '적절한 성공'이 뒤따른다. 게다가 그런 태도가 결과를 좌우할 수도 있다.

'위대한 하버드 입학'에 대해서는 별다른 힘을 쓸 수 없다. 하라는 대로 하고 입학에 필요한 온갖 기준을 충족해도 들어가지 못할 수 있다. 하버드 대학에 입학할 수 있다는 통보를 받으려고 죽어라고 노력해도 거절당하기 일쑤다. 그것은 큰 충격이다. 하지만 피할 수도 있다. 하버드 대학에 대한 중대한 착각이 설치한 함정에 빠지지만 않으면 된다.

아들이 대학에 갓 입학한 친한 친구가 하나 있다. 이 친구는 하버

드 대학을 나왔다. 그의 아들은 고등학교에서 전 과목 A를 받고 SAT
에서 800점과 790점을 받을 정도로(1,600점 만점인 시험에서 총점
1,590점을 받았다.) 우수한 학생이었다. 세 스포츠 팀에서 대표 선수
로 뛰었고 테니스 팀의 주장이었다. 게다가 친구들과 교사들에게 사
랑과 동경을 두루 받았다. 누구라도 그 정도면 하버드 대학의 합격
은 따 놓은 당상이라고 생각할 것이다. 그런데 그는 들어가지 못했
다.

내가 깊은 인상을 받은 이유는 그와 그의 부모가 불합격 통보를
받아들인 방식 때문이었다. 그들은 놀라긴 했지만 좌절하지는 않았
다. 그들에게는 합격에 대한 보장이 없었다. 내가 1장에서도 언급했
듯이 하버드 대학은 고등학교 졸업생 대표들로 신입생 전원을 채울
수 있다. 게다가 그들은 불합격된 사실이 그다지 중요하지 않다고
생각했다. 하버드 대학에 들어가는 것은 확실히 대단한 사건이다.
훌륭하고 명성이 자자한 대학이니 당연하다. 하지만 그들은 하버드
입학 자체가 도전 과정에서 깨달은 것만큼 중요하지 않으며, 정말 중
요한 것을 이미 얻었다고 믿었다. 내 친구의 아들은 자기가 가려는
대학이 아니라 자신의 당당한 모습 때문에 성공과 행복의 길에 들어
섰다.

그는 입학 허가를 받은 대학들 중에서 베이츠 대학을 선택했다.
그리고 2001년 가을에 기쁜 마음으로 입학했다. 나는 이 청년이 세
상에 많은 기여를 하면서 행복하게 살 것이라고 장담할 수 있다.

그는 하버드 대학에 지원했지만 그도 그의 부모도 하버드 대학에
대한 중대한 착각에 빠지는 사람들이 아니었다.

그러나 많은 아이가 하버드 입학 같은 특정한 목표를 열광적으로 이루려고 애쓰며 생애 최고의 순간, 바로 어린 시절을 퇴색시킨다. 그것이 좋은 인생을 위한 유일하고 확실한 길이라고 믿는다. 안타깝게도 그 길은 '유일' 하지도 '확실' 하지도 않다.

좋은 대학에 가고, 올림픽에서 금메달을 따는 것 같은 목표들은 그 자체로 굉장하다. 하버드 대학은 훌륭하고 의사는 좋은 직업이고 CEO는 기업이 잘 돌아가도록 경영하며 노벨상 수상자들은 인류의 이익에 도움이 되는 지식을 내놓는다.

하지만 목표가 너무 중요해지면 위험이 따른다. 그것은 현재 어른의 삶을 괴롭힌다. 더 심각한 것은 어린 시절부터 그런 압박을 받는 것이다. 아이가 최근 성적으로만 인정받는다는 느낌을 갖게 되면 그 느낌은 일생을 재앙으로 바꾼다. 그것은 아이가 행복하도록 준비시키는 대신 행복을 불가능하게 만든다. 아이는 자신이 무엇을 하든 늘 충분치 않다고 생각하게 된다.

이때 가장 위험한 것 두 가지를 꼽을 수 있다. 먼저, 목표를 달성하지 못하면 자신을 무가치한 존재로 여기기 쉽다. 또, 목표를 이루기 위해 하는 일이 자신의 참모습, 즉 최선의 자아를 찾지 못하게 방해할 수 있다.

부모가 하버드 대학에 대한 착각에 빠지지 않으려면 엄청난 자제력이 필요하다. 그것은 심리적인 그랜드캐니언처럼 부모를 유혹 속으로 빠뜨린다. 대부분의 희생자들은 앞을 향해 전속력으로 달리고 뛴다. 아이들이 최고가 되는 것을 원하지 않는 부모가 어디 있겠는가? 하버드 대학이 바로 최고 아닌가?

그런 위험한 함정에 빠지지 않기 위해 알아 두어야 할 중요한 사실은 모든 학생에게 최고의 대학이라는 것은 없다는 것이다. 대학과 학생의 최고의 짝은 있지만 모든 학생이 들어가려고 노력해야 할 대학은 한 군데도 없다. '최고' 직업은 없고 개인과 직업의 최고 궁합은 있다. '최고'의 배우자는 없지만 최고로 잘 맞는 배우자는 있다. '영재'라는 개념이 많은 아이에게 피해를 주는 것처럼 '최고 대학'도 많은 일류 학생을 이류로 느끼게 한다.

아이가 최고가 되기를 바라면서 아이가 무엇을 최고로 생각하는지부터 따져 보지 않으면 큰 문제가 발생한다. 고등학교의 대입 진학 담당자나 유명 사립 초등학교(심지어는 보육원을 포함해서)의 진학 담당자들과 이야기를 해 본 적이 있다면 행동으로 옮겨진 착각에 대한 끔찍한 이야기를 들을 수 있다. 그들은 아이가 태어난 순간부터 '오거니제이션 키드(Organization Kids. 미국의 시사평론가 데이비드 브룩스가 『애틀랜틱 The Atlantic』 2001년 4월호 표지 기사에서 이름 붙인 '다음 지배 계층'이 될 청소년 집단')에 들어갈 수 있도록 준비시키는 부모들이 있다고 귀띔할 것이다. 그들은 전국의 하버드 급 대학에서 입학을 허락하는 뛰어나고 아주 열심히 공부하고 예의 바르고 세련된 학생들이다. 반항적이고 '제도를 바꾸고' 싶어 했던 부모 세대와 달리 이 아이들은 제도에 합류하고 그 정상에 올라서기 위해 치열하게 경쟁한다.

한 고등학교 학생은 내게 만약 하버드에 입학하지 못하면 자살할 수도 있다는 얘기를 친구와 나눈 적이 있다고 털어놓았다. 그것은 그 학생이 다니는 보스턴 교외 부자 동네의 공립학교에서 심심찮게 나오는 이야기라고 덧붙였다. 학생과 부모는 좋은 대학에 들어가려는 값진 목표를 이루는 동안 판단력을 잃어버리기 쉽다.

부모가 이제 겨우 걸음마를 뗀 아이를 적당한 보육 시설에 보내려고 안달할 때 그 과정은 병적인 경향을 띠기 시작한다. 그들은 그래야 좋은 초등학교, 좋은 의대(또는 법대나 대학원)에 들어가는 데 이어 최고의 수련의 과정(또는 최고의 회사)을 거쳐 교수가 되거나 떼돈을 벌거나 노벨 평화상을 받은 뒤에 먼 훗날 자신이 살아온 인생을 흐뭇하게 돌아보게 될 거라고 생각한다.

어떤 아이들은 그 모든 것이 어리석은 생각임을 안다. 또 다른 친구의 아들 바비는 활달한 여덟 살 꼬마다. 바비는 보스턴 부근의 공립학교에 다니는데, 그곳은 미국의 여느 공립학교처럼 가끔은 비상식적으로 학생들의 시험 점수와 성적에 지나친 관심을 기울인다. 바비는 3학년이 되기 직전인 8월에 학교에서 보낸 편지를 한 통 받았다. '3학년이 되는 것을 축하합니다!' 라며 시작된 그 편지에는 석 장에 걸쳐 새 학기에 기대하는 학업 성과가 자세하게 적혀 있었다.

바비는 엄마에게서 그 편지를 받아 읽고는 넌더리 난다는 표정으로 편지를 바닥에 집어던지며 소리쳤다. "정말 슬퍼! 아직 방학이잖아. 개학하면 실컷 들을 얘긴데." 나는 바비의 엄마에게 아이가 '슬프다' 는 단어를 정말로 썼는지 물었다. 그리고 그게 사실이라는 대답을 들었다.

세상에, 바비를 미국교육위원회에 추천해야 하는 건 아닌가 싶다. 여덟 살 아이의 여름방학 동안 3학년 교과과정에 관해 듣는 것보다 훨씬 더 중요하고 보호해야 할 어떤 것이 이루어진다는 사실을 어른들에게 깨우쳐 줄지도 모른다.

지방의 한 학교에서 열린 학부모의 밤 행사에서 대학 입학과 관련된 문제에 대해 강연해 달라는 요청을 받은 적이 있다. 나는 모든 아이가 하버드 대학에 갈 수는 없으며 가서도 안 된다고 주장했다. 질의응답 시간에는 한 아버지가 이런 질문을 했다.

"할로웰 박사님, 모든 아이가 하버드 대학에 갈 수 없다고 지적하셨는데요. 그렇다면 입학률을 높이기 위한 방법은 어떤 것이 있을까요?"

내가 대답했다.

"글쎄요, 하버드 대학은 내신 성적, SAT 점수, 과외활동, 교사 추천, 하버드 대학 출신 가족 구성원 유무, 면접 등 다른 대학과 동일한 입학 기준을 적용합니다. 따라서 아이가 그 모든 것에서 좋은 평가를 받을수록 들어갈 확률이 높아지겠지요. 그런데, 아이가 하버드 대학에 가느냐, 마느냐가 그렇게 중요한 문제라고 생각하십니까?"

"물론입니다."

그는 거침없이 대답했다.

"하버드는 기회를 주니까요."

내가 물었다.

"하버드 대학에 들어가려면 얼마나 많은 희생이 필요한지 아십니까? 그만한 가치가 있다고 생각하세요?"

"그 어떤 희생도 치를 수 있어요. 내 아들과 딸이 하버드 대학에 들어간다면 내 오른팔도 떼어 줄 수 있습니다."

"왜죠?"

"굳이 말을 해야 합니까? 그래야 인생에서 더 많은 기회를 접할 수 있으니까요!"

"그런데 아이들이 하버드 대학에 갈 의사가 없다면요? 그래도 그 학교에 들어가라고 할 겁니까?"

"의사가 없다니요? 입학 허가를 받으면 가는 거죠!"

"그게 아닙니다. 하버드 입학 위원회조차 당신이 실수하고 있다고 말할 겁니다. 하지만 제가 더 걱정하는 것은 하버드가 행복한 인생으로 가는 차표인 것처럼 어떤 희생을 치르더라도 그 학교에 들어가야 한다는 생각입니다. 실제로 이 세상에는 하버드 대학에 가지 않고도 행복한 사람들이 있고, 그 학교를 졸업하고도 비참하게 사는 사람들도 있다는 말을 하고 싶군요. 하버드 대학에 가야 한다는 압박감이 인생에 대한 생각을 부정적으로 만든다면 어쩌실 겁니까? 아이들의 인생을 힘들게 하면서까지 하버드 대학에 보내야겠습니까?"

"옳은 말씀이긴 하네요."

그 아버지가 대답했다.

나는 그 아버지와 그와 같은 수백만 명의 다른 부모가 스스로 어떤 위험에 빠져 있는지 알고나 있을까 싶다. 좋은 의도를 가진 많은 부모는 하버드나 몇몇 특정 대학에 들어가거나, 팀을 만들거나, 성적을 올리거나, 자랑스러운 무엇에 선발되는 것이 인생의 목표라는 강압적인 생각으로 자녀의 어린 시절, 특히 고등학생 시절을 오염시킨다. 그런 목표에 도달하는 동안 희생되는 것을 진지하게 따져 보는 일도 없다.

그런 상황은 특히 아이가 그런 목표를 이루지 못할 때 위험해진다. 예를 들어, 하버드는 지원자의 약 85퍼센트를 불합격시켰는데, 이들 중 대다수가 합격에 필요한 자격을 갖추고 있었다. '하버드 입학'이 너무 큰 의미일 경우, 아이는 중대한 실패를 했으며 자신의 인생에 큰 결함이 생겼다고 생각하게 된다. 내 환자 중에는 화려하게 성공했으면서도 '겨우' 리하이 대학을 나왔다는 이유로 쉰 살까지도 자신을 이류라고 생각하는 사람이 있다.

그런 회의주의자들을 위해 하버드 대학을 나오지 않았을 뿐만 아니라 대학 문턱에도 가지 않은 사람들의 이름을 나열해 보겠다. 에드워드 올비, 우디 앨런, 앤드루 카네기, 월터 크롱카이트, 윌리엄 포크너, 셸비 푸트, 빌 게이츠, 배리 골드워터, 알렉스 헤일리, 냇 헨토프, 톰 행크스, 피터 제닝스, 프랜 리버위츠, 도리스 레싱, 에이브러햄 링컨, 빌 머레이, 잭 니콜슨, 아나이스 닌, 새뮤얼 어빙 뉴하우스, 닐 사이먼, 엘리너 루스벨트, 로버트 레드포드, 마거릿 생어, 윌리엄 하워드 태프트, 해리 트루먼, 테드 터너, 프랭크 로이드 라이트, 존 웨인 등 이루 헤아릴 수 없이 많다. 이 중엔 모르는 사람도 있을 테지만 대체로 대통령과 재벌, 다양한 분야의 스타들이다.

미국 고등학교 졸업생의 75퍼센트가 대학에 진학하지만 그중 약 25퍼센트만이 졸업을 한다고 한다. 그리고 학사 학위 취득률을 따지면 미국은 캐나다에 이어 세계 2위다. 독일과 일본의 경우, 각각 인구의 13퍼센트, 23퍼센트가 학사 학위를 취득한다. 부모들을 괴롭히는 신화 중 하나는 인생의 성공이 특히 유명 대학의 학위에 달려 있다는 것이다.

우리 집 아이들은 초등학생이다. 아직 고통스럽다고 생각하는 아이들의 대학 입학 과정은 겪지 않았다. 지금 나는 아이들과 함께 내가 사람들에게 해 주는 조언을 지키면서, 아이들이 유대를 느끼고 놀고 연습하고 성취하고 인정을 받으며 인생의 첫 15년을 보내도록 보호해 주려고 노력한다. 아이들이 다섯 살부터 압박과 의무에 노출되는 일 없이 어린 시절을 보낸다면, 나중에 어른이 되어 그것들을 만나도 훨씬 더 잘 이겨 낼 수 있다.

이런 목표에 관한 것들은 모든 부모가 어려워한다. 수와 나도 마찬가지다. 우리는 아이들이 각자 최선을 다하고, 그런 노력이 좋은 성적과 하버드 대학이나 다른 명문 대학으로 이어지기를 바란다. 하지만 그렇게 되지 않더라도 실망하지 않을 것이다.(그러길 바란다.) 그리고 아이들이 최선을 다한 점을 인정할 것이다. 우리가 바라는 모습이 아니라 있는 그대로의 아이들을 인정할 것이다. 이는 아이들에게 가장 필요한 인정이다.

있는 그대로의 자신을 인정받고 존중받는 기분

5장에서도 말했듯이 인정은 가식의 옷을 벗을 때 가장 도움이 된다.

많은 아이가 어떤 방식으로 행동하려 한다. 처음부터 타고나서 그런 게 아니라 인정과 사랑을 받으려면 그렇게 행동해야 한다고 믿기 때문이다.

아버지가 꼭 야구를 시키고 싶어 하면 아이는 야구에 흥미가 있는 척한다. 야구가 좋아서가 아니라 아버지를 기쁘게 해 주고 싶어서다. 어머니가 바이올린을 배우지 못해 늘 한탄하고 있다면 아이는 어쨌든 바이올린을 켠다. 정말 하고 싶어서가 아니라 엄마를 기쁘게 해 주고 싶기 때문이다.

동성을 좋아하게 된 소년 소녀는, 단지 부모뿐 아니라 세상 다른 사람들을 위해 속마음을 숨기기도 한다. 전부는 아니더라도 많은 성인 동성애자가 어린 시절의 비밀, 수치, 절망적인 공포에 관한 가슴 아픈 이야기를 가지고 있다.

반면 자신의 참모습을 이해받고 존중받는 기분이 드는 순간은 아주 특별한 순간이다. 그러면 세상에 자신을 위한 자리가 있다는 느낌이 든다. 그 속에 소속된 기분이 든다. 그런 기분은 더 많은 것을 하고 넓은 세상과의 관계를 더욱 다지고 싶게 만든다.

부모와 교사는 안 그런 척하거나 이상에 몰두하는 아이가 아닌 진정한 모습의 아이를 찾기 위해 항상 노력하는 것이 중요하다. 우리의 도움이 필요한 것은 진짜 아이다. 앞으로 다가올 세월을 우리와 함께 보낼 사람은 바로 진짜 아이다.

인정의 순간은 눈 깜짝할 사이에 일어날 수 있다.

얼마 전 아침에 루시가 학교에 갈 준비를 하면서 사소한 문제로 제 엄마와 말다툼을 하고 있었다. 갑자기 루시가 걸음을 멈추더니 수의 신발을 내려다보았다. 수는 루시가 왜 그런 신발을 신었는지 궁금해 하고 있다는 것을 눈치 채고는 곧바로 설명했다. "길이 질어서 이걸 신었어." 루시는 그 말로 그 신발을 신은 걸 이해하겠다는 듯이 고개를 끄덕였다. 그리고 두 사람의 말다툼도 잘 해결되었다.

그 짧은 순간에 루시는 인정과 존중을 모두 받고 있었다. 루시가 스스로 최고라고 생각하는 재능은 패션 감각이다. 옷에 관해서라면 꼼꼼하게 따지는 대단한 눈과 굉장한 심미적 감각을 가지고 있다. 그런 능력은 성적표로 인정을 받지 못하는 데다 가끔 동생의 놀림을 받지만 루시는 진지하다. 실제로 친구에게 그쪽 분야에서는 뉴욕의 파슨스 디자인 학교가 최고라는 말을 들은 뒤로는 그 학교에 가고 싶다고 말한다.

루시가 말다툼을 하다 말고 수의 신발을 보자 수는 예쁜 신발을 신지 않은 이유를 설명했다. 나는 그때 루시가 그 말을 기분 좋게 들었을 거라고 확신한다. 자신에게 무척 중요한 어떤 것에 대해 엄마의 인정과 존중을 받은 것이다. 수가 아무렇지도 않게 설명한 것도 훌륭했다. 그 행동에 담긴 진심이 분명히 전해지기 때문이다.

수도 나도 루시가 유아용 침대에 누워 있을 때는 나중에 커서 패션 디자이너가 될 거라고는 상상도 하지 않았다. 하지만 루시가 열정적으로 패션 디자이너가 되고 싶어 한다면 그 일을 하는 딸을 지켜보는 것보다 더 나를 행복하게 하는 것은 없으리라고 장담한다. 수와 나는 늘 우리를 놀라게 하더라도 지금 그대로의 루시를 인정하고 존중한다.

12

잭에게 낚시 가르치기:
즐거움의 씨앗

　나는 낚시에는 젬병이다. 유대를 맺는 것부터 성취와 인정을 받는 것에 이르기까지 내가 주장한 단계들을 통과하도록 아이들을 이끌어 줄 때, 나 자신이 잘하는 것이 없다면 어떻게 해야 할까?

　나는 평생 즐거움을 줄 수 있는 많은 것을 아이들에게 소개하고 싶다. 그런데 재주가 부족하다. 낚시는 그처럼 정말 재주가 없는 것들 중 하나다. 나는 운동에도, 목공에도 소질이 없고 사냥에 대해선 아는 게 전혀 없다. 차를 고치지도 못하며 사업 재주는 영 신통찮다. 특히 손재주가 없다. 강도의 공격을 받기라도 한다면 제대로 된 반격도 못할 게 틀림없다. 다룰 줄 아는 악기도 없다. 세상 물정에도 어둡다. 멋진 남자나 화끈한 남자와는 거리가 멀다. 게다가 마술사나 전후좌우로 관절이 움직이는 사람처럼 아이들이 감탄할 만한 비범

한 묘기나 장기도 없다.

사정이 이러니 아버지가 되는 것이 궁색하기 짝이 없다. 프로 야구선수 같은 대단한 사람이나 당당함을 풍기는 아빠였다면, 아니 적어도 톱질이라도 잘한다면 얼마나 좋을까.

내가 아빠가 되기 위해 준비한 유일한 무기는 오로지 아빠이고 싶은 바람뿐이다. 다행히 그런 마음은 넘치는 것 같다.

낚시처럼, 무언가를 하는 방법은 아이들을 가르칠 만큼 배울 수 있다. 꼭 전문가가 될 필요는 없지 않은가. 내가 할 일은 창을 열어주려는 의지를 갖는 것뿐이다.

나는 아이들을 위해 가능한 한 많은 기술과 즐거움으로 통하는 창을 열려고 노력한다. 그러려면 내가 잘 모르는 것들, 심지어는 낚시, 휘파람 불기, 구두 닦기 같은 것들을 시도해 보려는 의지가 있어야한다. 휘파람 불기는 아주 좋아하고 무척 잘한다. 아이들과 부모가 함께하는 활동은 대개 부모가 잘하는 것이다.

설사 바보스럽고 지루한 기분이 들더라도 아이들에게 새로운 활동을 계속 소개하는 것이 중요하다. 나는 가끔 낚시를 하면서 그것을 실천한다. 내가 씨앗을 뿌리고 있기 때문에 중요한 일이다. 아이가 하는 활동은 평생 이어질 즐거움이나 심지어는 열정으로 성장할 수 있는 씨앗이다.

그런 씨앗들에서 어른의 행복으로 이어지는 뿌리가 나온다.

오로지 좋아한다는 이유로 하고 싶은 것들이 많을수록, 행복하게 살(적당히 안전하고 합법적일 때) 가능성이 커진다. 앞에서 내가 잘하지 못하는 많은 것을 나열했지만 즐겨 하는 것들도 있다. 테니스와 스쿼시, 글쓰기, 음악 감상, 프로 스포츠 팀 따라다니기, 공상에 빠지기, 요리 등은 어릴 때 시작했는데 지금까지도 큰 즐거움을 주고 있다.

신뢰할 수 있고 안전한 즐거움의 원천을 찾는 것이 중요하다. 어른들이 겪는 대부분의 문제는, 일상의 즐거움을 건설적으로 이끌어 내지 못하는 데서 비롯한다. 그 문제는 위험하거나 파괴적인 쾌락 추구로 이어진다. 과식, 과음, 불륜, 원칙이 사라진 돈에 대한 탐욕. 이런 많은 것은 유익한 방법으로는 충분한 즐거움을 얻을 수 없다고 말한다.

우리는 아이들에게 즐거움을 소개하려는 시도를 진지하게 생각해야 한다. 적어도 양치질을 시킬 때만큼 부지런을 떨어야 한다. 아이들이 평생 전념할 수 있는 즐거움의 원천, 피해를 주거나 위험하지 않은 즐거움의 원천을 찾도록 도와주어야 한다. 적당한 방법으로 즐거움을 찾는 법을 배우지 못하면 아이들은 부적절한 방법을 찾거나 말없이 자포자기할지도 모른다.

나는 성적표에 즐거움을 평가하는 칸이 있어야 한다고 생각한다. 영어나 수학 등 과목 점수 옆에 '이 학생이 관심을 보인 평생 계속될 즐거움의 잠재적 원천' 이라는 제목의 항목을 넣고 빈칸을 채워야 한다. 학교를 비롯한 모든 곳에서 평생 계속될 즐거움에 관한 그 항목에 지금보다 훨씬 더 큰 관심을 기울여야 한다. 이 책에서 내가 추천한 5단계 과정은 평생 이어질 즐거움을 보장하는 원천을 찾게 해 주는 훌륭하고 체계적인 방법이다.

많은 불행한 어른은 어렸을 때 건설적인 즐거움의 원천을 찾아내지 못했다. 어떤 사람들은 마약이나 술 같은 파괴적인 원천에 지나치게 의존한 나머지 건설적인 활동에서 지속적인 즐거움을 찾는 방법을 배우지 못한다. 그런가 하면, 파괴적인 쾌락과는 거리를 두지만 어느 것에서도 즐거움을 느끼지 못하는 사람들도 있다. 그들은 성공하기만 한다. 자신에게 기대되는 것을 모두 하며 심지어는 그 이상을 하는 사람도 있지만 정말 좋아서 하지는 않는다. 그래서 원하는 것을 할 나이가 되어도 무엇을 원하는지 모른다. 그들은 일상에서 큰 기쁨을 찾지 못하고 무모하거나 위험한 쾌락에 빠진다.

여러분도 그런 어른들을 알고 있을 것이다. 그들은 즐거움을 모르고 사는 '성공한' 사람들이다. 그러나 성공을 대변하는 뻔한 것들을 전혀 갖고 있지 않아도 아주 즐겁게 사는 사람들이 있다.

우리는 아이들이 긍정적으로 즐거움을 찾는 방법을 배우도록 도와주는 것이 얼마나 중요한지 모르고 지나치기 쉽다. 나는 매일 저녁에 루시가 평생 할 수 있는 즐거운 활동을 찾기보다는 숙제를 다 했는지, 잭이 숙제와 정리를 하고 양치질을 했는지, 터커가 필요할 때 목욕을 하고 제시간에 잤는지 살펴보느라 급급하다. 해야 할 일이 너무 많으면 마음에 품은 더 큰 목표를 잊어버리기 쉽다.

그 때문에 한 걸음 물러나 매일 밤낮으로 바쁘게 하는 많은 일이 평생 이어질 수 있는 즐거움의 원천이 될 건설적인 활동을 찾는 데 도움이 되는지 생각해 보아야 한다.

아이들이 할 일을 마치는 것을 집중해서 도와주되, 즐거움을 희생한 성과를 지나치게 강조하는 함정에 빠지지 말아야 한다. 그 두 가지가 나란히 가는 것이 이상적이지만 그렇게 하려면 시간이 걸린다.

루시가 바이올린 연습을 하는 것을 보며 내 딸이 평생 바이올린을 즐겁게 연주하게 되기를 바란다. 하지만 즐길 만큼 많이 배우는 길이 평탄하지만은 않다.

루시의 선생님이 한 말처럼 '재주가 아무리 좋아도 열심히 노력해야' 한다.

평생 즐겁게 살려면 어떻게 해야 할까? 교사, 부모, 코치, 친구가 중요한 이유가 바로 여기에 있다. 그들은 바이올린 연주나 장거리 달리기나 나뭇조각으로 새를 양각하는 것이나 프랑스어 회화처럼 처음에는 고통을 주는 것들에서 아이가 재미를 찾는 동안 사기를 올려 준다.

그처럼 즐거움으로 가는 험난한 길을 알아 두면 평생 행복하게 살 수 있다.

행복의 길은 유대에서 놀이, 연습과 훈련을 거쳐 성취와 인정으로 연결된다. 높은 성과와 물질적 성공은 그 길에서 얻어지는 부산물일 때가 많으며 일차적인 목표가 아니다.

그것은 낚시와 함께 시작될 수도 있다.

주위에 낚시를 아주 좋아하는 친구가 있다. 이 친구는 어디를 가거나 물고기가 있을 법한 물을 발견할 때를 대비해 되도록이면 낚싯대와 도구함을 가지고 다닌다. 낚시를 할 때 그는 아주 평화롭다. 마음이 느긋해지는 동시에 즐거움이 샘솟는다. 느긋한 즐거움. 정말 멋진 마음 상태다.

그 친구와 함께 여러 번 낚시를 했다. 작은 배를 타고(그는 부자는 아니지만 작은 낚싯배 정도를 살 여유는 있다.) 케이프코드의 블루피시를 잡아 본 적이 있고, 메인 강, 코네티컷의 호수에서 낚시를 하거나 대서양 해변에 서서 낚싯줄을 드리우기도 했다. 나는 전문 낚시꾼과 거리가 먼 사람이지만 그 친구는 낚시를 재미있게 해 주고 함께 다니는 것을 좋아하게 만든다.

나는 가끔 낚시를 하고 있는 친구를 지켜본다.(친구는 내가 보고 있다는 것을 전혀 모른다.) 그러면 마치 자기 방에서 열심히 노는 터커를 보는 듯한 착각이 든다. 그는 자기가 하는 것에 완전히 몰입하며 물고기가 미끼를 물거나 말거나 그것에서 기쁨을 느끼는 것처럼 보인다. 이 친구는 낚시를 할 수 있는 한 늘 행복할 것이다.

그는 어릴 때부터 낚시를 했다. 삼촌과 함께 이른 아침이나 해가 질 무렵에 집을 나가 블루피시나 농어 같은 물고기들을 닥치는 대로 잡았다. 어릴 때는 물고기를 낚는 것 자체가 좋아서 낚시를 했다.

하지만 그 이후로 낚시의 즐거움이 단순한 물고기 잡이를 넘어 낚시를 위한 행위 전체로 확대되었다고 한다. 그것은 낚시를 하지 않을 때에도 낚시에 대해 생각하거나, 낚시 계획을 세우기 위해 조수 정보와 날씨 예보를 읽거나, 다른 낚시꾼과 어떤 고기가 잡히고 안 잡히는지, 어떤 미끼가 효과가 있고 없는지, 그들이 무슨 고기를 잡았고 자신이 무슨 고기를 잡았는지 서로 정보를 주고받는 것 등을 모두 포함한다. 낚시꾼이 아닌 나는 그 친구가 하는 말을 단박에 알아들을 수는 없었다. 하지만 그의 목소리에서 열정으로 보낸 세월을 분명히 읽을 수 있었다.

내 친구가 삼촌과 함께 처음 낚시터에 간 날, 둘 중 하나라도 그 친구가 인생의 가장 중요한 한 시기를 시작하고 있다는 사실을 알았을까? 그것은 행복을 찾아, 물고기를 찾아 잡아 올리는 평생 이어질 여행의 첫날이었다.

어린 시절은 그런 즐거움의 씨앗을 뿌리는 시간이다. 그런 씨앗들 중 하나만이라도 자라서 오래 살아남는 것으로 충분하다. 그런 씨앗이 하나도 없는 사람도 많다. 안전하고, 합법이고, 감당할 수 있는 애호 활동을 하는 어른은 행운아다. 그들은 항상 기대할 것을 갖고 있으며, 눈에 보이는 것 속에서 행복한 순간의 의미를 찾는다.

어쩌면 그 씨앗이 낚시일지도 모른다. 독서나 음악 연주일 수도 있다. 즐겁게 모임을 만들거나 파티를 계획하거나 친구들과 모이는 것 같이 더욱 돈독한 인간관계일지도 모른다. 그것이 무엇이든 그런 열정을 갖고 있으면 복이 많은 사람이다. 대부분 그런 열정은 어린 시절에 시작된다.

이 책을 쓰는 지금 나는 지난 15년 동안 빌려 쓰고 있는 둘리틀 호수의 작은 별장에 아내, 아이들과 함께 와 있다. 루시는 여름 내내 자기 생일 파티를 계획하고 있다. 루시의 생일은 7월 16일이지만 우리 가족이 별장에서 지내는 8월로 파티를 연기했다. 그리고 생일 기념으로 친구 다섯 명을 사흘 동안 별장으로 초대했다. 그 계획을 진행하려면 해결해야 할 문제들이 꼬인 낚싯줄처럼 뒤얽혀 있었다. 하지만 루시는 제 엄마와 친구들 엄마의 도움을 받아가며 계획을 착착 실행했다.

호숫가 낡은 별장에서 열린다는 점만 빼면 특별할 것도 없는 파티였다. 루시는 몇 주 동안 기대에 부풀어 열심히 준비했다. 오늘 아침에는 초대장을 받은 한 친구와 통화를 하는 루시의 목소리가 들렸다. 깔깔거리다가 소곤거리다가 다시 깔깔거리는 소리가 연이어 들렸다. 무슨 말을 하는지는 잘 알아들을 수 없었지만 목소리는 한껏 들떠 있었다. 그런 상황에서 아빠인 내가 해야 할 가장 중요한 임무는 루시가 계획을 실행할 수 있도록 시간과 장소를 지키는 것이라는 생각이 들었다. 루시는 파티를 계획하는 동시에 즐거움을 느끼고 있었다. 바로 행복해지는 기술을 개발하고 있었던 것이다.

루시가 계획을 세우는 과정에서 내가 제안한 5단계를 찾을 수 있다. 먼저, 루시는 친구들과 관계를 맺고 있다. 그런 다음 파티를 어떻게 열고 무엇을 할지 즐겁게 계획을 세운다.(놀이를 하는 것이다.) 계획을 실행하려면 연습과 훈련에 전념해야 한다. 다시 말해, 일정을 조절하고, 누구를 어디서 재울 것이며, 음식이 얼마나 필요한지 결정해야 한다. 복잡해질 수도 있는 행사를 계획하는 동안 루시는 초대할 친구들을 정하고 파티 계획을 짜는 등 어려운 일을 능숙하게 해내고 있다. 여자 아이 다섯이 도착해서 사흘 동안 함께 지낸다면 루시는 생일을 인정받을 뿐만 아니라 복잡한 것을 할 수 있는 능력도 인정받는 기쁨을 느낄 것이다.

수와 나(주로 수)는 파티를 계획하는 동안 줄곧 두통에 시달리고 있다. 전화가 늘 통화 중인 데다, 부모들에게 연락하거나 일정을 서로 의논하거나 모두 잘 수 있는 장소를 찾는 문제들 때문이다. 그러기에 이것이 루시에게 좋은 경험이 될 거라고 늘 생각하지는 않는다. 그렇지만 루시는 어려움에 대처하고 즐거움을 찾아내고 유지하는 법을 배우고 있으며, 어른이 되어 행복하기 위한 씨앗을 뿌리고 있다.

루시의 파티 계획에서 볼 수 있는 것을 내 친구의 낚시에서도 볼 수 있다. 바로 내가 말한 5단계다. 내 친구의 경우에는 그것이 삼촌과의 유대에서 시작한 뒤에 물고기를 잡는 놀이, 지금까지 계속된 연습을 거쳐 아직도 여전히 발전하고 있는 성취의 경지에 이어 인정에 안착했다. 처음에는 삼촌에게서 그 다음에는 낚시 동료라는 더 넓은 세계로 확대되었다. 그런 과정은 결국 낚시 행위 그 자체와 지금은 고인이 된 삼촌과의 감정적인 유대를 더욱 강화했다.

그의 삼촌은 그가 어떤 씨앗을 뿌리고 있는지는 몰랐을 것이다. 하지만 그것은 내 친구의 인생에 뿌려진 그 어떤 씨앗보다 가장 중요한 것임이 증명되었다.

최근에 그 친구가 우리 집 남자 아이들을 낚시에 데리고 갔다. 아이들은 낚시에 흥미를 느끼기 시작했는데, 앞으로 지켜볼 생각이다. 루시는 낚시에 전혀 관심이 없다. 루시는 파티 준비로 바쁘다.

앞서 말했듯이 나는 엉터리 낚시꾼이지만 내 친구의 삼촌이 한 것을 내 아들들에게(마음이 바뀐다면 루시에게도) 시도해 보고 싶다. 낚시 방법을 아주 잘 아는 건 아니지만 도구를 챙기고 물고기의 입에서 낚싯바늘을 빼낼 수는 있다. 기본적인 것들은 할 수 있는 셈이다. 씨앗을 뿌리려면 그것들만 있으면 된다.

이번 여름에 낚시를 해 보는 것이 아이들에게 평생의 즐거움으로 이어질 것인지는 확실하지 않다. 어쩌면 바지 엉덩이에 낚싯바늘이 걸리거나 터커가 낡은 장화를 건져 올릴지도 모른다는 상상을 하지만 그 결과는 아무도 모른다.

실망을 할 수도 있다. 물고기를 한 마리도 못 잡거나, 벌레에 물리거나, 아니면 물고기를 한 마리도 못 잡는 동시에 벌레에 물릴지도 모른다.

사실 낚시는 이미 나에게 약간의 실망을 안겼다. 나는 아이들에게 낚시를 가기 하루 전날에 낚시 도구와 미끼를 파는 가게에 갈 거라고 말했다. 그랬더니 잭과 터커는 신나서 따라가겠다고 했고 낚시를 별로라고 생각하는 루시는 시큰둥했다.

출발 한 시간 전쯤 옆집 친구가 전화를 걸어 아이들에게 데어리 퀸(미국의 유명 아이스크림 체인점)에 가서 아이스크림을 사 먹을 생각이 있는지 물었다. 아이들은 내가 이 책을 쓰고 있는 서재로 달려와 데어리 퀸에 가도 되는지 물었다.

나는 기분이 상했다. "낚시 가게에 가기로 한 약속 잊었니? 아빠 너희들이 좋아하는 줄 알았어. 별로 관심이 없었던 거로구나." 나는 마치 토라진 어린애 같았다.

"아니에요, 아빠. 낚시도 가고 싶어요!" 아이들이 손사래를 치며 말했다. 나는 아이들을 흥분시킨 '평생의 즐거움'을 심어 주려는 노력이 헛되었다는 생각에 무척 실망했다. 데어리 퀸 때문에 낚시에 대해서는 까맣게 잊어버렸을 정도였으니 말이다.

씨앗을 심는 동안 그런 좌절감을 여러 번 느끼게 된다. 그냥 바람에 날아가 버리는 씨앗도 많다. 아이들은 부모가 원하는 것을 항상 하고 싶어 하지는 않는다. 그리고 부모는 아이가 지금 관심을 갖고 있느냐보다 앞으로 관심을 갖게 될 것이라는 기대에 훨씬 더 비중을 둔다.(가장 악명 높은 예가 음악 교습이다.)

하지만 잭은 내 기분을 알아채고 이렇게 말했다. "아빠, 우린 정말 낚시 가게에 가고 싶어요. 언제 출발하는지 몰랐단 말이에요." 우리 아이들은 나를 그렇게 달랜다. 그런 일은 생각보다 훨씬 더 자주 일어날 것이다. 그러고 보면 이 책의 제목에 의도적으로 담긴 이중적인 의미를 가늠할 수 있다.[이 책의 원 제목은 '어른의 행복으로 이어지는 어린 시절의 뿌리(The Childhood Roots of Adult Happiness)'이다. ─옮긴이] 우리는 어린 시절에 어른이 되어 행복하기 위한 뿌리를 심지만, 아이들(그리고 그들의 어린 시절)도 어른의 행복에 영향을 주는 가장 중요한 원천이다.

아이들은 데어리 퀸에 갔다 온 뒤에 나와 함께 낚시 도구와 미끼를 파는 곳에 갔다. 우리가 도착하자 브로디라는 쾌활한 청년이 반겨 주었다. 브로디는 스포츠머리에 군복을 입었지만 그 외에는 전혀 야외 스포츠를 즐기는 사람으로 보이지 않았다. 내가 낚싯대, 릴, 낚싯바늘 등 아이들이 쓸 기본적인 장비를 구입하려는데 아는 게 거의 없어 도움이 필요하다고 말하자 그는 무슨 뜻인지 곧바로 이해했다. 그러고는 잽싸게 저렴한 스프링 낚싯대와 플라스틱 도구함(브로디는 선반이 두 개 달린 것을 사라고 조언했다. 가격은 1달러 정도 더 나가지만 물건은 훨씬 많이 들어간다고 했다.)과 (우리가 잡고 싶어 하는) 물고기를 잡아 넣어 둘 그물을 추천했고, 꽈배기매듭법도 알려 주었다.

낚싯바늘에 줄을 묶는 방법도 익혀야 했다. 나는 내가 나비매듭을 제외하고 유일하게 알고 있는 옭매듭으로도 충분한지 물었다. 브로디는 놀리는 기색 없이 그냥 고개를 가로저었다. "그렇게 묶으면 바늘을 잃어버리기 쉬워요. 묶는 방법을 가르쳐 드리죠."

브로디는 긴 줄을 가져와서 매듭 묶는 시범을 보였다. 나는 돋보기를 가지러 얼른 차로 뛰어갔다. 그것을 끼면 구식 늙은이가 된 것 같은 기분이 들었지만 다른 사람들은 별로 상관하지 않는 것 같았다. 나는 잭의 친구 노아까지 가세한 아이들과 함께 계산대 앞에 서서 한 15분쯤 꽈배기매듭법을 연습했다.

집에 도착했을 때는 이미 날이 저물었다. 우리는 그날 구입한 세 개의 낚싯줄에 낚싯바늘을 묶은 뒤에 다음 날 사용하기 위해 한쪽에 치워 두었다. 터커는 진땀을 흘리며 매듭을 묶었지만 노아와 잭은 아주 잘했다.

그날 밤, 아이들은 밖에 쳐 둔 텐트 안에서 잠을 잤다. 이튿날, 나는 호숫가에서 지내는 동안 늘 그랬듯 아침 일찍 일어났다. 그리고 밖을 내다보다가 평생 잊지 못할 광경을 목격했다.

불과 30미터 정도 앞 선착장에 세 명의 소년 잭, 터커, 노아가 낚싯대를 들고 서 있는 것이 아닌가. 일찌감치 일어나 살금살금 집 안으로 들어와 새로 산 낚시 도구를 들고 나간 게 틀림없었다. 이윽고 아이들이 뭐라고 소곤거리더니 양손으로 줄을 던지는 시늉을 하기 시작했다. 내가 낚시를 할 때는 물고기들이 놀라니까 소리를 내면 안 된다고 말한 적이 있기는 했다. 터커는 약간 힘들어 했지만 다른 두 녀석은 꽤 멀리까지 낚싯바늘을 던졌다.

나는 조용히 밖으로 걸어 나가 더 지켜보았다. 잔뜩 깔려 있던 안개는 태양이 나무 위에 걸리자 어느새 사라져 있었다. 잭이 올바른 순서를 생각하는지 잠시 동작을 멈추었다. 먼저 손가락으로 줄을 잡고 플립을 푼 다음 낚싯대를 뒤로 제쳤다가 손가락을 놓으며 앞으로 던진다. 낚싯줄이 원호를 그리며 천천히 물속에 잠기는 모습을 지켜

본다. 그리고 천천히 릴을 푼다. 잭은 설레기도 하고 느긋하기도 해 보였다.

그것은 내가 평생 보고 싶어 한 광경이었다. 그것은 내가 학교에 가고 의사가 되고 결혼을 하고 아이를 낳고 생계를 꾸리고 세금을 내고 어려운 시기를 견뎌 내게 만든 광경이었다. 좋은 어린 시절을 보낸 어린아이가 행복한 인생을 시작한다.

물론 그들이 영원히 행복할지는 나도 모른다. 물고기를 한 마리 더 잡게 될 것인지조차 알 수 없다. 살다 보면 힘든 시기도 겪을 것이다.

하지만 그날 아침 선착장에서 낚시를 하는 아이들을 지켜보는 동안 나는 세계 8대 불가사의를 구경하는 것보다 더한 감동을 느꼈다. 그것은 내가 사는 세계의 놀라움이었다. 그보다 더 좋은 것은 없을 것이다. 그리고 이 순간은 앞으로 아이들이 보여 줄 많은 기적 중 첫 번째에 불과한 거라고 확신한다.

13

더 자세히:
유대적인 어린 시절의 요소

앞에서 5단계 주기 중 가장 중요한 것은 1단계라고 강조했다. 어린 시절의 유대는 육아에서 가장 중요한 과제다. 부모뿐만 아니라 많은 사람의 도움이 필요한 일이기도 하다.

내가 어린 시절의 유대에 관한 이야기를 하면 나를 약간 야릇한 시선으로 바라보는 사람들이 있다. 그들의 눈은 이렇게 말한다. "좋은 말이군요. 하지만 정확히 무슨 말을 하고 싶은 겁니까? 우리 아이들이 유대를 느끼며 어린 시절을 보내게 하려면 대체 어떻게 해야 하는 거죠? 설마 일을 그만두라거나 온갖 모임에 가입하라거나 좋은 사람과 다시 결혼하라고 말하려는 건 아니겠죠? 실질적인 제안을 말해 보세요. 실제로 할 수 있는 일 말입니다."

그럼 실질적인 제안을 해 보겠다. 그래서 이 장에서는 유대적인 어린 시절을 보내게 할 실질적인 방법만 제안하려고 한다. 유대적인 어린 시절을 위한 열두 가지 요소의 실천 방법이 준비되어 있다. 하지만 모든 것을 시도할 필요는 없다. 당신이 하기에 불가능한 것도 있고 그냥 흥미를 못 느끼는 것도 있을 것이다. 하지만 한두 개 이상을 준비한다면 아이와 함께 유대적인 생활을 할 수 있다. 다시 강조하지만 유대는 행복한 인생의 가장 중요한 요소다.

물론 모든 제안이 도움이 되지는 않을 것이다. 하지만 읽는 동안 활용할 수 있는 것들을 찾을 것이며, 많은 것을 직접 만들기도 할 것이다.

무조건적인 사랑과 가족의 화목

이 첫 번째 요소가 가장 중요하다.

하지만 안심해라. 아이들이 유대감을 느끼게 하기 위해 반드시 화목하고 완벽한 가정을 만들어야 하는 것은 아니다. 결혼을 할 필요도, 어느 특정한 종교를 믿을 필요도, 훌륭한 어린 시절을 보내야 할 필요도 없다. 당신이 할 일은 아이들에 대한 사랑을 실천하는 것뿐이다.

유대적인 가정에는 갈등이 있다. 실제로 갈등이 존재한다는 것은 유대가 있다는 좋은 증거다. 따라서 논쟁을 하고 화를 내고 소리를 지르고 가족으로서 할 수 있는 모든 것을 하고 있다면 그것으로 족하다. 그럴 때 당신의 가정은 끈끈하게 연결된다.

물론 차이를 해소하는 방식은 중요하다. 간단하고 좋은 규칙을 하나 소개한다면, 항상 서로 존중하려고 노력하는 것이다. 다시 말해, 때리거나 소리치지 말고 신체적인 폭력을 가해서도 안 된다. 나는 아이들에게 이렇게 말한다. "아빠 너희들을 절대 때리지 않을 테니까 너희들도 아빠를 때리거나 너희들끼리 때리지 않았으면 해." 아이들이 항상 그 규칙을 따르는 것은 아니지만 적어도 어떻게 해야 하는지는 안다.

요즘 가족의 유대를 방해하는 가장 큰 걸림돌 가운데 하나는 생활의 속도다. 우리 모두 너무 바쁘게 산다. 그런 문제를 극복하려면 서로를 위해 시간을 내야 한다. 더욱 유대적인 가정생활을 위한 방법을 몇 가지 소개하겠다.

● 어떤 것을 하고 하지 않는 이유를 설명할 때 쓸 수 있도록 유대의 개념을 분명하게 밝혀라. 아이들에게 이렇게 말해라. "우리는 가족으로서 화목하거나 서로 하나가 된 기분을 느끼는 게 정말 중요하단다." 그런 다음 아이들에게 그것이 무슨 뜻이며 왜 그것이 중요하거나 중요하지 않다고 생각하는지 말하게 해라. 아주 흥미로운 대화가 될 것이다.

● 가족끼리 저녁식사를 함께해라. 매일 저녁, 아니면 이틀에 한 번씩 그래야 한다는 것이 아니라 가능한 한 자주 하라는 것이다. 가족이 함께하는 식사를 필요 없는 행사로 만들지 말고 우선순위에 올려 두어라. 가족과 함께 저녁을 먹기가 어렵다면 아침 식사를 함께하도록 노력해라. 그마저 어렵다면 늦은 저녁에 모두 집으로 돌아와 간식을 먹으며 모이는 것도 좋다. 그런 시간은 필수다. 모이지 않으

면 유대감을 느끼기 어렵다.

● 겁을 주며 규칙을 정하려고 해서는 안 된다. 아이들에게 제약을 가할 때는 공명정대, 나눔, 존중 같은 원칙하에서 예의를 지켜야 한다. 부모가 더 크고 강하다는 이유로 어떤 행위를 강요하기만 해서는 안 된다. 그것은 배우자에게도 마찬가지다. 다른 아이를 괴롭히는 아이들은 집에서 부모에게 괴롭힘을 당하거나 부모 중 어느 한쪽이 다른 한쪽을 괴롭히는 모습을 본 아이들이 대부분이다.

● 가족 축하 행사, 의식, 소풍을 가는 전통을 정해라. 가장 흔한 것이 생일 파티다.(그렇다고 아이 생일 파티를 대통령 취임식 연회로 만들 것까지는 없다. 유대와는 거리가 먼 지나치게 사치스러운 생일 파티는 역효과를 내 오히려 시기, 경쟁, 분노를 조장할 뿐이다.) 생일 파티에 덧붙여 독립기념일 야외 요리 파티나 현충일에 묘지에 가서 전사한 가족을 기린 뒤에 소프트볼 경기를 하는 것도 좋다. 아이스크림 외출이나 특별한 날 저녁의 영화 관람, 금요일 저녁의 가족 보드 게임 같이 가족의 특별한 전통을 만들어라. 어떤 전통을 세우고 싶은지 서로 의논해서 정한 다음 해마다 실천해라. 식사 전에 감사 기도를 하거나, 모두 함께 모여 특정 텔레비전 프로그램을 보는(그렇다. 텔레비전도 유대에 한몫을 한다.) 등 매일 하는 특별한 의식뿐 아니라 각 주에서 발행된 자동차 번호판을 찾는 것처럼 차 안에서 모두가 즐길 수 있는 놀이도 가족의 유대에 큰 도움이 된다.

● 아이들에게 최대한 오랫동안 큰 소리로 책을 읽어 주어라. 큰 소리로 읽는 것은 아이들과 함께할 수 있는 최고의 활동이다. 그것은 유대감을 높일 뿐만 아니라 단어를 익히게 하고 상상력을 키워 준

다. 최근의 한 연구에 따르면, SAT 고득점과 가장 밀접한 관련이 있는 두 가지 활동은 아이 때 가족끼리 저녁을 함께 먹고 큰 소리로 책을 읽는 것이다.

● 접촉해라. 포옹하고 만지고 입을 맞추고 토닥여 주고 레슬링을 하고 뒹굴어라. 나는 때리지 말라는 말만큼 신체 접촉을 최대한 많이 하라고 충고한다. 가족 간의 신체적 친밀감은 인생 최고의 즐거움 중 하나다. 접촉을 통해 말로 할 수 있는 것보다 훨씬 더 근본적이고 믿을 수 있는 방법으로 사랑을 전할 수 있다. 아이들에게 사랑한다고 말하면 시간이 조금 지난 뒤에는 습관처럼 변해 아무렇지도 않게 느껴진다. 하지만 포옹은 무시할 수 없다. 시간이 지나 아이들이 더 자라면 부모의 포옹과 입맞춤에 저항하기 시작한다. 나는 그럴 때도 그냥 포옹하고 입을 맞추라고 조언한다. 물론 아이들이 원하지 않는 것을 억지로 하려고 해서는 안 된다. 하지만 아이가 아무리 무뚝뚝해도 껴안거나 입을 맞출 방법은 얼마든지 있다. 그게 불가능하다면 신체 접촉을 할 만한 다른 방법을 찾아보기 바란다.

● 철학적으로 설명해라. 나는 부모님의 조언을 듣는 것을 좋아한다. 지금 이 나이에도 그것에 위안을 얻는다. 아이들이 지루해 하더라도 엄마로서 혹은 아빠로서 조언해라. 그것은 사라지고 있는 육아법이다. 아이들에게는 그것이 필요하다. 부모들이 흔히 그러는 것처럼 화를 내며 비난을 하라는 것이 아니라 소박한 철학을 주고받는 역사 깊은 전통을 실천하라는 것이다. 아이들이 곁눈질을 하며 지루한 표정을 짓는 동안에도 부모의 말은 가슴 깊이 새겨진다. 당신은 부모님이 해 준 조언을 기억하는가? 나는 확실히 기억한다. 우리 아버

지가 남긴 조언은 친구가 한 명이라도 있다면 좋은 인생이라는 것이었다. 아버지는 항상 그 말을 했다. 우리 어머니의 조언은 항상 밝은 면을 보라는 것이었다. 이것은 깊이 생각하지 않아도 되는 단순한 말이지만 그 속에 든 의미는 심오하기 그지없다.

● 대화해라. 텔레비전 시청과 온라인을 통한 상호작용이 늘수록 가족끼리 대화를 주고받으며 보내는 시간이 줄어든다는 연구 결과가 많이 나와 있다. 차를 타고 가거나 부엌에 앉아 있을 때처럼 이야기할 시간을 찾아라. 부모로서 자신의 생각이 옳다는 것을 관철해라. 아이들이 커갈수록, 당신이 옳다고 생각하는 주제에 대해 밤새 앉아서 토론할 수 있는 노력과 의지가 필요해진다. 단절된 가족에게는 언쟁이 없다. 아무도 관심을 갖지 않기 때문이다. 자기가 하고 싶은 것을 하느라 너무 바쁘기 때문에 남의 행동을 간섭하려 하지 않는다. 부모는 어디까지나 부모다. 부모의 가장 중요한 임무 한 가지는, 안 된다고 말하게 될 때 그 이유를 논리적으로 설명하는 것이다.

● '매일 즐겁게 살아라. 아이들은 너무 빨리 자란다.' 당신은 이런 말을 얼마나 많이 들어 보았는가? 그것은 부모의 자세를 설명하는 가장 훌륭하고 진실한 조언이다. 다른 무엇보다도 아이들 자체를 즐겨라. 그렇게 한다면 나머지는 저절로 된다. 나무라고, 잔소리하고, 통제하고, 먹이고, 입히고, 일을 하며 하루를 다 보내지 마라. 가장 중요한 것은 오로지 그들을 기쁘게 여기는 것이다. 아이들 자체를 즐거움으로 여기면 눈에 보이지 않는 좋은 일들이 일어난다. 그래서 그것은 중요하다. 그것에 의지하며 살아라. 아이들 자체를 즐거움으로 생각한다면 긍정적인 에너지('발견되지 않은 두뇌의 전자기

적인 미세회로')가 부르는 긍정적인 힘이 발산되어 당신과 아이들을 에워싸기 시작한다. 공명 회로가 당신과 아이들 주변에서 작동한다. 당신이 무엇을 하든, 그것은 영화 〈코쿤Cocoon〉에서 등장인물들의 노화를 막은 마법의 물과 같은 역할을 한다.

그것을 믿고 행동해라. 과학적으로 증명될 때까지 기다리지 마라. 나는 그것이 사실이라는 것을 안다. 당신도 그렇게 알고 있다. 그걸로 충분하다. 다른 많은 사람도 그것이 사실임을 안다. 과학은 아직 그것을 입증하지 못했지만, 우리는 사람들이 교류할 때 생리 기능이 변화하고 건강이 좋아진다는 사실을 알고 있다. 과학은 이제 곧 내가 말하는 눈에 보이지 않는 신비한 힘을 입증할 것이다.

그런 마법의 힘은 그 어느 곳보다 아이들 주변에서 가장 강하다. 아이들 자체를 즐거워할 때 그 힘이 나온다. 그 마법에 당신의 긍정적인 에너지를 보태라. 그러면 그것의 특별한 힘으로부터 도움을 받을 수 있다. 아이들 자체를 기쁘게 여길 때 당신은 자신이 어디에 있는지, 몇 살인지, 무슨 문제로 고민하고 있는지 잊어버린다. 허리 통증이 가라앉고 경제적인 문제가 어느새 머릿속에서 사라지고 따르기 싫은 상사가 팟! 하고 사라진다. 당신은 그 어느 때보다 순수하게 긍정적인 에너지로 가득 충전된다.

할 수 있을 때 즐거라. 우리의 어린 시절이 눈 깜짝할 사이에 사라졌듯이 우리 아이들의 어린 시절도 그렇게 될 수 있다. 빨래, 숙제, 저녁식사 등 할 일들을 하느라 넋을 놓고 있지 말고, 매일 어떻게든 아이들과 함께하면서 어린 시절을 즐길 두 번째 기회를 붙잡을 방법을 찾아라.

친구, 이웃, 공동체

친구가 중요하다는 건 누구나 다 안다. 얼마나 많이, 어떻게 중요한가에 대해서는 논란의 여지가 많다. 그러나 대부분의 부모와 교사는 친구가 아주 중요하다는 사실 하나만 알아도 충분하다. 하버드 대학의 사회학자 로버트 퍼트넘은 은행의 돈만큼 중요한 인생 자산, 사회 자본으로서의 친구에 대해 말한다. 『나 홀로 볼링Bowling Alone』이라는 그의 저서뿐만 아니라 많은 연구에 따르면 친구는 정서적인 후원자일 뿐만 아니라 건강 자산이기도 하다. 친구가 많으면 건강하고 행복하게 살 가능성이 극적으로 상승한다고 한다.

미국의 어린이들이 쉽게 빠질 수 있는 함정은 물질주의다. 아이들은 자신이 자신의 영혼과 얼마나 깊이 연결되어 있는지 알지 못한 채 '부는 곧 행복'이라는 메시지를 흡수한다. 요즘 서점에는 아이들이 돈에 대해 잘 알아서 부자가 되도록 도와주는 방법을 다룬 베스트셀러가 포진해 있다. 아이러니하게도 아이들에게 친구를 사귀고 지키는 법만 잘 가르쳐도 돈은 저절로 따라온다. 돈의 중요성을 무시해서도 안 되겠지만 요즘 아이들은 성적과 돈 그 자체를 목적으로 지나치게 강조한다. 성적과 돈은 인생의 목적이 아니라 행복한 인생의 자연스러운 부산물이다.

작년에 뉴욕 교외의 한 공립 고등학교에서 4학년을 대상으로 강연을 한 적이 있다. 나는 유대적인 삶과 친한 친구의 중요성에 대해 말했다. 한 학생이 손을 들었다. 내가 지명하자 그 학생이 일어나서 말했다. "제 목표는 서른 살이 될 때까지 3천만 달러를 버는 건데요. 그런 날이 오면 친구를 원하는 대로 사귈 수 있을 거예요." 다른 아이들이 웃음을 터뜨렸다.

"정말 그렇게 생각하니?" 내가 물었다.

그 남학생은 커다란 테디 베어처럼 생겼다. 얼굴엔 미소가 가득하고 약간 뚱뚱하며 화려한 셔츠를 입었는데 친구가 아주 많아 보였다. 나중에 알고 보니 역시 학급 반장에다 친구가 아주 많은 아이였다. 그 남학생을 통해 그의 친구들 대부분이—그리고 같은 세대의 많은 아이가— 행복으로 가는 길은 돈으로 포장되어 있다고 믿는다는 사실을 알 수 있었다. 그가 내 질문에 대답했다. "예, 정말이에요."

나는 다시 물었다. "3천만 달러가 생기면 뭘 하고 싶니?"

"푹 쉴 거예요." 남학생이 그렇게 말하면서 앉자 웃음소리가 요란하게 터져 나왔다.

푹 쉬기 위해 부자가 되겠다는 목표는 우리들 대부분이 고등학생 시절이나 대학생 시절에, 아니면 마음에 들지 않는 직장에 들어간 첫날에 한 번쯤 품어 보는 목표다. 하지만 그것을 진지한 목표로 삼거나 많은 사람이 돈을 '꿈'으로 진지하게 받아들이기 시작한다면 문제가 있다. 비록 청중의 폭소를 자아내기는 했어도 푹 쉬려고 부자가 된다는 것은 단절된 사람의 목표다. 인생의 행복이 푹 쉬는 것을 의미하지는 않는다.

부모는 푹 쉬는 것 이외의 즐거움과, 최고의 성적이나 큰돈을 버는 것 이외의 목표, 그리고 아무것도 안 하는 것 이외의 꿈으로 아이들을 인도해야 한다. 처음부터 경제적 자본이나 성적보다는 사회적 자본을 강조해야 하는데, 이것이 돈만큼 중요한 어린 시절이 될 수 있다.

아이들이 자라 학교에 가면서 사회적 자본(특히 친구들)이 그 무엇보다도 중요한 영향력을 발휘할지도 모른다. 주디스 리치 해리스는 『양육 가설』에서 아이들이 집 밖에서 만나는 사람들, 특히 또래 친구들이 얼마나 강력한 힘을 갖고 있는지 증명해 보였다.

아이들이 당신에게 우정의 중요성을 가르쳐주게 해라. 부모들이 친구들과 가까이 지내는 것도 중요하다. 많은 어른이 부모가 되면 친구들과 멀어진다. 당신은 그런 실수를 하지 마라. 당신의 친구들과 연락해라. 당신의 아이들에게 또래 친구들이 필요한 만큼 당신에게도 친구들이 필요하다.

아이들이 친구, 이웃, 공동체와 교류하도록 도와줄 방법은 많다. 지금부터 그중 몇 가지 방법을 소개하겠다.

● 아이들과 우정의 중요성에 대해 이야기하고 당신이 친구들과 만나면서 그 말의 의미를 직접 보여 주어라. 부모는 일반적으로 성적이 중요하다고 잔소리하지만 우정의 중요성에 대해서도 말하고 직접 본보기가 되어야 한다.

● 우정의 원칙에 대해 말해 주어라. 수학이나 배워 두어야 하는 다른 것에 대해 이야기하는 것과 똑같다. 다음은 내가 중요하다고 생각하는 다섯 가지 원칙이다. 각자 중요하게 여기는 것을 추가해도 좋다.

1. 친구에게 성의를 다해라. 더 좋은 일이 생겼다고 자리를 떠서는

안 된다.

2. 다른 친구를 괴롭히거나 당황하게 만들거나 그 앞에서 잘난 체
하지 말아라.

3. 따돌림 받는 아이들과 함께하려고 노력해라.

4. 네가 대접받고 싶은 그대로 친구들을 대해라.

5. 아무리 가까운 친구 사이에도 질투, 분노, 적대감 같은 불편한
감정이 생길 수 있다는 것을 기억해라. 그런 감정에 대해 이야
기하고 용서해서 더 나은 관계로 발전시켜라.

아이들이 수학을 배우는 것처럼 위의 가르침을 열심히 배운다고
상상해 봐라. 학교생활이 더 좋아질 것이다.

● 아이들에게 당신의 친구들에 관한 이야기를 들려주어라. 그리
고 아이들에게 친구들에 대해 말해 달라고 해라. 이름 외에 더 많은
것을 알아봐라.

● 친구들의 부모에 대해서도 알아 두어야 한다. 그들이 아이들에
게 듣기 어려운 은밀한 정보를 알려 줄지도 모른다.

● 적어도 이웃 한 사람 정도는 설탕 한 컵을 빌리거나 며칠 집을
비우는 동안 우편물을 받아 달라고 부탁할 수 있을 정도로 친하게 지
내라. 예전만큼 이웃의 정이 끈끈하지는 않지만 완전히 담을 쌓을
필요는 없다. 노력하면 근처나 같은 층에 사는 한 사람 정도를 친구
로 사귈 수 있다.

● '새 이웃'과 더불어 사는 전략을 세워라. 주민들이 창문이나

울타리 너머로 아이들을 지켜봐 주던 '옛 이웃'은 미국 내 많은 곳에서 자취를 감추었다. 그것을 되돌리기는 어렵다. 하지만 그것을 대신할 수 있는 것이 새 이웃이다. 이 이웃은 학교나 놀이 집단, 보육원, 팀 스포츠, 직장에서 알게 된 부모, 아이들로 구성된다. 서로 다양한 지역에 살지만 전화, 이메일, 문자 메시지, 휴대전화를 통해서 연락할 수 있다.(이것들을 통해 이웃이 되는 게 가능해졌다.) 그리고 자동차를 타고 모이면 된다. 아이가 운전을 할 때까지는 부모가 새 이웃을 누비며 아이들을 이동시켜야 한다. 힘이 들기는 하지만 사회적인 접촉을 거의 하지 않은 채 오후 시간 내내 텔레비전만 보며 뒹구는 것보다는 낫다. 옛 이웃이 되돌아오기를 바라지 말고 새 이웃과의 삶을 효과적으로 즐기는 법을 배워라.

다음은 새 이웃과 더불어 사는 방법이다.

—모든 사람에게 '좋다'고 대답하지 마라. 운전해서 가기에는 너무 먼 곳이 많다.

—친척처럼 진정으로 믿고 대할 수 있는 다른 가족을 찾아라.

—새로운 종류의 모임을 만들어라. 보스턴 교외에 사는 한 엄마는 7학년 자녀들을 위한 책 읽기 모임을 시작했다. 아이들은 간식과 책을 가져다 놓은 방으로 들어가고 엄마들은(아빠 두어 명도 포함해서) 다른 방에 앉아 대화를 나눈다. 그리고 나중에 아이들과 부모들이 한자리에 모인다.

—학교가 도움을 줄 수 있다. 내가 아는 한 선생님은 자기가 가르치는 12학년 학생들에게 이메일 주소를 통해 자신과 다른 선생님에게 훨씬 더 쉽게 다가갈 수 있게 했다.

—어느 학교의 선생님은 아이들이 만나서 대화를 하는 '점심시간 친구' 프로그램을 시작했다. 학생들이 할 일이 너무 많아 잡담을 하며 노는 시간이 없다고 생각했기 때문이었다. 처음 이 프로그램을 위해 교실을 제공했을 때만 해도 얼마나 많은 학생이 참여할지 전혀 예상하지 못했다. 그런데 얼마 지나지 않아 더 큰 공간으로 옮겨야 했다. 그 프로그램의 성공은 아이들이 과제나 목적 없이 친구들과의 교류를 얼마나 원하는지 말해 주는 또 다른 증거다.

—우정을 쌓기 위해 새로운 의사소통 수단을 적극적으로 활용해라. 기술은 감당하기 어려운 상대가 아닌 동지가 되어야 한다. 예를 들어, 리스트서브(목록에 있는 사람들에게 이메일을 보내 주는 프로그램)를 이용해 여자 친구들 모임에 새로운 일정과 소식, 잡담을 매일 전달하는 것처럼 말이다.

—그러나 아이들의 일일 '전자 기기(텔레비전, 비디오, 닌텐도, 컴퓨터, 이메일, 문자 메시지, 전화 등) 사용 시간'을 제한해야 한다. 우리 집에서는 전화 통화를 제외한 사용 시간을 평일에는 하루 한 시간, 주말에는 하루 두 시간으로 정해 두고 있다. 요즘 전자 기기를 통한 의사소통은 친구와 이웃을 사귀고 우정을 쌓는 데 도움이 되지만 은밀하고 방에만 박혀 있는 공상적인 생활로 이어질 수 있다. 건강을 유지하려면 정기적으로 사람들과 얼굴을 맞대고 만나야 한다.

● 아이가 우정과 인기를 구별할 수 있게 해라. 인기를 얻으려는

목적 없이 진심으로 친구를 사귀는 덕목을 가르쳐라.

● 아이를 사회적으로 과잉보호하지 마라. 다시 강조하지만, 그렇다고 완전히 간섭하지 않는 것도 안 된다. 예를 들어, 아이가 3학년이 되었는데 놀림을 많이 받는다면 직접 나서서 담임과 문제를 의논해야 한다.

● 아이의 사회성에 문제가 있다면 도움을 구해라. 어린 시절의 우정과 왕따, 괴롭힘, 폭력 등에 관한 좋은 책이 많이 나와 있다. 요즘 내가 가장 즐겨 보는 책은 최근에 나온 마이클 톰슨의 공저서인 『최고의 친구, 최악의 적Best Friends, Worst Enemies』이다. 아이가 친구들 사이에서 문제를 겪는다면 이 책이 큰 도움이 될 것이다.

● 책 외에 다른 방법으로도 도움을 받을 수 있다. 아이를 충분히 관찰하는 담임교사에게 적절한 제안을 많이 들을 수 있다. 소아과 의사 역시 도움을 구할 좋은 대상이다. 아이 때 진단을 못 받아서 결국 치료 받지 못하고 지나치는 감정, 학습, 행동과 관련된 치료 가능한 문제들이 많다. 그런 문제들은 대부분 학업과 사회성 모두에 영향을 준다. 흔하지만 치료가 가능하고 잘 낫는 문제 몇 가지를 소개하겠다.

―우울증: 어린아이에게도 우울증이 발생한다. 실제로 약 20퍼센트의 어린이가 자라면서 심각한 우울증을 앓았다고 고백한다. 치료를 하면 우울증을 앓는 기간을 줄이고 그에 따른 피해를 크게 예방할 수 있다.

―학습 장애(Learning Disabilities)와 주의력 결핍 장애(Attention deficit Disorder): 나는 이 두 가지 장애를 모두 앓았다. 일반적인

생각과는 달리 이 장애들은 지능 부족과는 다르다. 실제로 학습 장애와 (혹은) 주의력 결핍 장애를 앓는 대부분의 사람들은 특별한 재능을 갖고 있다. 문제는 그런 재능을 찾아 키워 주는 것이다. 이런 아이들 중 다수가 사회성에 문제가 있다.

—불안 장애: 과도한 충동 장애와 사회 불안 장애, 일반적인 불안 장애 같은 상태는 아이들을 사회적으로 격리시키고 불행하게 만든다. 이런 장애를 치료할 때는 보통 정신요법과 명상을 병행하는 것이 효과적이다.

—심각한 대인 공포증: 불안 장애의 일종이며 흔히 유전된다. 수줍음을 타는 아이에게는 지도와 도움이 필요한데, 수줍어하지 말고 있는 그대로 행복하게 잘 사는 방법을 가르쳐 주어야 한다.

—반항 장애와 행동 장애: 병명이 암시하듯이 파괴적인 행동과 규칙을 따르지 않으려는 행동으로 나타난다. 치료는 어렵지만 처벌하는 것보다 훨씬 효과가 좋다. 그러나 이 장애를 앓는 아이들은 대체로 처벌을 받는다.

집안일, 아르바이트, 책임

독자들 목소리가 귀에 들리는 것 같다. "더 기다릴 수가 없어요. 집안일과 우리 아이들을 어떻게 '연결' 해야 하는지 말해 주시죠? 집안일, 아르바이트, 가족을 도와야 할 책임이 아이들이 가장 좋아하는 것 열 가지에 들 리는 없을 텐데요."

실은 우리 아이들도 그런 것들을 좋아하지 않는다. 솔직히 말하면 나도 마찬가지다. 나도 쓰레기를 내다 버리거나 설거지를 하거나 드라이클리닝 맡긴 옷이나 수선 보낸 신발을 찾아오거나 일이 생기기 전에는 자동차를 점검하는 것이 싫다.

　한마디 덧붙이면, 독자들에게 표에 할 일을 죽 적고 그 옆에 아이가 하나씩 완수할 때마다 확인 표시를 할 자리를 만들어 벽에 붙이라고 권할 마음은 없다. 더욱이 동기 부여 강사를 초빙해서 아이들에게 사회적 책임을 주입하라고 말하지도 않을 것이다. '집안일 해결사'를 추천하려는 것은 더더욱 아니다. 물론 나나 우리 아이들은 그런 사람을 찾고 싶어질 때가 있기는 하지만 말이다.

　나는 단지 집안일을 시키고 그와 더불어 여러 가지 책임을 부여하는 것이 우리 부모들이 놓치지 말아야 할 육아의 중요한 부분이라는 사실을 말하고 싶을 뿐이다. 많은 연구에 따르면(아, 툭하면 연구, 연구. 하지만 조지 베일런트의 가장 유명한 장기 연구의 주제에 내가 말하려는 내용이 들어 있다.), 아이가 집안일을 돕고 조금 더 커서 집 밖에서 몇 시간 동안 보수를 받고 일을 하면 미국의 심리학자 에릭 에릭슨이 '근면성'이라고 말한, 할 수 있고 하고 싶은 기분이 생기는 경향이 있다. 그것을 근면성이라고 부르든, 아니면 내가 이름 붙인 '할 수 있고 하고 싶은 기분'이라고 부르든 그런 느낌이 없는 사람은 뒤로 물러서는 경향이 있다. 그것은 그 사람이 게을러서가(행위 묘사에서 쓸모없는 표현이다.) 아니라 열등감을 느끼기 때문이다.

　믿을지 모르지만, 아이가 자신이 열등하지 않고 근면하다는 생각을 하도록 도와줄 가장 확실하고 실질적인 방법은 집안일을 시키는 것이다.

일은 마법 같다. 신기하게도 일을 하면 기분이 좋아진다. 내가 설거지를 싫어하듯이 일 자체가 싫어도 일단 하고 나면 하기 전보다 조금 더 흐뭇해진다.

독자들은 내가 희망 없는 칼뱅파라고 생각할지도 모른다. 그건 사실이 아니다. 오히려 내 친구들은 내가 쾌락주의자에 가깝다고 말한다. 하지만 나는 일의 긍정적인 가치를 알고 있다. 그것은 우리의 영혼에 가장 좋은 강장제의 하나다.

아이에게 할 일을 분명하게 말해 주고 잘할 수 있는지 확인한 다음 임무를 완수하게 해라. 그렇게 하지 않으면 아이는 부모가 주는 최악의 고통을 떠안는 위험에 빠지는데, 그것이 바로 자격지심이다. 자격지심이 있는 아이는 불쾌한 어른으로 성장한다.

하지만 그런 일이 일어나지 않게 막을 수 있다. 아이들에게 말해라. "엄마 일을 도와줘. 아르바이트를 해. 집에 도움을 좀 달란 말이야."

내 말에 동의하는 독자라면 이렇게 물을지도 모른다. "선생님, 정확히 어떻게 해야 그런 대단한 목표를 달성할 수 있죠?"

며칠 전 우리 식구들이 저녁을 먹고 난 뒤의 식탁 풍경을 보여 줬어야 하는데. 나는 세 아이가 맡은 일을 열심히 하지 않고 도움을 주려는 마음도 없다고 생각했다. 그래서 집안일이 모두 끝난 뒤에 식탁을 탕탕 두드리며 일장 연설을 시작했다. 너희 엄마와 내가 얼마나 열심히 일하는지 아느냐, 너희들의 작은 도움이라도 필요하다, 부모가 아이들의 시종이라는 생각이 들게 하는 건 불공평하다, 앞으로 세상이 요구할 것을 우리가 요구하지 않는 것은 옳지 않다, 앞으로도 용돈을 받을 거라면 하기 싫은 일이라도 하는 법을 아주 빨리 배우는 게 좋을 거다, 가족이라면 받기만 하지 말고 도움도 주어야 하니 용돈과는 상관없이(이 단어를 썼는지 잘 모르겠다.) 너희가 할 일을 해야 한다, 화를 내며 이런 말을 하고 싶지는 않지만 아빠로서는 규칙을 정하는 게 도리다, 그걸 따르지 않으면 문제가 커진다, 어쩌고저쩌고……

나는 넉 달에 한 번씩은 그런 연설을 한다. 그런데 그게 무척 효과가 있다. 지난번 연설 때는 루시가 훌쩍거리는 바람에 나도 덩달아 울었다. 하지만 딸의 눈물을 본 내가 마음이 약해져 "됐어, 됐어. 걱정 마. 엄마랑 아빠가 앞으로도 죽 노예 생활을 하면 돼."라고 말했다가는 수에게 얻어맞을 수 있다. 터커는 입을 하도 내밀어 바닥에 닿을까 겁날 정도였다. 하마터면 그 입술을 도로 밀어 넣으며 "아빠 말은 잊어버려. 네 하인이 되는 것도 멋진 일이야. 그러니 웃으렴, 부탁이야."라는 말이 튀어나올 뻔했다. 하지만 절대 그럴 수는 없었다.

그럼 잭은 가만히 듣고 있었을까? 잭은 유머 감각이 있는 아이다. 잭은 끝까지 내 연설을 잘 듣고 있었다. 연설을 끝내고 내가 말했다. "넌 엄마 아빠가 여섯 번씩 이름을 부르며 사정을 하지 않아도 아침에 잘 일어났으면 좋겠구나. 아빠가 일도 안 하고 하루 종일 침대에서 뒹굴면 기분이 어떨 것 같니?" 그 순간, 잭이 잽싸게 끼어들었다. "난 아빠가 집에 더 오래 있으면 좋겠어요." 잭은 눈동자를 빛내며 말했다.

나는 그 말에 웃을 수밖에 없었다. 강연을 마쳤는데 아무것도 얻은 게 없는 것 같았다. 그런데 아이들이 집안일을 꾸준하게 하기 시작했다. 완벽하지는 않아도 나아지기는 했다.

할 일 목록을 적은 표와 경영 컨설턴트를 부르는 것을 제외하고 부모가 할 수 있는 가장 좋은 방법은, 아이들에게 일을 맡기고 각자 일을 하도록 열심히 시키는 것이다. 집안일을 돕고 조금 더 자라 밖에서 일해 돈을 버는 것은 음식을 잘 먹거나 수학을 배우는 것만큼 소중한 경험이다.

그러나 일의 가치를 과장해서는 안 된다. 많은 연구 결과에 따르면 사춘기 청소년들이 집 밖에서 월급을 받는 일을 하는 것은 아주 좋지만 일주일에 20시간 이상 일을 하면 부정적인 효과가 나타난다고 한다. 지나치게 많은 일은 사회성, 학업, 감성 면에서 아이들을 위험에 빠뜨린다.

부모가 직면하는 가장 어렵고 중요한 과제 중 하나는 아이들이 집안일을 하고 책임을 받아들이는 습관을 길러 주는 것이다. 다음은 도움이 되는 방법이다.

● 한 가정을 지키려면 할 일이 많기 때문에 가족 모두가 집에서 일을 해야 하고 서로 도움이 되어야 한다고 설명해라. 이야기나 영화에 나오는 부정적인 예를 들어 버릇없고 으스대고 일을 할 필요가 없는 아이들이 얼마나 보기 싫은지 말해 주어라. 우리 집에서는 〈초콜릿 천국 *Willy Wonka & the Chocolate Factory*〉(1971. 로알드 달의 『찰리와 초콜릿 공장 *Charlie and the Chocolate Factory*』을 원작으로 만든

영화)에 나오는 버루카 솔트라는 여자 아이가 주로 언급된다. 버루카는 부자 아빠가 원하는 건 뭐든지 가져다주는 밉살스럽고 까다로운 소녀다. 우리 아이들은 모두 그 비디오를 보았고 하나같이 버릇없고 가증스러운 버루카를 싫어한다. 그래서 아이들 중 하나가 이기적으로 행동할 때면 수나 내가 이렇게 묻는다. "정말 버루카 솔트처럼 되고 싶은 거야?" 그러면 아이는 자기가 한 잘못된 행동을 부끄러워한다.(하지만 항상 그런 것은 아니다. 그 무엇도 '항상' 효과적이지는 않다.)

● 할 일을 정해 주기 위한 회의에 아이들을 참석시켜라. 일방적인 명령보다는 협정을 맺는 게 더 쉽다. 아이에 따라 합리적이고 적당한 일을 골라라. 예를 들어, 우리 집 막내인 터커는 혼자 식탁에 음식을 차릴 수 없기 때문에 루시가 그 일을 한다. 대신 터커는 자신이 사용한 그릇을 치우고 개밥을 준다. 그것은 터커도 거뜬히 할 수 있다.

● 용돈을 주기로 했다면 그것을 자신에게 주어진 집안일에 대한 대가로 여기게 하지 마라.(나는 용돈을 주는 것이 좋다고 생각한다. 아이들은 돈을 자유롭게 쓰고, 부모는 어떤 것을 구입할 때 용돈 줄 돈으로 산다고 말할 수 있다. 그러면 아이들은 자연스럽게 돈의 가치를 배운다. 그것은 우리 세대의 부모님들이 늘 우리 머릿속에 새겨 두려고 노력한 오래된 교훈이다.) 집안일은 아이가 용돈을 받건 안 받건 해야 한다. 부모는 아이들이 가족의 일에 도움을 주기를 기대해야 한다.

● 일을 기술을 배우고 자존감을 쌓는 현실적인 기회로 활용해라. 언젠가 '큰 오크나무 목장' 이라는 곳에 간 적이 있다. 앨라배마에 있는 이 목장은 버려진 아이들을 위한 곳으로, 아이들의 삶을 구해 내

는 놀라운 일을 하고 있었다. 이곳을 만들고 운영하는 존 크로일이 차로 목장을 안내했다. "시간이 지나면 이곳도 고아원이라고 불리겠죠. 우리는 구타를 당하거나 성적인 학대를 받거나 길가에 버려진 아이 모두 가리지 않고 환영합니다. 사랑이 넘치는 가정을 선물하고 대학에 갈 때까지 키웁니다. 그게 이곳에서 하는 일이죠. 우린 그 일을 아주 잘 해내고 있습니다." 키가 2미터에 가까운 존은 앨라배마에서 전설적인 미식축구 감독인 베어 브라이언트 밑에서 미식축구 선수로 뛰고 있었다. 그는 프로 미식축구 선수가 되는 대신 이 목장을 열었다. 그가 가진 철학의 핵심은 아이들이 유용한 노동을 하면서 책임감을 갖고 자존감을 얻도록 도와주는 것이다. 우리는 트랙터에 앉아 있는 남자 아이를 지나쳤다. 너무 어려 운전대 위로 얼굴이 잘 보이지 않았다. 존이 말했다. "저 아이 보이세요? 4만 달러짜리 트랙터를 운전하고 있죠. 저걸 운전하는 법을 배우려고 정말 열심히 노력했어요. 하지만 저 트랙터를 운전하는 것이 저 아이에게는 최고의 치료였죠." 노동은 치료에 도움이 된다. 나이를 불문하고.

● 아이가 어느 정도 크면(나이가 어느 정도 되어야 하는지는 부모가 결정하기 바란다.) 집 밖에서 일을 해서 돈을 벌게 하는 것도 좋은 생각이다. 그 전에 다른 식구의 일이나 집 안에서의 일을 도와줄 때 삯을 주는 식으로 준비를 시켜도 좋다.

● 아이들이 일에 대해 바람직한 생각을 갖도록 부모가 생활 속에서 직접 본보기를 보여라.

● 정말 힘들고 어려운 일을 좋게 포장하지 마라. 그런 일도 어쨌든 해야 한다. 인간은 일도 해야 하는 동물이다. 어릴 때부터 그런 교

훈을 배워 두어야 한다.

● 아이가 일을 하게 되었고 까다로운 상사를 만났다면 그것을 배움의 기회로 생각해라. 나쁜 교사와 마찬가지로 나쁜 상사는 모든 사람이 이겨 내야 할 장애물이다. 그런 상황을 안타깝게 여기고 극복할 방법을 함께 생각해 보는 시간을 가져라. 무엇보다도 아이에게 그만두라고 설득해서는 안 된다. 그러다 나쁜 선례를 만들 수 있다.

● 아이를 은행에 데려가 자신의 계좌를 개설하는 과정이 신기하고 흥미롭다는 것을 직접 체험하게 해라. 그것은 월 청구서를 이해하는 데도 도움이 된다.

● 책임과 기여 같은 단어를 쓰는 것을 어색하게 느낄 수 있다. 하지만 특히 아이들이 집안일과 다른 일을 하는 상황에서는 말해 주는 것이 중요하다. 아이들은 부모가 그런 말을 하면 생소하게 생각할지도 모르지만 어쨌든 기억은 할 것이다. 일과 책임, 기여 같은 단어를 연결하면 일에 대한 의미가 더욱 커진다. 그러니 기회를 포착해라. 기꺼이 어색함을 느껴라.

과외활동, 운동

이 내용은 앞에 나온 것보다 실천하기가 훨씬 더 쉽다.

아이들은 자연스럽게 운동과 다양한 활동을 하거나 취미를 갖고 싶어 한다. 안타깝게도 많은 학교가 정규 수업 시간을 늘리면서 그런 활동에 필요한 시간을 줄이고 있다. 부모는 그 틈을 메우도록 노력해야 한다.

다음은 운동 등 여러 활동에 참여하게 해 줄 방법이다.

● 아이의 목표는 운동이나 활동에 참여하는 것이지 뛰어나야 하는 것이 아님을 기억해라. 나는 어릴 때 잘하는 운동이 하나도 없었지만 지금은 스쿼시를 하면서 인생의 즐거움을 만끽하고 있다. 일주일에 한두 번 운동해 온 지 수십 년이 되었다. 지금도 그렇지만 뛰어난 스쿼시 선수였던 적은 단 한 번도 없다. 함께 운동하는 사람들이 나와 비슷한 수준이기 때문에 서로 고만고만한 실력에 머물러 있다. 하지만 나는 스쿼시에 푹 빠져 있다. 운동도 많이 하고 친구들도 꾸준히 만날 수 있다. 고등학교 때 시험도, 잘해야 하는 운동도 아닌 그저 심심풀이 게임으로 처음 스쿼시를 배우게 된 것을 무척 다행스럽게 생각한다. 스쿼시는 35년 동안 좋아하는 운동, 건강을 지켜 주고 정신을 맑게 해 주는 운동, 친구들과 우정을 쌓게 해 주는 운동, 몸을 단련시키고 마음에 안정을 가져다주는 운동으로 남아 있다.

● 가끔 아이에게 운동을 하거나 새로운 활동에 참여하도록 이끌어 주는 것도 좋다. 아이들은 새로운 운동이나 활동을 내키지 않아한다. 처음에 바보 같아 보이거나 실수를 할까 두려워서다. 그런 두려움을 이겨 내도록 부모가 아이 손을 잡고 데려가 적응하게 도와주어야 할 때가 있다. 어린 아이들이 더 쉽게 배우는 테니스, 피아노 등의 운동이나 취미 활동을 하도록 부모가 이끌어 주지 않았다고 원망하는 사람들을 나는 정말 많이 알고 있다.

● 부모의 꿈이나 부모가 아이에게 바라는 활동이 아닌 아이의 꿈을 좇게 해라. 예를 들어, 수는 루시가 발레를 하기를 바랐다. 하

지만 루시가 체조를 하겠다고 하자 마지못해 승낙했다. 루시는 몇 년 동안 아주 즐겁게 체조를 했다. 그러다 생각보다 시간이 너무 많이 소요되기 시작하자 그만두었다. 자신이 직접 내린 현명한 결정이었다.

● 경쟁을 지나치게 부추기는 열렬하고 광적인 부모가 되지 마라. 그런 사람이 이 책을 읽을 리는 없겠지만 적어도 그런 부모들이 자녀에게 어떤 피해를 입히는지는 말해 주어야 할 것 같다. 독자들도 너무 심한 압박감에 자살을 시도한 체조 선수나 피겨스케이팅 선수, 혹은 체중 감량을 지나치게 하다가 영구적인 섭식 장애를 앓게 된 발레 무용수에 관한 끔찍한 이야기를 들어 보았을 것이다. 이 문제를 철저히 연구한 『샌프란시스코 크로니클*San Francisco Chronicle*』의 스포츠 칼럼니스트인 조안 라이언이 쓴 『예쁜 상자 속의 소녀: 천재 체조 선수와 피겨스케이팅 선수 만들고 죽이기*Little Girls in Pretty Boxes: The Making and Breaking of Elite Gymnasts and Figure Skaters*』는 적잖은 충격을 불러왔다. 공부에 대한 과도한 압박이 미국의 청소년들을 죽이는 것과 마찬가지로 어떤 운동에 대한 심한 채찍질도 문제가 많다. 많은 아이가 자신에게 적당하거나 좋은 것은 무시하고 스스로 경쟁에 뛰어든다. 어떤 운동에서 스타가 되어 명문 학교나 명문 대학에 쉽게 들어가기 위해서다.

● 아이들이 저마다 다른 생각을 하는 것처럼 신체도 다르다. 아이에게 운동을 접하게 해 줄 때는 현재와 다른 몸을 만들려고 노력하기보다는 현재의 몸을 사용하는 방법을 배우도록 도와주어야 한다. 운동과 경기를 즐기는 법을 배워야 한다.

● 특히 남자 아이의 경우, 운동으로 안 좋은 경험을 하면 자존감에 상처를 입는다는 사실을 알아야 한다. 운동은 자신감과 긍정적인 자기애의 원천이기도 하지만 그만큼 아이에게 심각한 패배감을 안길 수도 있다. 운동장에서 받은 창피는 교실에서 받은 상처만큼 오랫동안 부정적인 영향을 주기도 한다. 실제로 교실에서 뛰어난 많은 아이가 방과 후 밖으로 나가서는 자신감을 완전히 잃는다. 운동장이든 교실이든 먼저 유대감을 쌓는 것이 중요하며 능력이 허락하는 만큼의 운동 실력은 그 다음이다. 하지만 운동이나 공부에서 부정적인 생각을 갖게 되면 아이는 자신에 대해 좋지 않은 감정을 갖는다. 자신감을 느낄 때만큼 열심히 노력하지 않고 결국 제 실력을 발휘하지 못한다. 아주 오랜 세월 동안 많은 코치와 교사가 그처럼 분명한 사실을 간과하고 있는 이유를 잘 모르겠다. 종류가 무엇이든 배움은 두려움이 없을 때 최고의 결과를 낳는다.

● 가능한 한 많은 운동과 활동을 접할 기회를 제공해라. 아이가 많은 것을 접할수록 평생 즐길 관심거리를 찾을 가능성이 높아진다. 가령, 부모가 오페라를 싫어하더라도 기회가 닿을 때마다 아이를 공연장에 데려가야 한다. 고백하지만 나는 우리 집 아이들을 단 한 번도 오페라 공연에 데려가지 않았다. 하지만 언젠가는 데려갈 생각이다. 아이들이 성인이 되기 전에, 아니 고등학교를 졸업하기 전에는 꼭 갈 것이다.

● 아이들에게 당신의 취미를 접하게 하되 강요하지는 마라. 나의 아버지는 목공 기술을 가르쳐 주었다. 아버지는 그것을 좋아했고 나도 곧잘 했다. 하지만 특별한 활동에 취미가 없어도 실망하지 마라.

당신의 열정을 아이들과 공유하기만 해도 된다.

● 어떤 활동이든 꼭 전문가가 되어야 그것을 즐길 수 있는 것은 아니라고 말해 주어라. 나는 정원 가꾸기에 소질이 없지만 형편없는 우리 집 정원을 무척 좋아한다. 지난 몇 년 동안 아이들과 함께 땅을 파고 화초를 심고 난 뒤에 잡초 사이로 올라오는 갖가지 꽃과 풀을 호기심 어린 눈으로 지켜보았고, 서툴지만 땅도 갈았다.

● 당신의 아이들 모두 음악 강습을 받는 것을 고려해 봐라. 여유가 된다면 그렇게 하기 바란다. 학교에서 교습을 받을 기회를 제공하거나 실력 있고 교습비를 저렴하게 받는 교사를 추천하기도 한다. 음악을 연주하면 두뇌 훈련에 아주 좋다. 더욱이 초보에서 어느 정도 실력을 쌓고 나중에는 평생 즐길 수준에 이르는 동안 연습하는 습관을 들일 수 있으니 아이들에게 여러모로 좋다. 그런 이점을 얻겠다고 아이들을 천재로 만들거나 스타가 되도록 압박해서도 안 된다. 음악 연주의 기초만 배우는 것도 아이들에게 많은 도움이 되며, 어쩌면 평생 이어지는 즐거움의 원천이 될지도 모른다.

과거에 대한 감각

아이를 과거와 연결시켜 주면 자신이 어디서 왔으며 앞으로 어디로 갈지 이해하는 데 도움이 된다.

예를 들면, 내 아버지는 교사였다. 아버지는 조울병을 앓았는데, 리튬이 정신질환 치료제로 상용화되면서 몇 년 동안 갇혀 있던 정신병원에서 나와 뉴햄프셔의 공립 초등학교에서 학습 장애가 있는 아이들을 가르치며 살 수 있게 되었다. 아버지는 이제 세상에 없지만 나는 학습 장애아들을 전문적으로 치료하는 소아 전문 정신의학자가 되었다. 교육과 정신질환 모두 우리 가족의 역사에서 큰 부분을 차지하기 때문에 나는 현재의 일에 강한 사명감을 느낀다.

아버지는 우리 아이들이 태어나기 전에 세상을 떴다. 나는 아이들에게 할아버지가 훌륭한 교사이고 항해사였으며(어릴 때 케이프코드에서 열린 경주에서 우승해 많은 트로피를 받았다.) 대단한 아이스하키 선수였다는(1930년대 하버드 대학에 다닐 때 미국대표였다.) 이야기를 들려주었다. 아이들이 자라면서 할아버지가 정신질환을 앓았고 교사로 일했다는 이야기도 자세하게 해 주었다.

과거와 연결되고, 한 번도 만나지 못한 사람과 연결되는 것이 내 아이들에게 정확히 어떤 영향을 끼칠지는 모른다. 어렸을 때는 아버지의 인생이 내 직업으로 이어질 거라고는 결코 생각한 적이 없었다. 아버지의 병이 내 인생에 끼칠 영향으로부터 가족을 보호하기 위해 정신의학자가 된 것은 아니다. 더욱이 아버지가 하던 일을 계승하기 위해 학습 장애아를 치료하는 일을 전문 분야로 삼지도 않았다. 다만 내가 지금까지 거쳐 온 것들을 생각할 때 우리는 놀라울 정도로 비슷하다.

나와 과거, 특히 아버지와의 연결은 내가 하는 일에 훨씬 더 큰 의미를 부여한다. 사람들은 내가 사명감을 갖고 있다고 말할지도 모른다. 내 아버지 같은 사람들이나 아버지가 도왔던 아이들과 가족들 같은 사람들을 돕겠다는 사명감 말이다. 당신이 자녀들 가슴에 과거와 연결되는 씨앗을 심는다면 그 씨앗이 무엇으로 자라게 될지는 아무도 모른다. 하지만 아이의 미래를 결정하는 영향력의 범위를 넓히고, 아이가 인생에서 더 깊은 의미를 찾고, 어른이 되어 소외감과 외로움을 덜 느끼게 되는 것만큼은 분명하다.

앞에서 언급한 브루스 스튜어트 교장은 이런 속담을 곧잘 인용한다. '우리는 우리가 피우지 않은 불로 온기를 얻는다.' 과거와의 연결은 아이들에게 그 불을 실제로 피운 사람들에 대해 가르쳐 준다.

아이들에게 과거를 알리기 위한 몇 가지 방법을 소개하겠다.

● 진짜 일어난 이야기를 해라. 그것이 가장 좋은 방법이다. 당신의 어린 시절 이야기, 아이들이 전혀 모르는 인생의 한 부분에 대해 들려주어라. 인터넷, 휴대전화, CD가 없던 시절에 대해 이야기해라. 가령 LP 음반을 아직 가지고 있다면 그런 '유물'을 아이들에게 보여주는 것도 좋다. 당신의 인생이 수백 가지의 이야기가 되고 아이들은 거기서 과거를 생생하게 느낄 수 있다.

● 더 많은 이야기를 해라. 이야기 속에 조부모가 등장하게 해라. 말로 전해지는 가족사가 아이들에게는 가장 매력적인 역사다. 재미있는 이야기, 충격적인 이야기, 영웅, 죽음을 무릅쓴 용기, 악당이 들어가는 이야기 모두 좋다.

● 훨씬 더 많은 이야기를 해라. 운전을 하는 동안 당신이 자주 가던 옛 공원이나 마을을 지나거나 도시의 달라진 구역을 통과하면서 관련된 이야기를 들려주어라. 예전에 우리 아버지는 보스턴의 스콜리 광장에 관해 이야기해 주었다. 그곳은 지금은 몰라보게 달라졌지

만 아버지가 해 준 이야기 덕분에 옛 스콜리 광장과 연결된 기분을 느낀다.

● 나이 든 사람들과 대화해라. 아이들이 과거에 대해 배울 수 있는 가장 좋은 방법이 바로 노인이 말할 때 귀를 기울이는 것이다. 아이들이 노인들과 있을 때 지루해 하지 않게 해 주고 '할아버지(할머니)가 우리 나이일 땐 어땠어요?' 같은 간단한 질문을 하면 아주 재미있는 이야기를 들을 수 있다고 귀띔해라.

● 큰 소리로 책을 읽어라.(이 책에서 여러 번 등장하는 방법이다.) 역사를 다룬 좋은 어린이 책이 많이 나와 있다. 그런 책은 어른들에게도 흥미로워서 큰 소리로 읽고 싶어진다.

● 가족의 전통을 지켜라. 전통이 행해지는 특별한 날에는 그 의미를 설명해라. 예를 들면 추수감사절이 있다. 우리는 왜 이 특별한 목요일에 함께 모여 음식을 먹을까? 왜 힘들게 그래야 할까? 도대체 무슨 날이기에 그럴까? 왜 힘들게 '감사해야' 할까? 하루 동안만 고마움을 전하고 1년 동안 완전히 잊고 사는 것은 좀 성의 없지 않겠니? 감사하는 마음이 들지 않는다면 추수감사절을 기념할 필요가 있을까? 다른 전통들은 자취를 감추었는데 추수감사절은 어째서 지금까지 지켜지고 있을까? 이런 질문은 대화를 흥미롭게 만든다.

● 세상을 떠난 가족이나 가족의 친구들, 그들이 살던 곳의 사진을 보여 주어라. 그들이 누구인지, 어떤 관련이 있는지, 그들의 인생에 대해 알고 있는 것을 알려라. 구식 자동차나 당시의 옷차림 등, 사진의 세세한 부분을 주의 깊게 보아라.

● 아이들을 위한 스크랩북이나 특별한 상자를 하나씩 보관해라.

나중에 커서 유치원에서 만든 공예품이나 5학년 여름방학 작문 숙제나 자기들이 찢어 버리라고 했던 앞니 빠진 사진들을 보면 아이와 부모가 모두 웃음을 터뜨리고 눈물을 흘리게 된다. 상자와 스크랩북에 사진뿐만 아니라 다른 물건들도 보관해라.

● 묘지에 가라. 좀 섬뜩하게 여길지도 모르지만 실제로 많은 묘지가 산책을 하거나 아이스크림을 먹거나 가벼운 놀이를 할 수 있는 아주 아름다운 장소를 제공한다. 죽음, 죽음 뒤의 일, 죽은 사람들이 지금 있는 곳에 관한 화제를 꺼낼 수 있는 좋은 방법이다. 물론 사람들마다 생각이 다르겠지만 아이들이 편안하게 죽음이라는 주제를 접하게 해 주는 것도 필요하다.

● 본보기가 되어 과거에 적극적으로 관심을 가져라. '옛날 사람들은 이 문제를 어떻게 해결했는지 보자'는 말로 새로운 문제에 접근해라. 문제는 과학 숙제를 하는 방법, 여자 친구나 남자 친구에게 처음 전화를 하는 방법이 될 수도 있다. 아이들에게 당신이 역사를 중요하게 생각한다는 점을 알려라. 아이들이 미래에 대해 궁금해 하는 것처럼 과거도 많은 비밀을 간직하고 있으며 그런 비밀을 찾아낼 수 있다고 말해라. 아이들이 이해할 수 있을 만큼 자라면 철학자 조지 산타야나의 명언 '과거를 기억하지 못하는 자는 그것을 되풀이할 뿐이다'에 담긴 뜻을 가르쳐라. 이 명언이 정치뿐만 아니라 공부에서 우정, 사랑, 거의 모든 것에 이르는 생활에도 적용된다는 사실을 알려 주어라.

예술

내가 말하는 예술은 음악, 그림, 데생, 조각, 영화, 문학, 무용, 연극 등을 모두 뜻한다.

예술 세계와의 연결은 부모가 유대적인 어린 시절의 구성 요소를 고려할 때 곧바로 생각나지 않을 수 있다. 하지만 조금만 생각해 보면 아이들이 박물관은 좋아하지 않더라도 미에 대한 타고난 감식가라는 데 동의할 것이다.

예술 역시 부모(와 교사)가 큰 차이를 만들 수 있는 영역이다. 아이들에게 무엇을 어떻게 보여 주느냐가 그들이 평생 이어질 즐거움을 찾을지 말지 결정할 수 있다.

다음은 아이들을 예술 세계로 긍정적으로 이끄는 데 도움이 될 실질적인 방법들이다.

● 아이들이 가는 대로 따라가라. 실제로 모든 아이가 그림을 그리거나 이야기를 들려주거나 이런저런 것을 만들고 싶어 한다. 여기서 예술과의 관계가 출발한다.

● 큰 소리로 읽어라.(바로 앞에도 이 방법이 나왔다.) 아이들이 이야기와 말을 좋아하도록 자극하는 최고의 방법은 어릴 때 큰 소리로 읽게 하는 것이다.

● 주변에 책을 놓아두어라. 아이들의 방에 가져다 놓아라. 사전 사용하는 방법을 알려 주어라. 단어와 그 뜻, 단어의 뜻이 변화한 과정에 대해 이야기해라.

● 집에서 항상 음악을 틀어 두어라. 아이들이 일정한 나이가 되면 부모가 이 문제를 좌우할 여지가 사라진다. 하지만 그 전에는 장르를 구분하지 말고 온갖 종류의 음악을 들려주어라. 그때가 이후 몇 년 간 아이들이 모차르트 음악을 들을 마지막 기회일지 모른다.

● 집에 악기를 하나 가져다 놓아라. 아이가 피아노 강습을 받고 싶어 할 때 피아노를 빌리면 많은 돈이 들지 않고 바이올린을 빌리면 더 저렴하다. 그게 아니더라도 장난감 기타나 전지를 넣어 작동하는 키보드나 탬버린, 캐스터네츠, 심벌즈, 종 같은 장난감 타악기를 가져다 놓아도 좋다.

● 공연장에 가라. 관현악단을 운영하는 도시 부근에 산다면 1년에 한 번쯤은 가족을 모두 데리고 공연을 보러 가라. 지역 밴드에 관심을 두고 여름에 공연을 하는 밴드를 찾아보아라. 케이프코드 채텀의 내 고향 마을에는 아직도 금요일 밤마다 마을 광장에서 밴드 콘서트가 열린다. 내가 어린아이였던 1950년대부터 지금까지 계속된 공연이다. 나는 네 살 때 공연이 열릴 때마다 무대 앞 풀밭에서 춤을 추었다. 요즘은 내가 아닌 다른 네 살짜리 꼬마들이 그곳에서 춤을 춘다.

● 춤을 추어라. 저녁마다 부엌에서 춤을 출 수는 없지만 거실에서 가끔 출 수 있을 것이다. 마음 가는 대로 해라. 춤은 바로 그런 것이다. 그것은 훌륭한 '신체 교육'이다.

● 밑그림을 그리고 색칠을 해라. 아이들은 손가락 그림을 그리는 것부터 김이 서린 뿌연 창문에 그림을 그리는 것에 이르기까지 그리는 것이라면 다 좋아한다. 고무찰흙으로 조각을 가르쳐 주거나 케이

크를 만들어 상상력을 동원해 재미있고 즐겁게 장식하는 것도 좋다.

● 아이들이 사진을 찍게 해라. 보통 가족 중에 사진을 주로 찍는 사람이 있다. 아이에게 도와 달라고 부탁하자. 어린 나이에 사진을 찍게 해서 사진의 아름다움을 알려 줄 수 있다. 디지털 시대에 사진은 무척 다양한 요소를 지닌 기술이다. 어느새 아이들이 당신을 가르치려 할 것이다.

● 야구나 요리에 대해 이야기해 주듯이 예술에 대해 이야기해 주어라. 예술에 대해 겁을 먹거나 두려워하지 않게 유도해라. 많은 사람은 예술이 고상한 사람들의 전유물이라고 생각하며 성장한다. 하지만 실제로 예술은 우리 모두를 위해 있다. 그림을 보고 아이의 감상을 들어 보아라. 그림 보는 방법을 설명해 주어라. 색이 몇 가지인지, 모양이 몇 개인지, 혹은 얼굴이 몇 개인지 물어보며 놀이를 해도 좋다. 『월리를 찾아라!*Where's Wally?*』와 『나는 찾아요*I Spy*』 같은 책에 그림 감상 놀이가 잘 소개되어 있다. 이 책들을 참고해서 박물관이나 조각 공원의 작품을 감상하러 가도 좋다. '명작'이라는 말은 쓰지 말자. 그러면 아이는 타고난 솔직함을 잃어버릴지도 모른다. 모나리자가 못생겼다고 생각하면 정말 그렇게 말할 수 있어야 한다.

자연

아이들은 기회만 닿으면 자연과 접촉하려고 한다. 실제로 어린 시절은 인생의 다른 어떤 시기보다도 자연을 자주 접하는 시기다.

아이들은 바깥 활동을 많이 해야 한다. 요즘 아이들의 바깥 활동의 가장 큰 경쟁자는 텔레비전, 인터넷, 닌텐도 같은 전자 기기다.

다음은 그런 경쟁자들을 잘 물리치고 아이와 자연의 교류를 늘리기 위한 방법들이다.

● "밖에 나가서 놀아." 이 세 단어가 집집마다 들리던 시절이 있었다. 지금은 이웃이 약화되거나 사라지면서 아이들이 바깥에 나가 몰려 다니며 노는 것이 어렵다. 아이들이 놀 수 있는 외부 공간을 찾아주면 어떨까. 공원이나 공유지, 아니면 남의 집 뒤뜰도 좋다. 당신이 아이들과 함께 다니거나 그렇게 해 줄 다른 부모를 찾아야 한다. 예전처럼 이웃의 자체 감독 기능을 기대할 수 없기 때문이다.

● 수영을 배워라. 아이들은 모두 수영을 배워야 한다. 수영을 배우면 자기 생명을 구할 뿐만 아니라 자연과의 가장 행복하고 짜릿한 유대를 맛볼 수 있다. 바다나 호수에 가기 어려우면 지역 단체나 센터, 학교, 아동 기관을 이용해라.

● 자전거를 타라. 많은 도시에 자전거 전용도로가 있다. 자전거는 아이들이 자연과 접하고 세상을 탐험하고 친구들과 어울릴 수 있는 최상의 수단이다. 가족끼리 자전거를 타도 즐겁다.

● 하이킹을 해라. 개인적으로 나는 하이킹을 싫어한다. 햇볕, 벌레, 가시나무, 덩굴옻나무, 열기, 피곤과 땀이 싫고 전체 과정이 마음에 들지 않는다. 하지만 이 책에 내가 좋아하는 것만 소개하는 건 불공평하리라 생각한다. 하이킹을 싫어하는 건 내 문제지, 하이킹의 문제는 아니다. 진작 좋아하고 싶었지만 그렇게 되지 않았다. 그렇지

만 독자들은 좋아했으면 한다. 아이들과 함께 자연을 느낄 수 있는 좋은 방법이기 때문이다. 소풍을 가는 것도 좋다.

● 자연에 대해 이야기해라. 아이들은 적어도 어릴 때는 당신이 하는 이야기를 그대로 받아들인다. 자연에 대해 이야기하면 관심을 가질 것이다. 자연에 관한 그림책을 구입하는 것도 좋다. 외출할 때 지도책을 들고 다녀라. 『내셔널 지오그래픽 *National Geographic Magazine*』을 구독해라. 자랄 때 그 잡지를 본 기억이 있는가? 누구나 구독했고, 그 책에 실린 발가벗은 어른을 안 본 사람이 없을 정도였다. 물론 그 잡지는 자연을 찍은 경이로운 사진들을 주로 싣는다.

● 정원을 가꿔라. 정원 가꾸기를 할 수 없는 곳에 산다면 창틀 아래에 화분을 기르거나 그냥 집 주변에 화초를 심어도 된다. 아이들이 자라면 정원이나 실내에 무슨 나무를 심거나 가꿀지 직접 선택하게 해라. 아이들에게 정원이나 식물을 보살피는 책임을 맡겨도 좋다. 내가 하이킹은 싫어해도 정원 가꾸기는 좋아하는 단 한 가지 이유는 아주 어렸을 때 할머니와 고모가 하는 것을 보았기 때문이다. 정원 가꾸기는 정말로 어른의 행복을 약속하는 어린 시절의 뿌리가 분명하다.

● 구름을 봐라. 맑은 날에는 아이들과 함께 땅바닥에 누워 구름을 바라봐라. 무슨 모양이 보이는지 이야기해라. 구름은 동물, 사람, 산 등 갖가지 모양을 닮아 있다. 땅바닥에 바로 눕는 행동은 그야말로 자연과 당신을 연결한다. 독특한 시각으로 구름을 올려다보고 있노라면 세상에 대한 특별한 감상에 빠진다.

● 별을 바라봐라. 구름을 볼 때처럼 바닥에 누워라. 별이 많이 뜬

밤을 선택해라. 보이는 것에 대해 이야기해라. 특별한 모양을 보는 아이도 있고 보석, 별자리, 천국을 보는 아이도 있다. 어떤 아이는 호기심을 갖거나 꿈을 품기도 한다.

● 비행기를 탈 때는 창밖을 내다봐라. 어른들은 대개 그것을 시시하게 여길 것이다. 하지만 처음 비행기에 타서 창밖을 봤을 때를 기억하는가? 나는 기억한다. 현기증이 날 정도였다. 비행기에서 아래를 내려다보면 전율을 느끼는 것은 물론이고 자연을 새로운 시각으로 보게 된다. 육지의 모양과 바다를 보면서 더 큰 시야에 대한 감각을 얻는다.

● 환경을 존중해라. 아이들이 자연을 사랑하기 시작하면 우리가 잘 보살펴야 그 속에 살 수 있다는 사실을 상기시켜라. 환경의 위기로 인한 가혹한 현실로 어린 아이들을 위협해서는 안 된다. 양치질을 잘 하라고 시키는 것처럼 땅과 바다를 잘 지켜야 한다고 가르쳐야 한다.

애완동물

이번 내용도 실행에 옮기기 쉽다. 대부분의 부모에게 결정을 내려야 할 때가 온다. 애완동물을 기르느냐 마느냐, 이것이 문제다.

애완동물을 기르는 것이 상상을 초월할 정도로 좋다는 사실을 증명하는 연구를 일일이 예로 들어 독자들을 따분하게 만들고 싶지는 않다. 애완동물은 아이들뿐만 아니라 성인과 노인들에게도 좋다.

애완동물의 어떤 점이 아이들에게(어른들에게) 좋을까? 몇 가지 장점을 나열해 보겠다.

1. 애완동물은 당신을 사랑한다. 여기에는 의문의 여지가 없다.

2. 애완동물은 다투지 않는다.

3. 애완동물은 매우 훌륭한 청취자다.

4. 애완동물은 적절한 때 웃는다.

5. 애완동물은 당신에게 관심이 있다.

6. 그러나 애완동물은 당신이 어떻게 생겼는지, 당신 부모의 재산이 얼마나 많은지, 당신이 어떤 성적을 받았는지, 당신이 어떤 어려움에 처해 있는지, 혹은 당신이 이를 닦았는지 안 닦았는지에 대해서는 관심이 없다.

7. 애완동물은 책임감을 가장 잘 가르친다. 애완동물을 기르는 것은 생명을 가진 존재를 보살피는 훌륭한 연습이다.

8. 애완동물은 가정의 분위기를 끌어올린다. 짖고 먹고 싸지만(가끔은 무자비하게) 꼬리를 흔들고 핥고 입을 맞춘다. 달콤한 소리를 내며 긍정적인 에너지를 집 안에 퍼뜨린다.

9. 애완동물은 휴식하는 법을 가르친다. 침착해지는 방법을 보여준다. 거실 바닥에 대자로 누운 개나 자기가 좋아하는 의자에 축 늘어진 고양이 같은 모양으로 쉬는 사람을 본 적이 있는가? 우리 집 3층 재택사무실 창문에는 에어컨처럼 비죽 튀어나온 작은 유리 상자가 있다. 바로 우리 집 고양이 루이를 위한 상자다. 루이는 그 상자 속에 들어가 이웃집을 살필 수 있지만 거기서 녀석이 즐기는 것은 고작 잠이다. 책상에서 글을 쓰다가 고개를 들고 창문 상자 안에서 졸

고 있는 루이를 보면 웃음이 난다. 글이 잘 안 쓰여도 스트레스가 줄어드는 것 같다.

　10. 애완동물은 사랑과 상실을 가르친다. 애완동물의 죽음이 사람의 인생에서 가장 고통스러운 순간이 될 수 있다. 아이는 죽음과 상실에 대해 배운다. 어릴 때 기르던 개가 죽어서 슬펐던 기억 때문에 자녀가 애완동물을 기르지 말았으면 하는 사람들도 있다. 하지만 인생의 회피할 수 없고 불가피한 것에서 아이들을 보호할 수도, 보호해서도 안 된다. 모든 사랑에는 상실이 따른다. 그런 사실을 회피하기보다는 받아들이는 편이 낫다. 여기서 '받아들인다' 는 것은 단순히 '다루거나' '수용한다' 는 의미 이상을 담고 있다. 장례식에서 큰 소리로 노래를 부르는 것처럼 받아들이라는 말이다. 실제로 죽음을 받아들일 수 있다면 사랑을 훨씬 더 자유롭고 깊고 완전하게 하게 될 것이다.

　물론 당신이나 아이들이 알레르기 반응을 보인다면 애완동물을 키울 수 없다. 아니면 사는 지역의 법이 애완동물을 금지한다면 그것도 불행한 일이다.

　그러나 이런 경우에도 이야기와 동물 인형으로 애완동물과 아이의 관계를 이어줄 수 있다. 동물 인형은 살아 있는 동물과 똑같이 생명을 느낄 수 있고 똥을 누지도 않는다. 어린 시절을 추억할 때 가장 오래 기억에 남아 있는 것이 바로 동물 인형이다. 모든 아이가 동물 인형을 많이 가지고 있다.

　다음은 내가 제안하는 방법이다.

- 애완동물을 길러라!
- 애완동물을 길러라!
- 애완동물을 길러라!
- 애완동물을 길러라!
- 애완동물을 길러라!
- 애완동물을 길러라!
- 애완동물을 길러라!
- 애완동물을 길러라!
- 애완동물을 길러라!
- 기를 수 없다면 동물 인형으로 대체하라!

아이디어와 정보

부모와 교사는 성적과 SAT 점수에만 관심을 쏟지 말고 아이들이 다른 아이들의 생각을 알도록 유도하는 것이 중요하다. 지난 수십 년 동안 우리는 사람들의 마음이 어떻게 다른지에 관해 아주 많은 사실을 발견했다. 세상에 똑같은 마음이나 두뇌는 존재하지 않는다.

다시 말해, 아이의 약점뿐만 아니라 장점과 재능을 가능한 빨리 찾아내려고 노력해야 한다. '똑똑함'과 '어리석음', '정상'과 '학습장애' 같은 잘못된 구분을 없애고, 모든 아이가 자신의 강한 분야와 취약한 분야를 찾도록 도와주어야 한다.

그런 과정에서 책 읽기, 수학, 시계 분해, 스케이트 타기, 학교에서 발표하기, 낚시 등 아이가 배우고 있는 것에 어떤 감정을 느끼는지 지켜보아야 한다. 학습 행위에 대한 감정이 긍정적일수록 아이가 평생 동안 학습에 즐거움을 느낄 가능성이 높다. 그 아이는 평생 배우는 학생이 될 것이고 그런 태도는 인생에 많은 도움이 된다.

따라서 부모와 교사는 가능하다면 일찍부터 성격, 기질, 학습 방식, 좋아하는 활동, 상대적인 약점 등 아이의 구체적인 특성을 파악하는 것이 좋다. 아이가 어떤 생각을 가지고 있는지 파악하면 아이가 적어도 한 개 분야에서, 가능하면 많은 분야에서 성공하고 재미를 느끼도록 도와주고 싶어진다. 이는 학습 활동에 대한 긍정적인 유대로 이어진다. 학습 행위와의 긍정적인 유대는 정보와 아이디어의 세계에서 위안과 즐거움을 얻게 해 주고 결국 지속적인 기쁨뿐만 아니라 큰 성과로 이어진다.

성적만 강조하고 공부와 관련된 감정을 무시하는 것은 중대한 실수다. 공부를 편안하게 생각하고 부끄럽거나 창피하다는 생각 없이 도와 달라고 말할 수 있는 아이는 망설이거나 두려워하는 아이보다 훨씬 더 많은 것을 배운다. 세계적인 교육 전문가인 프리실라 베일의 말처럼 '감정은 공부의 온/오프(on/off) 스위치와 같다.'

내 경우를 예로 들어 보겠다. 나는 1학년 때 읽는 법을 배우지 못했다. 그리고 난독증이 있다는 사실을 알았다. 1955년 당시만 해도 글을 읽지 못하면 바보라는 진단을 받기 십상이었다. 하지만 나는 운이 좋았다. 엘드리지 선생님은 읽지 못하는 원인이 바보이기 때문만은 아니라는 사실을 직감적으로 알고 있었다. 요즘 우리가 난독증 치료에 이용하는 오튼-길링햄 독서법이라는 다감각적 접근법 같은 것을 선생님이 알 리 없었다.

선생님은 자신이 할 수 있는 방법을 썼다. 내게 난독증이 없는 새로운 두뇌를 줄 수는 없었지만 내 두뇌가 괜찮다는 확신을 갖게 해주었다. 그래서 아이들이 돌아가면서 책을 큰 소리로 읽는 시간에 엘드리지 선생님은 내 옆에 앉아 한 손으로 내 어깨를 감싸고 자기 품으로 끌어당겼다. 나는 내 차례가 되면 더듬거리기만 했다. 하지만 내가 그러는 동안 킥킥거리는 아이는 아무도 없었다. 내 옆에 '마피아'가 앉아 있었기 때문이다.

선생님의 팔은 커다란 선물이었다. 얼마나 훌륭한 IEP(Individualized Education Program. 특수교육 대상인 소아와 청소년의 능력을 계발하기 위해 개인별 특성에 따라 지도하는 미국의 교육 프로그램)였는지 모른다. 그 팔은 그 이후로 죽 내 어깨를 감싸고 있다. 나는 지금도 책을 느리고 힘겹게 읽는다. 아직도 난독증을 앓고 있는 것이다. 하지만 하버드 대학에서 영어를 전공했고 우등으로 졸업했다. 엘드리지 선생님의 팔이 없었다면 그런 일은 결코 일어나지 않았을 것이다.

연구에 따르면 아이가 학습 행위와 정보와 아이디어의 세계에 편안하게 적응하게 되면 인생을 즐겁게 살고 성공할 가능성이 극적으로 높아진다고 한다. 반면에 일찍부터 자신의 머리가 부족하다는 정보를 접한 아이들은 그것을 사실로 믿어 버려 배움을 포기하고 타고난 재능을 키우려는 노력을 절대 하지 않는다.

자신의 두뇌를 스스로 과소평가하는 아이들은 어디에도 없다. 하지만 몇 세기 동안 교사, 친구, 심지어는 부모까지 그런 방해 행위에 동참했다. 이제 그것을 중단할 때가 왔다.

부모와 교사는 아이들이 배우도록 이끌 뿐만 아니라 자신의 생각을 편하게 여기게끔 도와주기 위해 특별한 노력을 해야 한다. 많은 아이가 학교에서 평가하는 것을 잘 못한다는 이유로 자신의 생각을 부끄럽게 여기며 성장한다. 당신의 아이에게는 그런 일이 일어나게 해서는 안 된다. 자신의 머리가 무엇을 하고 싶어 하고 또 잘하는지 찾을 수 있도록 도와주어라. 공연히 아이의 두뇌가 이해하지 못하는 것을 자꾸만 가르치며 허송세월을 보내지 마라.

나는 그런 면에서 부모들을 도와주기 위해 『두뇌와 빗속을 산책하며A Walk in the Rain with a Brain』라는 제목의 어린이 책을 썼다. 주인공인 두뇌는 맨프레드 혹은 그냥 짧게 프레드라고 불린다. 이야기 속 소녀(이름은 루시다. 처음에는 우리 아이들을 위해 이 책을 썼다.)는 프레드에게 자신을 똑똑하게 만들어 달라고 부탁한다. 그러자 프레드가 대답한다. "넌 이미 똑똑해. 그냥 네가 무엇을 잘하는지만 알면 돼." 소녀가 그 말에 대해 곰곰이 생각하자 프레드가 한마디 덧붙인다. "세상에 똑같은 두뇌는 없어. 최고의 두뇌도 없단다. 두뇌는 저마다 특별할 뿐이야."

아이들은 각자 자신이 어떻게 특별한지 알아야 한다. 자신의 한계뿐만 아니라 재능을 찾아야 한다. 프레드의 말은 동화의 일부지만 과학적으로 정확하다. 세상에 똑같은 두뇌는 없으며 최고의 두뇌도 없다.

따라서 나는 부모들에게 프레드의 생각을 받아들이라고 조언한다. 우리 모두가 똑똑하다. 그저 무엇에 똑똑한지 찾으면 된다.

아이들에게 성장한다는 것은 마음이 어떻게 작동하는지, 어떤 문제를 갖고 있는지, 장점과 단점을 어떻게 다루어야 하는지 아는 과정이기도 하다고 말해라. 모든 두뇌가 저마다 특별하며 성장하는 동안 자기 두뇌의 특성에 대해 점점 더 많이 알게 될 것이라고 말해라.

장점과 관심의 대상을 찾는 것과 더불어 약점을 알아내 주의를 기울이는 것도 중요하다. 문제를 찾으면 소아과 의사, 학교의 심리 교사, 혹은 다른 전문가와 서둘러 상담해라. 주저하지 마라. 학교에서 읽기를 힘들어 해서 특별 수업을 받는 아이들의 70퍼센트가 일찍부터 관리를 받았더라면 상태가 더 악화되지 않았을 것으로 추정된다.

여기서 일찍은 유치원이나 초등학교 1학년 무렵을 뜻한다. 나이가 들수록 바꾸기 어려워진다. 최근에 이루어진 두뇌를 주제로 한 많은 연구에 따르면 어릴 때부터 이미 아이와 환경의 상호작용에 따라 두뇌 배선이 결정된다고 한다. 집에서 아이에게 큰 소리로 책을 읽어 주고 박자를 익히고 알파벳 놀이를 하고, 유치원과 1학년 때 교사가 발음과 글자를 연상하는 능력을 키워 주려고 노력한다면 읽기 문제를 예방하는 것보다 훨씬 더 많은 이득을 볼 수 있다.

요즘 대부분의 학교에서 시행하는 평가 방법은 아이로 하여금 실패하게 한다. 학습 장애 분야의 세계적인 전문가인 라이언 리드는 이렇게 쓰고 있다. '읽기에서 제대로 된 출발을 하지 못한 아이들은 그 뒤로 거의 따라가지 못한다. 우리는 기다리고 아이들은 실패한다. 그렇게 되도록 내버려 두어서는 안 된다.'

자녀가 유치원생이거나 초등학교 1학년생일 경우 또래에 비해 단어를 읽거나, 글자의 음을 말하거나, 시를 짓거나, 비슷한 음의 단어나 음절의 차이를 구분하는 데 어려움을 겪는다면 당장 전문가에게 데려가기 바란다. 나이가 들면서 친구들에 비해 구두 표현(말하기),

쓰기 표현, 읽기나 수학에 문제가 있어도 전문가에게 데려가야 한다. 아이가 읽는 게 싫다거나 천천히 읽는다거나 읽은 것을 기억할 수 없다고 말할 때도 서둘러 전문가를 찾아라.

마지막으로 연령에 관계없이 아이가 학교에서 좌절감을 느끼거나, 생각보다 성적이 잘 나오지 않는다거나, 선생님 말이 너무 빨라 따라갈 수 없다거나, 알아들을 때도 있지만 그렇지 않을 때도 있다거나, 특별한 한 과목을 따라잡는 것이 어렵다거나, 자신이 바보 같거나 나쁘다고 생각한다고 털어놓으면 전문가에게 데려가기 바란다.

전문가는 많은 변수를 평가하고 결과를 바탕으로 아이에게 알맞은 계획을 세우도록 도와준다. 적절한 평가로 판단할 수 있는 뇌 기능의 종류가 얼마나 많은지 알면 놀랄 것이다. 두뇌 기능의 종류를 예로 들면 다음과 같다.

- 인지 능력
- 문제 해결 계획 수립
- 언어 수용
- 언어 표현
- 기억(언어적 · 시각적 기억)
- 자동 기억
- 단어 복구
- 인식
- 시공간적 조직화
- 집중력

- 음운 인식

- 문자 인식

- 읽기

- 독해

- 쓰기

- 쓰기 규칙

- 문자언어

- 철자 인식

- 철자 복구

- 자동 연산

- 수학 계산

- 수학 개념

- 수학 문제 해결

이 검사는 복잡하며 여느 학교 전문가들이 다루는 범위를 넘어선다. 이해관계의 충돌(다시 말해, 학교는 전문가를 채용할 때 되도록 너무 많은 아이에게 특별 서비스를 하지 말라는 암묵적인 지시를 전달한다. 그런 특별 서비스에 많은 비용이 들기 때문이다.), 불충분한 교육, 과로에 대한 부담 등 몇 가지 이유로 학교 전문가에게 항상 기대는 것은 옳지 않다.

잘 훈련된 전문가를 만나는 데 드는 비용은 치과 교정비용보다 저렴하며, 그보다 훨씬 더 중요한 일이다.

그런 전문가를 찾으려면 안목이 좀 필요하다. 먼저 소아과 담당

의사에게 물어보는 것도 좋다. 하지만 소아과 의사라고 해서 완전한 평가에 무엇이 필요한지 다 아는 것은 아니다. 따라서 특히 신경 심리학자에게 조언을 구하고 싶을 때가 있다. 검사 분야에서 최고의 훈련을 받은 사람들이 있다. 신경 심리학자는 심리학자보다 더 많은 것을 다룬다. '신경'이라는 이름은 신경학, 두뇌과학, 인지 기능에 대한 첨단 검사에 대해 더 공부했다는 것을 뜻한다. 이상하게 들릴지 모르지만 나는 피상적이고 불충분한 검사로 인한 피해를 많이 목격했다.

또, 적절한 개입을 통한 검사, 아이의 필요에 구체적으로 들어맞는 개별 교육, 학교와의 상담, 학습 전략의 변화, 치료를 통해 아이가 큰 도움을 받는 것도 많이 보았다.

지금부터는 아이가 정보, 아이디어의 세계와 매우 중요한 유대를 맺도록 도와줄 방법 몇 가지를 소개하겠다.

● 모든 두뇌는 다 다르며 최고의 두뇌를 가진 사람은 아무도 없다는 사실을 인식해라. 또, 우리 어른들이 자라면서 함께한 '똑똑함'과 '어리석음'의 이분법은 부정확하며 부정적이다. 아이의 두뇌를 파악하기 위해 노력하고 그 과정에서 아이에게 두뇌를 활용하는 방법을 알려 주어라. 이것은 평생을 고민해도 모자라는 아주 복잡한 문제다. 물론 당신에게 그럴 시간은 없을 것이다. 하지만 오해의 소지가 있는 꼬리표('똑똑함'과 '어리석음'이 가장 대표적이다.)를 뜯어내고 아이의 두뇌를 더 잘 이해하기 위해 노력한다면 아이가 자신의

두뇌를 가장 효과적으로 다루게끔 도와줄 수 있다. 아이의 두뇌를 이해하기 위해 도움을 받고 싶다면 멜 레빈의 『아이의 뇌를 읽으면 아이의 미래가 열린다A Mind at a Time』를 읽어 볼 것을 권한다.

● 가장 흔하고 위험한 학습 장애인 두려움을 없애기 위해 최선을 다해라. 두려움의 사촌인 부끄러움은 겉으로 드러나는 그 어느 학습 장애보다 더 아이들을 망설이게 만든다. 실수를 할지도 모른다는 두려움은 잠재력을 발휘하지 못하게 막는다. 아이의 교실과 학교가 공포에 점령당하지는 않는지 확인해 봐라. '동기 부여'를 한답시고 아이를 조롱하고 있지는 않은지 되짚어 봐라. 자신의 실수가 오로지 조롱거리로 받아들여진다고 인식한 아이는 실수를 하지 않으려고 안간힘을 쓸 것이다. 그러나 실수가 없으면 배움도 없다.

● 집에서 배우는 것을 칭찬해라. 운동을 잘하거나 예의가 바르거나 다른 사람을 돕는 것만큼 집에서 배우는 것을 가족들이 존중하게 해라. 배움이 좋은 성적을 받는 것에 머물러서는 안 된다. 신을 신는 법을 배우거나, 함께 퍼즐을 맞추거나, 할머니의 '괜찮다'는 말이 진심이 아니라는 결론을 정확하게 내릴 때 등 칭찬으로 아이의 배움을 존중해라. 위의 마지막 예는 사교적인 요소가 포함되어 있다. 이는 인생살이에 도움이 되는 매우 중요한 기술이므로 특히 더 많은 관심과 격려가 필요하다.

● 집 안 눈에 띄는 장소에 사전을 가져다 놓아라. 그리고 단어를 찾으며 활용해라. 집에서 가족끼리 저녁식사를 하다가 누군가 잘 모르는 단어가 나오면 사전을 찾아봐라. 사전의 정의를 읽기 전에 각자 생각하는 단어의 뜻을 말하다 보면 재미있는 놀이가 될

수도 있다.

● 가족과 게임을 해라. 방법을 정해라. 잔돈 바꾸기, 각 접시에 음식 나누어 놓기, 개수 추정하기(채소 잎, 머리카락, 모래알, 밤하늘의 별 등), 이자 계산하기, 여러 가지 결과에 대한 확률 추측하기 등 일상에서 수학을 연습할 기회는 무궁무진하다.

● 아이들에게 큰 소리로 책을 읽어 주어라. 이 방법을 여러 번 언급하는 이유는 다양한 영역에서 아주 중요하기 때문이다. 큰 소리로 책을 읽는 것은 가족의 화목을 유도한다. 또한 아이가 정보, 아이디어와 편안한 유대를 쌓는 데 도움이 된다.

● 아이가 적당한 나이가 되었다고 생각할 때 컴퓨터의 세계를 가르쳐 주어라. 특히 정보와 아이디어를 제공하는 수단의 의미에서 컴퓨터를 그들 세계의 일부로 만들어라. 하지만 컴퓨터(텔레비전과 비디오, 휴대전화를 비롯한 모든 전자 기기)를 통해 정보, 아이디어, 타인과의 유대를 찾는지, 그것들이 위의 목적 중 어느 하나의 대용품이나 중독의 원인이 되지는 않는지 확인해야 한다.

● 아이들에게 정보와 아이디어의 세계를 고문실이 아닌 놀이터로 보여 주어라.

● 아이가 항상 "왜 그래요?"라고 묻도록 격려해라. 물론 그것은 양치질을 시킬 때 보이는 반응이 아니라 정말 이해하지 못하는 문제에 대한 반응이어야 한다. 하지만 맨 처음 양치질을 시킬 때는 그런 질문을 받을지도 모른다.

● 잘 모르는 것이 있으면 부끄러워하지 말고 새로운 것을 배울 기회로 생각하라고 가르쳐라. 완벽하게 아는 사람도, 완벽한 것도 없

다. 잘 모른다고 부끄러워하는 대신 잘 모르겠다고 말하는 것을 편하게 생각하고 기꺼이 배울 기회로 삼아야 한다. 예를 들어, 나는 대학교 4학년 때까지도 『전쟁과 평화War and Peace』를 읽지 못했다. 영어 전공자로서 많은 사람이 위대한 소설이라고 생각하는 것 정도는 읽어 두는 게 당연했다. 지도교수였던 윌리엄 앨프리드 교수가 그 전공서적을 읽지 않았다고 부끄러워하며 말하는 내게 이런 말을 했다. "이런, 자넨 정말 운이 좋아!" 교수님은 마치 내가 복권에 당첨되기라도 한 것처럼 큰 소리로 말했다. "창고에 쌓인 굉장한 즐거움이 언젠가는 자네 차지가 되겠군!"

● 윌리엄 앨프리드 교수의 지혜를 당신의 아이들에게(혹은 아이들의 선생님들에게도?) 전할 수 있다면 잘 모르는 것을 은밀하고 죄스럽게 여기지 않고 열정적으로 알려고 노력하게끔 만들 수 있다.

기관과 조직

유대가 있는 어린 시절을 생각해 볼 때 기관과 조직은 금세 떠오르지 않는다. 어른들과 더 연관된 것 같기 때문이다. 하지만 어린 시절을 살펴보면 주요한 기관, 조직과의 관계로 가득하다. 그런 기관과 조직 중 가장 눈에 띄는 것은 학교지만 클럽, 연맹, 팀, 협회 같은 것들도 있다. 형태는 없지만 우리가 기관과 조직이라고 부르는 집단 속에서 사람들과 어울리는 법을 배우는 것이 중요하다.

기관과 조직 안에서 번영하고 성장하는 방법을 배우는 것은 읽기와 쓰기를 배우는 것과 같은 수준의 중요한 기술이다. 그런데도 우리는 그것을 충분히 가르치지 않는다. 하지만 그것은 아이들이 스스로 터득해야 할 기술이다. 물론, 집단에서 살고 일하게 하려면 아이를 물에 던져 넣고 헤엄을 칠 수 있는지 없는지 지켜보는 것보다 일찍부터 연습을 시키고 지혜롭게 인도하는 편이 더 낫다.

그것은 우리 아이들의 행복과 건강한 삶을 위해 중요하다. 또, 아이들이 큰 집단 속에서 살아가는 방법을 가르치는 기관과 조직의 건강을 위해서도 중요하다. 하버드 대학의 사회학 교수인 로버트 퍼트넘은 『나 홀로 볼링』에서 과거 수십 년 동안 부모교사 협의회, 스카우트, 소년·소녀단, 종교 단체 등 아이들과 직접적인 관계가 있는 미국의 기관과 조직의 힘이 크게 축소되었다고 지적하고 있다.

유대의 한 형태인 기관과 조직과의 유대는 어릴 때 출발하면 더 오래, 더 강하게 지속된다.

기관, 조직과의 특별한 유대를 올바르게 시작하는 방법을 소개하면 다음과 같다.

● 아이들의 연령을 고려해 더 큰 집단 안에서 생활하기 위한 기본 사항을 설명해라. 적당한 나이는 학교에 갈 무렵이다. 이미 보육 시설에 다니는 동안, 혹은 친구 생일 파티에 갈 때 당신이 설명했을 수도 있다. 예절, 자기 차례 기다리기, 남의 말 경청하기, 나누기 등 기본 원칙을 알려 주어라.
● 아이가 더 크면 집단의 실제 모습에 대해 설명해도 좋다. 그러면 아이가 집단의 잔인성을 겪더라도 덜 놀라고 덜 상처받는다. 예

를 들어, 아이들이 학교에서 누명을 쓸 때가 있다. 학급에서 이런 일이 생기면 주먹을 불끈 쥐고 괴로워하거나 분통을 터뜨리며 교무실로 달려가지 말고 건설적으로 대응하는 법을 가르쳐라. 아이가 피해자라면 도움을 구하는 방법뿐만 아니라 부정적인 시선을 피하는 법에 대해 조언해라. 학교에서 부정적인 말을 들었다면 그만큼 가정에서 독려해라. 이해할 수 있는 나이라면 인간 본성의 어두운 면이 집단 속에서 어떻게 발현되는지, 집단이 주류와 다른 방식의 것에서 전형적으로 어떤 위협을 느끼는지 설명해라. 그런 다음 인간 역사에서 이루어진 모든 발전은 남과 다르고, 보통 사람들의 고정관념을 뛰어넘는 생각을 하고, 집단에 저항하고, 자신의 주장을 내세운 용감하고 유능한 누군가에게서 출발했다는 사실을 말해 주어라.

아이가 누명을 씌우는 집단에 소속되어 있다면 그런 일에 가담하지 않는 방법을 일러 주어라. 이 기술은 나이에 상관없이 중요하다. 집단이 잔인하거나 잘못된 행동을 한다는 것을 알고 그들의 의지에 저항하는 법을 배울 수 있다면 아이는 자랑스러운 인생을 살게 될 것이다. 누군가가 어떤 집단의 유혹을 받고 있다거나, 당신의 경험담을 들려주거나, 아니면 상황을 예측해서 어떻게 대응해야 하는지 가르쳐 주면 도움이 된다. 예를 들어, 아이에게 이렇게 물어보아라. "누가 놀이터에서 '토미는 너무 이상하게 생겼으니까 때려 주러 가자.'고 하고, 다른 아이들도 '그래, 가서 때려 주자.'라고 하면 넌 어떻게 할 거야?" 아이가 무슨 말을 하거나 어떻게 행동할지 모른다면 이렇게 하라고 가르칠 수 있다. "우리 모두 토미를 때리지 않으면 좋겠어. 웃기게 생겼으면 어떤데?", "날 공격하지도 않는 사람을 때리는 건 말도 안 돼." 또는 어떤 것이든 당신의 가치관과 일치하는 대답이면 된다. 무엇보다도 집단적인 응징은 잘못된 행동이고 잔인하며, 그것에 익숙해져서는 안 되고 저항하는 것이 옳다는(힘들 때가 많겠지만) 점을 일찍부터 가르치려고 노력하는 것이 중요하다. 아이가 군중, 또래 집단, 파벌, 혹은 자기가 속한 어느 조직이나 기관 속에서 찾은 하위문화에 좌우되지 않고 독립적으로 생각하는 법을 배울 수 있다면 개성과 자존심이 있는 개인으로 성장할 것이다.

● 이런 토론을 일반적인 용기와 명예에 관한 이야기로 확대해라. 아이들은 학교에서 실제로 결정을 해야 할 상황에 놓이면 용기를 내거나 옳은 일을 하는 게 얼마나 힘든지 알게 된다. 예를 들어, 이런 생각을 하기 쉽다. '아무도 안 보는데 좀 속이면 어때?', '싸움을 말리지 말고 그냥 모른 척하자.' 등

● 아이의 학교 사람(들)과 친구가 돼라. '참여' 같은 기능적인 용어가 아닌 '친구' 라는 말을 쓴 것은 부모와 아이가 종류를 불문하고 조직과 기관에 열심히 참여하게 할 근본적인 힘을 강조하고 싶어서다. 그것은 인간의 온기가 주는 힘이다. 따스함이 사라지면 머지않아 단절이 온다.

그럼 기관이나 조직과는 어떻게 친구가 될 수 있을까? 거기 있는 사람들과 친구가 되면 된다. 학교를 예로 들면, 아이의 선생님과 친구가 돼라. 학교에서 일하는 관리인, 교장 선생님, 그리고 교장 선생님을 보조하는 직원, 다른 학부모와 친구가 되는 것이다. 당신과 친구가 되고 싶어 하는 것처럼 보이는 모든 사람과 친구가 돼라.

학교(학교에 있는 사람들)와 친구가 된다면 학부모교사협회나 교과

위원회, 혹은 놀이터 등을 개선하기 위한 위원회에 참여하게 된다. 또 위기 상황이 발생하면 망설임 없이 해결하려고 노력하게 된다. 그럴 때 학교 사람들은 당신을 열정적으로 돕는다.

게다가 학교 사람들과 친구가 되면 아이의 교육에도 도움이 된다. 교직원들이 당신의 아이에게 잘 대해 준다. 또, 기관을 대하는 방법에 대한 본보기가 될 수 있다. 부모가 학교와 맺은 관계는 아이에게 기관 안에서 어떤 역할을 해야 하는지 말해 주는 중요한 본보기다.

● 학교를 기관이나 조직이 무엇인지 가르치기 위한 예로 활용해라. 학교는 협동과 협력, 사회적 책임의 가치를 보여 주는 구체적인 예다. 아이들은 구체적인 실례를 들어 주지 않으면 그런 개념을 분명하게 이해하지 못한다.

● 지역 내에 아이들이 참여하고 싶어 할지도 모르는 동아리나 조직이 있는지 찾아봐라. 집에만 있는 것보다 그런 단체에 참여하는 습관이 들면 평생 계속하게 된다.

● 정치에 관한 이야기를 해라. 아이들에게 정부가 어떤 일을 하는지 설명해라. "윽!" 당신의 반응은 이럴 수 있다. 그냥 자기가 사는 도시가 어떻게 운영되는지 기본을 설명하라는 것뿐이다. 요즘 많은 아이가 자신이 살아가는 민주주의 국가에서 무슨 일이 일어나는지 전혀 모르고 자란다.

● 무관심은 정치에 대한 유대 증진을 방해하는 큰 장애물이라는 사실을 알아야 한다. 아이들이 정부에 참여할 수 있는 간단한 방법에 대해 생각해 봐라. 정치 기관을 방문하거나 지역 국회의원을 만나라. 투표를 할 때 아이를 데려가라. 저녁을 먹으며 후보들에 대해

토론해라. 민주주의 국가에서 사려 깊게 행동하는 미래의 유권자가 되도록 도와라.

● 배타성, 관료주의, 정치적 싸움 등 기관과 조직 안에서 생기기 쉬운 위험 요소를 지적해라. 그냥 관여하지 않는 것보다 그런 불가피한 문제들을 해결할 더 건설적인 방법을 생각하도록 도와주어라. 예를 들어, 어른들은 대부분 직장에서 겪는 갈등을 무척 미숙한 방법으로 다룬다. 대개 문제를 해결할 생각은 하지 않고 험담하고, 모함하고, 책임을 남에게 돌리고, 푸념을 하고, 심지어는 거짓말을 하거나 직장을 그만두기까지 한다. 많은 사람이 상사와 직장을 마치 자신의 부모, 그것도 심술궂은 어머니와 아버지처럼 다룬다. 그래서 성숙한 태도로 접근하지 않고 토라져 발을 구르며 화를 낸다.

어린 시절은 더욱 성숙한 접근법을 배울 좋은 시기다. 아이가 선생님과 부모, 혹은 코치와 부모, 직장에 다니게 되었을 때 상사와 부모를 구분하는 법을 배운다면 미래에 성공한 직원, 성공한 상사가 될 귀중한 교훈을 얻는다.

● 아이들에게 당신의 모교나 당신이 오랫동안 도움을 준 자선단체 같은 특정 기관과 조직에 열성을 다하는 모습을 보여 주어라. 잘난 척하거나 위선적으로 보이고 싶지 않은 마음에 다른 사람들에게는 공개하지 않더라도 아이들에게는 꼭 말해 주어야 한다. 당신이 참여하는 조직에 돈을 내고 있다는 사실, 그런 일을 하는 이유를 반드시 이야기해라.

신과 (또는) 영적인 삶

아이들이라면 누구나 이 세상에서 벌어지는 일에 대해 궁금해 한다. 종교적 믿음에 의해 '차단' 되는, 뜨거운 논란이 벌어지고 있는 영역으로 자연히 발을 들여놓게 된다. 아이들은 죽은 사람에게 무슨 일이 일어나는지 궁금해 한다. 별 저편에 무엇이 있는지, 사람들이 나쁜 짓을 왜 하는지, 인생에서 벌어질 모든 나쁜 일들에서 자신을 보호해 줄 어떤 힘이 존재하는지 궁금해 한다. 형제들은 왜 태어나며 왜 자신에게 관심이 집중되지 않는지, 엄마와 아빠가 죽으면 누가 자신을 돌봐줄지, 기도를 하면 누가 들어주는지도 궁금해 한다. 내 딸 루시처럼 '내가 혼자가 되면 누가 내 곁에 있어줄지' 도 궁금해 한다.

그런 의문들은 해답을 얻지 못해도 표현할 수단을 찾는 동안 영적인 생활로 이끈다.

나는 부모들에게 자녀와 함께 그런 의문들에 대해 생각해 보라고 권하고 싶다. 그것은 부모와 아이 모두에게 좋다. 부모에게는 설명을 해 주는 동안 자신의 영적인 면을 돌아보고 다시금 느낄 좋은 기회가 된다.

과거에는 아이가 태어나는 동시에 신도의 자격을 부여하는 종교가 있었다. 베이비붐 시대에 태어난 내 세대가 그것을 바꾸었다. 요즘은 많은 가정에서 아이들이 어느 종교에도 속하지 않는 것을 당연하게 받아들인다. 우리 세대는 조직화된 종교가 가끔 드러내는 위선과 오류를 피하기 위해 아예 다른 곳으로 시선을 돌렸다.

그런 태도는 공허감으로 이어지기도 했지만 좋은 기회를 부르기도 했다. 지금은 부모가 아이들에게 전통적인 교리를 당연히 믿어야 한다고 가르치지 않는다. 물론 그렇게 할 수도 있다. 예를 들어, 수와 나는 세례를 받고 교인이 되었으며, 아이들을 성공회 신도로 키웠다. 하지만 요즘은 과거만큼 특정 종교를 믿어야 한다는 강한 사회적 압박을 받지는 않는다. 이 나라 국민들은 종교적 자유라는 멋진 선물을 받았다. 역사적으로 수백만 명을 희생한 대가로 얻은 정말 소중한 선물이다.

나는 부모들이 그런 자유를 무시하거나 당연시하지 말고 최대한 활용하라고 말하고 싶다.

영적인 생활은 법의 보호를 받는 매우 개인적인 문제다. 그 때문에 더욱 아이들에게 영적인 생활을 권할 수 있다. 단 하나의 옳은 길은 없다는 믿음은 민주주의의 초석이자 이 나라의 가장 큰 자유의 초석이다.

나는 독자들이 이 문제를 무시하지 않기를 바란다. 종교는 회피하고 싶은 무척 개인적이고 혼란스런 주제일 수 있다. 하지만 아이들과는 그렇게 하면 안 된다. 친구를 사귀거나 돈을 쓰거나 성적인 느낌을 고민할 때 도움이 필요한 것처럼 영적인 문제에 대해서도 부모의 도움이 절실하게 필요하다.

그냥 인생의 수수께끼에 대해 이야기하는 것만으로도 영적인 유대의 씨앗을 뿌릴 수 있다. 아이들과 인생의 큰 문제에 관해 이야기하고 함께 해결하기 위해 노력한다면 영적인 삶이 자연스럽게 뿌리를 내린다. '이 세상에는 왜 악이 존재할까?'나 '죽은 뒤에는 무슨 일이 일어날까?' 같은 문제를 고민하는 동안 믿음이나 신앙은 아니더라도 직관과 영성이라는 것과 합일되는 느낌이 생긴다. 그런 느낌에 계속 집중한다면 그것은 남은 생애 동안 자라고 발전하고, 외로울 때 곁을 지켜주며, 전혀 예상치 못한 순간에 효과적으로 사용된다.

해답을 찾기 어려운 그런 의문들을 표현하려고 고민하는 동안 지식을 초월하는 감정이 마음속에서 우러난다. 어두운 방에 있는 사람처럼 바닥을 더듬으며 점점 더 방에 대한 느낌을 얻는다. 그것은 어디에 무엇이 있는지, 어떻게 하면 안전한지 알게 해 주는 감각이다. 당신이 할 일은 늘 해답을 구하지만 결코 해결되지 않는 그런 의문을 항상 열어 두는 것이다.

무신론자, 로마 가톨릭 신자, 불교 신자, 합리적 실증주의자, 혹은 나처럼 성공회 신자 등 자신을 뭐라고 부르든 상관없이 당신은 인간이며, 인간이라면 모르는 것을 알게 되길 갈망한다.

이런 점에서 아이들은 특히 인간적이다. 모든 것을 알고 싶어 한다. 아이가 신앙으로 설명할 수 있는 질문을 하기 전에 미리 도움을 줄 준비를 해 두어야 한다. 하지만 반드시 해답을 갖고 있어야 하는 것은 아니다. 이런 기도도 있지 않은가. '하느님, 항상 진리를 구하게 도와주소서. 그것을 찾은 이들을 보내 주소서.'

종교와 상관없이 부모로서 할 일은 아이가 정신적인 유대를 찾고 얻는 동안 곁에 있어 주는 것이다. 아이와 그 여정을 함께하는 것이다. 어떤 것이든 당신의 의견을 제시해라. 세상에 신은 없다고, 아니면 신은 어디에나 있다고 말해도 좋다. 하지만 질문과 답을 구하는 여정을 존중하고 아이와 함께해라. 그 과정에서 무엇을 얻게 될지는 아무도 모른다.

다음은 아이가 영적인 유대를 얻도록 도와줄 수 있는 방법이다.

● 당신의 영혼을 찾아라. 당신은 이렇게 말할지도 모른다. "알았어요. 점심만 먹고 곧바로 해볼게요." 하지만 말뿐이고 실천하지 않을 게 뻔하다. 대신 다음 두 가지 질문을 자신에게 해라. '나는 어떤 종교에 마음이 가는가?', '내 아이에게 어떤 종교를 소개하고 싶은가?' 배우자에게도 똑같은 질문을 해 봐라. '무교'도 합리적인 대답이다. 하지만 종교 문제를 무시하지 않고 표현하는 것이 좋다.

● 계획을 세워라. 영적인 학습의 기초를 어디에 두든, 아이들에게 어떤 방법으로 영성에 대해 알리고 싶은지 계획을 세워라. 계획해 둔 종교나, 믿는 종교가 없다면 다른 방법을 이용해도 된다. 여기서 다른 방법이란 몇 년 동안 아이들과 나누는 즉흥적인 대화일 수도 있다. 아니면 함께 책을 읽거나 아이에게 책을 읽어 주거나, 묵상회나 축제에 참여하거나, 지역에서 열리는 다양한 종교 행사에 참석하는 계획을 짜거나, 더 신중하게 명상이나 기도를 배우게 하는 것도 좋다.

● 아이들이 할 만한 질문에 대비해라. 아이들이 언제 이런 질문들을 퍼부을지 모른다. "할머니는 죽으면 어디로 가?", "엄마는 죽으면 어디로 가?", "엄마와 아빠가 비행기 사고로 죽으면 내 생일 선물은 누가 사줘?" 등등.

● "나도 잘 모르겠구나."보다 더 결정적인 대답을 해야 한다고 느끼지 마라. 중요한 것은 질문을 존중하며 그런 질문을 하는 아이에게 화를 내지 않는 태도다. 부모는 대답할 수 없는 질문을 받으면 화를 내기 십상이다. 때문에 아이들과 그런 주제에 대해 이야기할

때는 자신이 어리석거나 부족하다는 생각이 들 수도 있다는 사실을 염두에 두어야 한다. 아이들이 질문을 많이 하게 해라. 그런 질문들은 보물이 숨겨진 단단한 땅을 파내는 삽과 같다.

● 아이들은 대답을 듣는 것을 좋아한다. 그래서 부모가 모른다고 대답해도 질문을 곧바로 중단하지 않는다. 아이들이 스스로 답을 찾아 제시할 때도 있다. 그럴 때는 기뻐해라. 아이들의 대답이 마음에 들지 않을 수도 있다. 하지만 그들이 내린 결론보다는 결론을 내렸다는 사실, 창의력과 열정으로 미지의 것을 탐구했다는 사실이 더 중요하다.

● 아이가 비가시적인 세계에 관해 많은 것을 가르쳐 준다는 사실에 기뻐해라. 아이들이 질문을 하면서 손을 내민다는 사실에도 기뻐해라. 아이들은 관심을 갖고 있다. 영적인 생활의 성장을 추진하는 원동력은 호기심이나 열망이다.

● 종교를 정하면, 축제나 성일(聖日)에만 제한하지 말고 일상에서 종교를 실천해라. 예를 들어, 자기 전에 기도를 하거나 식사 전에 감사 기도를 해라. 아이들이 혼란에 빠지거나 불행하거나 외롭거나, 아니면 고맙고 즐거운 순간에도 항상 신과의 대화인 기도를 하도록 가르쳐라.

● 아이들이 엄숙한 의식이나 슬픈 순간뿐만 아니라 영성도 기쁘게 받아들이도록 도와주어라. 아이들은 흔히 종교나 영성을 무섭고 죄를 지으면 벌을 주고 형식적이고 엄격하고 지루한 것으로 생각한다. 나이가 어느 정도 되기 전에 떠나는 아이들이 그렇게 많은 것은 어쩌면 당연한 일이다. 종교를 이런 식으로 받아들이게 하는 것은

잘못이다. 영성은 공이어야 한다. 고통과 슬픔에 흠뻑 빠져 있을 뿐만 아니라 장난감 공처럼 즐거움과 기쁨으로 가득해야 한다. 예를 들어, 우리는 해마다 8월이면 코네티컷 북서쪽에 있는 둘리틀 호수에 있는 별장에 간다. 우리 아이들은 여름마다 어김없이 찾아가는 그 호수에서 수영을 배웠다. 나는 차에서 짐을 내리고 나면 곧바로 수영복으로 갈아입고 호수로 뛰어든다. 주로 제일 먼저 물에 들어가는 사람은 나다. 아이들은 별장 내부가 어떻게 달라졌는지 살펴보고 싶어 하거나 화장실을 사용하거나 간식을 먹는다. 하지만 나는 호수로 곧장 달려가 다이빙을 한다. 호수는 나의 귀환을 반기는 늙고 충직한 개처럼 내 몸을 훑는다. 나는 헤엄은 치지 않고 물과 저무는 태양(우리는 주로 오후 늦게 도착한다.), 그동안 호수에서 보낸 아름다운 시간들에 대한 기억, 그리고 올해도 즐거운 추억을 만들고 싶은 희망 속에서 첨벙거리며 좋아한다. 그러고는 고개 들어 하늘을 향해 고함을 지른다. "하느님, 감사합니다!" 그때쯤 되면 아이들이 수영복을 입고 선착장으로 내려온다. 그리고 굉장한 축복을 내려 준 하느님에게 고맙다고 외치는 나를 보며 깔깔거린다. 아이들은 하느님에게 감사하다고 말하며 춤을 추고 돌아다니는 짓 따위는 하지 않는다. 수도 마찬가지다. 수는 절대 그런 행동을 안 한다. 그들에게는 물속에서 첨벙거리며 하느님에게 고맙다며 고래고래 소리를 지르는 내 모습이 웃기면서도 주책없어 보일 게 뻔하다. 하지만 또 한편으로는 분명 행복하고 즐거울 것이다. 나는 아이들이 기쁜 순간에 늘 하느님을 떠올리도록 좋은 일만 생기면 하느님을 끌어다 붙인다.

● 신앙의 다양성을 인정하도록 가르쳐라. 편견은 영성의 큰 적이

다. 아이들에게 그 누구도 모든 해답을 가지고 있지 않다는 사실을 알려라.

● 종교를 행위로 해석하려고 노력해라. 다시 말해, 그냥 말과 기도만 하지 말고 세상 속에서 실천을 해라. 아프리카의 굶주린 아이들에게 음식을 주지 않아도 된다. 형제들과 장난감을 사이좋게 가지고 놀면 된다. 가진 것을 전부 줄 필요는 없다. 하나라도 주려고 노력해라. 신을 믿을 필요는 없지만 신에 대한 의문은 가져라.

자신과 맺는 유대

마지막 유대는 자기 자신과의 유대다. 이는 정신적이고 은밀하고 개인적인 세계와의 유대와 같다. 영적인 유대와 마찬가지로 이것 역시 일생에 걸쳐 진화하고 변화한다.

자신과의 유대는 어린 시절에 어떻게 형성되느냐에 따라 흔히 근본적으로 유쾌한 유대 혹은 불쾌한 유대로 결정 난다. 그것은 인생을 파멸로 이끌 수도 있다. 어떤 어른들은 타당한 이유도 없이 자신을 너무나 혐오한 나머지 지속적인 즐거움을 하나도 모른다. 그런 혐오감은 주로 어린 시절에 시작된다. 하지만 그 시기의 혐오는 누군가가 개입해서 다른 시선으로 바라보며 사랑의 손길을 내밀기만 해도 변화될 수 있다.

자신과 맺는 이 특별한 유대는 자신을 관찰하는 능력과 함께 성장한다. 자신과 맺는 유대는 자아에 대해 어떻게 생각느냐와 같다. 자신이 곧 자아이므로 이 일은 논리적으로 불가능해 보인다. 마치 자신의 손끼리 악수를 하는 모양새다. 하지난 나는 자신의 일부가 자신을 관찰할 때 어떻게 생각하는지를 통해 이 자신과의 유대라는 개념을 설명할 것이다.

자신과의 유대는 자연히 매일, 매 순간 달라진다. 테니스 경기에서 이기면 그 순간은 자신에 대해 흐뭇한 기분이 든다. 남자 친구와 헤어지면 그 순간은 자신에 대해 나쁜 감정이 생긴다. 사람들 대부분, 자신에 대한 감정은 날씨처럼 시시각각 바뀐다.

하지만 그와 동시에 자신과의 관계 속에는 기본적인 틀이 있다.

자신과의 건강한 관계는 주로 자신의 존재를 편하게 생각한다는 것과 같다. 그래서 있는 그대로의 자신보다 더 나은 사람인 척하지 않는다. 사람들이 모인 곳에 가면 그런대로 기분이 좋다.

그렇다고 자신과 사랑에 빠져 있다는 뜻은 아니다. 나는 자신을 사랑한다는 개념은 좀 과장되었다고 생각한다. 그동안의 경험에 따르면 자신을 사랑하는 사람들은 대부분 그렇게 많이 사랑스럽지 않았다.

아이들(그리고 나 자신)을 위한 목표는 거의 항상 자신의 존재를 편하게 여기는 것이다. 그렇지 않을 때는 부모나 친구, 가까운 친척 등 불편한 기분을 털어놓을 만큼 의지할 수 있는 사람을 곁에 두기를 바란다.

요즘 세상에서 우리는 모두 도달하기 힘든 어떤 것을 이루어야 한다는 압박감을 느낀다. 나도 마찬가지다. 약간 과체중이어서 살을 빼야 한다는 압박감이 있다. 그리고 그 목표를 달성하지 못하는 나 자신을 가혹하게 비판한다. 나는 대학 동창들과는 달리 부자가 아니다. 물론 돈이 얼마나 있느냐에 따라 인간 에드워드 할로웰을 평가하고 싶지는 않다. 다만 더 나은 직업을 가졌더라면 돈을 더 많이 벌지 않았을까 하는 작은 목소리가 내 안에 있다. 이 세상에는 나를 싫어하는 사람들이 있다. 이성적으로는 나를 좋아하지 않는 사람들이 있기 마련이라고 생각한다. 하지만 그렇더라도 누가 나를 미워한다는 생각에 마음이 불편하고 꼭 내가 무슨 잘못이라도 저지른 것 같은 기분이 든다. 그처럼 감정적으로 불안할 때는 누군가가 내게 확신을 좀 주었으면 좋겠다는 생각을 한다. 불안했던 어린 시절을 감안하면 그런 마음을 이해할 수 있지만, 가끔 다른 사람보다 더 많은 것을 요구하는 나 자신이 미워질 때가 있다.

하지만 그 모든 사실에도 불구하고 나 자신에 대해 무척 편하다고 말할 수 있어 기쁘다. 보호막을 쳐서 내가 아닌 다른 사람인 척하기보다는 나의 단점을 그대로 인정하며 남을 편하게 해 준다. 나는 연약한 나 자신을 포장하지 않는데, 여기에는 고의가 깔려 있다. 그것이 오히려 장점이라고 믿기 때문이다.

어쨌든 할 수 있다면 바꾸고 싶은 부분도 있지만 나는 근본적으로 나 자신이 좋다. 단점을 포함해서 나 자신의 모든 것을 받아들인다.

그런 태도는 우리 아이들에 대해 갖고 있는 목표이기도 하다. 나는 아이들이 안정감을 느끼며 편하고 당당하게 살도록 도와주고 싶다. 내가 말하는 자신과의 건강한 유대란 바로 그런 것이다. 그것은 자신에 대한 사랑보다 자신에 대한 인정에 더 가깝다.

자신과 건강한 유대를 맺기 위한 최고의 방법은 먼저 앞에 소개한 열한 가지의 다른 유대를 맺으며 최대한 끈끈한 관계를 형성하는 것이다. 강한 유대를 형성한 아이들은 자신에 대해 항상 유쾌하다.

아이가 유대에서 인정에 이르는 5단계를 거치는 동안 자존감은 자연스럽게 커진다. 자신과의 건강한 유대는 부산물이다. 단단한 유대 속에서 생활하고, 놀고, 연습하고, 다양한 방법으로 성취를 경험하고 많은 사람이나 단체로부터 인정받는 아이는 분명 자신만만해질 것이다. 그것은 자신에 대한 의문이 피어오르는 것을 인정할 수 있는 자신감이다.

자신에 대한 의문은 인생의 가장 행복한 순간에도 생긴다. 모든 연령의 아이들, 특히 사춘기 아이들의 경우에는 자아에 대한 유대가 손상받기 쉽다. 누구에게나 자신이 마음에 안 들 때가 있다. 몇몇 위대한 사람을 제외하면 거의 모든 이들이 더 날씬해지거나 더 부유해지거나 더 똑똑해지거나 더 유명해지거나 더 예뻐지거나 더 나은 무엇이 되고 싶어 한다. 그런 감정을 느끼는 아이를 방치해서 소외감을 느끼지 않게 하는 것이 중요하다.

감정 자체는 정상적이고 위험하지 않다. 그것들은 치통과 악몽처럼 인간의 존재 속으로 침투한다. 나는 아주 많은 위인의 전기를 읽었다. 그리고 우리가 정말 강하고 불안감이나 수치심 '위' 에 있다고 생각하는 윈스턴 처칠이나 엘리너 루즈벨트나 에이브러햄 링컨 같은 사람들조차 가끔 그런 감정을 이겨 내려고 노력했다는 사실을 알았다. 가끔 자신의 모습이 마음에 들지 않거나 부정적으로 남과 비교하는 것은 무심코 방귀를 뀌는 것만큼이나 자연스러운 생활의 일부다. 그런 경험이 없는 사람은 거의 없다.

우리 부모들은 아이들이 치통을 치료하고(치과에 가는 것) 악몽을 꾸지 않을 방법(엄마나 아빠에게 말해 현실이 아니라는 확신을 얻는 것)을 계획하는 것처럼, 자신에 대한 나쁜 감정이 정상적이고 괜찮으며 극복할 수 있다는 사실을 알려야 한다.

자신에 대한 그런 감정은 적절한 보살핌을 받으면 전혀 위험하지 않지만 상처가 되어 곪으면 위험해진다. 아이가 자신에 대해 부정적인 감정을 품고 있는데도 관심을 기울이지 않는다면 병원이나 치과 치료를 소홀히 하는 것만큼 무서운 결과를 초래한다. 운이 좋다면 별다른 문제가 없을 것이다. 하지만 운이 아주, 아주 좋아야 한다.

아이가 그런 감정에 대해 말을 하는지 확인해라. 그런 감정 자체로는(앞서 말했듯이 그것들은 무심코 뀌는 방귀만큼 흔하고 위험하지 않다.) 심각한 피해가 생기지 않는다. 하지만 그 감정들을 비밀로 하면 이야기가 달라진다. 그것들은 곧 곪고 퍼져 나간다. 치아가 아니라 가슴과 영혼을 썩게 한다. 어릴 때 가슴과 영혼이 썩으면 다시는 희망을 품지 못할지도 모른다.

부모로서 아이가 자신에 대해 갖고 있는 느낌에 대해 무슨 말을 해 줘야 할지 모르거나, 말을 해도 도움이 되지 않는다면 전문가와 상담하는 것이 좋다. 위기가 닥칠 때까지 기다리지 마라. 다른 분야도 마찬가지지만 정신 건강에서는 일찍 손을 쓰는 것이 위기관리보다 더 효과적이다. 소아과 의사나 학교로부터 좋은 아동 정신과 의사나 아동 심리학자, 혹은 사회복지사를 소개받아도 된다. 정신 전문가들은 불과 한 세대 전까지만 해도 심각한 정신 장애를 겪는 사람 외에는 접근할 수 없는 사람들로 여겨졌지만 지금은 주류에서 활약하고 있으며, 단기간에도 효과적이고 실질적인 도움을 줄 수 있다.

부모는 다른 것을 감시하는 것과 같은 방식으로 아이의 자아에 대한 유대를 감시해야 한다. 그냥 관심을 갖고 옆에서 지켜보고, '날 혼자 내버려 둬요'를 대답으로 받아들이지 마라. 그리고 아이의 교사나 친구들 혹은 다른 학부모들과 이야기를 해라. 가끔은 고모나 조부모 같은 친척이 아이와 특별한 관계를 갖고 있는 경우도 있다. 그들은 아이가 부모에게 말하지 못하는 것을 털어놓을 수 있는 대상이다. 그런 사람을 질투하지 말고 오히려 기쁘게 생각해라. 아, 물론 질투심이 생길 수도 있다. 그렇다고 괜히 끼어들어 감정에 따라 행동해서는 안 된다. 무엇보다도 기쁘게 생각해라. 그런 관계는 어려운 시기를 맞은 아이에게 꼭 필요할지도 모른다.

자아에 대한 나쁜 감정 자체가 크게 위험한 것은 아니라는 점을 기억하기 바란다. 위험의 불씨는 그런 감정에 대해 말할 적당한 사람이 없다는 것에서 싹튼다.

다음은 아이가 자신에 대해 강한 유대를 형성하도록 도와줄 수 있는 방법이다.

● 앞에 언급한 다른 열한 개의 유대를 강화하려고 노력해라. 자아 안에서의 건강한 관계는 보통 자아 밖의 건강한 관계로 이어진다. 아이가 감정적으로 성숙하기 위해서는 안을 바라보지 말고 밖으로 손을 뻗어야 한다. 내적인 성장, 곧 자존감과 자신감 같은 특성의 성장은 아이가 외부로 손을 내밀 때 자연스럽게 일어난다.

● 아이가 불행한 기분을 느끼도록 내버려 두지 마라. 내가 부모로서 배운 가장 어려운 교훈은 내 아이들이 불행한 기분을 느끼는 것

을 받아들이는 것이었다. 처음에는 아이들의 불행한 기분을 닦아 내야 한다고 생각했다. 나는 커다란 키친타월이고 아이들의 불행한 감정은 엎질러진 액체인 것처럼 말이다. 하지만 수가 그런 나를 바로잡아 주었다. 아이들은 불행하다는 느낌을 털어놓도록 다독거려 주지 않으면 내가 그런 이야기를 들을 생각이 없다고 받아들인다는 것이었다. 그것은 큰 문제가 될 수도 있다.

● 아이들은 자신의 행복하지 않은 기분을 말했을 때 부모가 너그럽게 들어줄 수 있다는 것을 알면, 자신의 감정을 더 많이 얘기하게 된다. 부모가 정말 바라는 것은 바로 그런 것이다. 위험 요소는 불행한 감정이 아니라 소외된 감정이라는 사실을 기억해라.

● 유대─놀이─연습─성취─인정의 주기를 자극해라. 자아에 대한 혐오를 해결하는 가장 좋은 방법은 이 5단계다.

● 아이가 노력을 하는데도 불행하고, '나는 바보야' 나 '난 멍청해' 같은 말을 하는 것은 성취에 도달하는 과정의 일부로 인식하도록 도와주어라. 성취로 가는 길은 실수와 좌절의 순간으로 가득하다.

● 부러움, 자기 경멸, 혹은 자신에 대해 만족하지 못하는 다른 감정들을 극복할 계획을 짜라. 내가 아는 가장 좋은 계획은 유대를 맺는 것이다. 신뢰하는 사람과 상담하는 것도 한 가지 방법일 수 있다. 하지만 개와 놀거나 기도를 하거나 농구 골대를 향해 슛을 날리거나 달리기를 하는 방법도 있다.(달리기는 자아의 신체적인 부분인 몸과 유대를 형성하여 결국 마음의 안정을 찾아 준다.)

● 무엇보다도 아이들이 부모의 사랑을 아는지 확인해라. 하나의 팀처럼, 부모가 아이를 보살피기 위해 못 할 것이 없다는 사실을 알

려라.

● 당신이 원하는 모습이 아니라 있는 그대로의 모습으로 아이를 바라보아야 한다. 아이는 부모가 자신을 본모습이 아닌 이상적인 모습으로 대한다는 사실을 알면 자신을 혐오하기 시작한다.

● 너무 높거나 너무 낮은 기준을 정하지 마라. 아이에게 원하는 것이 없어서 기준이 아주 낮다면 아이는 자신이 많은 것을 할 수 없다고 생각하고 거기에 동조한다. 반면에 아이의 능력을 뛰어넘는 기준을 세우면 아이는 늘 당신의 기대에 어긋나지 않으려고 노력한다. 하지만 그 기대를 채우지 못한 채 평생을 보내며 좌절할지도 모른다. 그 때문에 크게 성공한 사람들이 불행해진다.

● 자기 인정은 외적인 경험에서 출발하는 내면의 상태다. 아이가 자신의 본모습에 만족하는 순간이 있는지, 타인 역시 아이의 본모습에 만족하는지 확인해야 한다. 아이가 자신과 타인의 평가가 일치하는 긍정적인 경험을 하도록 아이를 인도해라. 예를 들어, 농구 경기가 끝나고 당신이 웃으며 "멋진 경기였어!"라고 말하면 아이도 웃으며 "맞아요, 멋진 경기였어요."라고 대답하는 것이다.

14

너무 바쁜 아이들:
좋은 부모의 가장 큰 실수

좋은 부모들은 으레 아이들을 위해 너무 많은 것을 한다. 이것은 그들이 저지르는 큰 실수다. 결정적인 실수는 그들이(우리라고 말해야 옳지만) "안 돼!"라는 말을 충분히 하지 않는 것이다.

나는 월트디즈니월드로 여행을 가던 중에 그것을 깨달았다. 우리 가족 다섯 명은 비행기를 타고 플로리다 주 올랜도로 가서 매직 킹덤(월트디즈니월드의 테마 파크 중 하나)을 비롯한 여러 곳에서 값비싼 나흘을 보냈다. 그것은 호화롭고 재미있었고 기억에 남는 여행이었으며, 나는 우리가 그곳에 갔다는 사실만으로도 신이 났다. 그때 인생이 끝나는 짜릿한 공포가 주는 '즐거움'을 겨우 몇 초 동안 느끼기 위해 잭과 한 시간 동안 줄을 서서 기다린 일은 영원히 잊지 못할 기억으로 남을 것 같다.(현명한 수와 루시는 과감히 포기했고 터커는 키가 작아서 타지 못했다.) 나와 잭은 블리자드 비치(월트디즈니월드의 워터 파크 중 하나)에 있는 놀이기구, 미국에서 가장 높고 가파른 워터 슬라이드인 '서밋 플러밋'을 타고 내려갔다.

하지만 나는 그 여행에서 우리 부모들이 아이들 스스로 즐거움을 찾는 방법을 가르치지 않고 그것을 주기 위해 얼마나 애쓰는지도 깨달았다.

우리는 정교하게 만들어 놓은 탈것에 앉아 고작 몇 분 동안의 짜릿한 기분을 느끼기 위해 줄을 서거나 주위를 서성이며 놀이기구들 사이를 옮겨 다녔다. 이렇게 느낀 짜릿함은 돈 한 푼 안 내고 오래된 웅덩이 위에 설치된 높은 가로대에서 뛰어내릴 때 느끼는 기분과 그다지 다르지 않았다.

우리는 그렇게 나흘을 보냈다.

우리는 집에서 그랬던 것과 똑같은 문제로 이러쿵저러쿵 야단이었다. 뭘 먹을지, 언제 먹을지, 어떻게 먹을지, 얼마나 먹을지, 뭘 먹고 있으면 왜 그걸 먹는지, 무슨 텔레비전 프로그램을 볼지, 얼마나 볼지, 돈을 얼마나 쓸 수 있는지, 어디에 돈을 쓸 수 있는지, 잠은 몇 시에 잘지, 왜 자러 가야 하는지 등등. 우리가 그런 사소한 문제들로 말다툼을 할 때마다 내 마음속에서 의문이 생겼다. '왜 그 많은 돈을 쓰면서 여기까지 와서 이러고 있는 걸까?'

하지만 한바탕 전쟁을 치르고 나면 우리는 화해를 했고 분위기는 다시 화기애애해졌다. 그리고 다시 줄을 서 있는 동안 아이들 중 하나가 사랑스러운 말을 하면 모두 얼싸안고 흐뭇해 했다.

그 여행은 우리 아이들에게 어른이 되어 행복할 수 있는 뿌리가 되었을까? 그렇다면 나는 그것이 월트디즈니월드가 아니라 그 특별한 모험을 하면서 우리 모두가 느낀 유대감 때문이었다고 생각한다. 그 여행이 특별했던 이유는 실제 경험보다 여행에 대한 기대를 더 많이 품었기 때문이었다. 우리는 정말 즐거운 경험을 했지만 여행을 하며 느낀 열정은 무척 남달랐다. 그것이 바로 여행을 특별하게 만든 것이다. 월트디즈니월드는 열정을 이끌어 내기에 훌륭한 촉매지만 우리가 상상력을 잘만 활용한다면 뒷마당에서도 가능한 일이다.

그 여행을 통해 나는 우리 부모들이 주의해야 할 큰 위험이 무엇인지 깨달았다. 어떤 사람에게 생선을 한 마리 준다면 하루를 먹여 살릴 수 있지만 고기 잡는 법을 가르쳐 준다면 평생을 먹여 살릴 수 있다는 속담이 있다. 고기 잡는 기술을 가르쳐 주지 않으면서 너무 많은 생선을 주는 것을 조심해야 한다. 우리는 많은 돈을 들이면서까지 기억에 남을 경험을 만들어 줘야 할 필요가 있다는 생각을 하지 말아야 한다. 부모들은 자신이 경험하지 못했거나, 남들이 다 하는 것처럼 보이는 일들을 하려고 한다. 그 모든 생선, 다시 말해 돈을 주고 산 모든 즐거움은 아이 스스로 건설적인 방법으로 즐거움을 찾도록 가르치는 것에 비할 바가 못 된다.

나는 월트디즈니월드, 화끈한 생일 파티, 스키여행, 가을이면 하는 사과 따기와 건초 여행(건초를 실은 수레를 타고 여럿이 함께 가는 밤 소풍—옮긴이) 등 어린 시절에 누릴 수 있는 즐거움을 모두 경험하게 해 주겠다고 생각하는 실수를 가끔 저지른다. 그래야 아이들에게 필요한 것을 모두 해 주는 것이라고 믿는다. 요즘도 나 자신을 속이고 디즈니월드 여행, 최근에 산 스니커즈 운동화, 멋진 생일 파티,

DVD 플레이어가 우리 아이들이 행복한 어른으로 자라기 위해 꼭 필요한 것들이라고 생각할 때가 있다.

아이들이 더 자라면 좋은 대학과 SAT 고득점이 행복한 어른이 되기 위해 필요한 것이라는 믿음으로 나 자신을 속일지도 모른다. 나 역시 앞에서 내가 말한 하버드 대학에 대한 중대한 착각에 빠질 수 있는 것이다. 부모라면 그렇게 되기 쉽다. 부모는 최고 대학에 들어가는 것처럼 아이들이 모든 장점을 갖추기를 간절히 바란다. 그래서 최대한 그것들을 주려고 노력하고 아이들이 얻을 수 있도록 가르친다. 하지만 잠시 여유를 갖고 다시 생각해 보면 중요한 것은 대학과 학생이 서로 얼마나 잘 맞느냐다. 처음부터 유명한 대학에 들어가는 것보다는 들어가서 잘할 수 있는 대학에 가는 것이 훨씬 더 중요하다. 그 두 가지가 일치할 수도 있지만 안 그런 경우도 있다.

나는 어른의 행복 속에 숨은 어린 시절의 뿌리는 디즈니월드 여행이나 하버드 대학의 입학 허가 편지는 아니라고 나 자신을 환기시킨다. 아이들에게 가장 필요한 것은 나의 시간, 나의 관심, 나의 사랑, 나의 가르침, 안 된다고 말할 수 있는 나의 능력이라는 것을 자주 상기한다.(수는 나만큼 자주 잊어버리지는 않는다.)

너무 많은 것을 줄 때 발생하는 위험은 아이들이, '큰 오크나무 목장'을 운영하는 내 친구 존 크로일이 말하는 것처럼, '상어의 눈'이 되는 것이다. 존 크로일은 부유한 사춘기 아이들 앞에서 강의를 할 때마다 자신에게 향한 아이들의 생기 없는 눈빛을 상어처럼 상대를 잡아먹을 것 같은 정나미 떨어지는 눈이라고 묘사했다. 그리고 이렇게 말한다. "아이들은 모든 걸 안다. 아직 고등학교도 졸업하지 않은 아이들인데. 내 딴에는 정말 웃기는 농담이나 어른들을 울릴 만한 이야기를 해 주어도 그 아이들은 늘 그렇듯이 상어의 눈으로 나를 멍하니 쳐다보기만 한다."

나도 많은 아이에게서 그런 상어의 눈을 보았다. 그들은 따분해한다. 그들은 모든 걸 안다. 새뮤얼 존슨의 말처럼, 즐거움을 느끼기엔 너무 절제된 아이들이다.

미하이 칙센트미하이는 존 크로일의 관찰을 뒷받침하는 자료를 가지고 있다. 그는 광범위한 실증 연구를 바탕으로 이런 결론을 내렸다.

행복의 필수요건은 생활에 온전히 참여할 수 있는 능력이다. 물질적인 조건이 풍족하다면야 더할 나위 없이 좋지만 부나 건강의 부족이 현재 상황에 대한 몰입을 방해할 이유는 없다. 실제로 우리의 연구에 의하면 가장 부유한 집 아이들은 몰입을 힘들어 한다. 그들은 비교적 덜 풍족한 아이들에 비해 더 지루해 하고, 덜 참여하고, 덜 열정적이고, 덜 즐거워한다.[1]

상어의 눈은 어린 시절의 끝을 의미한다. 그것은 생기 넘치는 눈의 마지막을 말한다. 상어의 눈은 지치고, 따분하고, 냉소적인 성인기의 시작을 알린다. 그래서 상어의 눈을 미리 막을 필요가 있다.

---

1. Mihaly Csikszentmihalyi, 'If We Are So Rich, Why Aren't We Happy?', *American Psychologist*, 54호(1999년 10월), 821-827쪽.

한 가지 방법은 너무 빨리 너무 많은 것을 주지 않는 것이다. 제발 이제 막 면허를 딴 아이에게 고급 외제 차를 사 주지 마라. 신용 카드를 주지 마라. 어린 시절의 순수함과 놀라움이나 흥미를 느끼는 능력을 지켜 주려면 스스로 즐거움을 찾게 하거나, 상상력을 펼치게 하거나, 저축을 하게 하거나, 그냥 기다리게 해야 한다.

나는 지나치지만 않다면 공상적인 것도 좋다고 생각한다. 하지만 그것은 아이들뿐만 아니라 부모까지도 중요한 문제에 집중하지 못하도록 방해하기 때문에 위험하다. 아이들은 무엇보다도 역경을 이겨 내고 스스로 즐거움을 찾아내고 유지하는 법을 배우는 것이 중요하다.

너무 많은 것을 주면 아이는 역경을 헤쳐 나갈 기회와 스스로 즐거움을 찾아내고 유지할 기회를 잃어버린다.

며칠 전에 위층에서 일을 하고 있는데 터커가 불렀다. "아빠, 나 심심해요!" 마치 집에 불이라도 난 것처럼 호들갑이었다. 위기 상황이었다.

내가 대답했다. "그렇구나. 터커, 할 일을 찾아봐!"

하던 일을 멈추고 책상에서 일어나 내 잘못인 양 터커의 지루함을 달래 줄 여유는 있었다. 아이가 따분해 하면 내가 필요하며, 그럴 때 도와주는 것이 내 임무라고 생각할 수도 있었다.

하지만 나는 그 무엇도 진실을 가릴 수 없다고 믿는다. 내 임무는 심심해 하는 아이에게 무작정 달려가지 않는 것이다. 아이가 다쳤을 때 후다닥 뛰어가듯이 심심해 할 때 달려가는 것은 크나큰 실수다.

불만스럽고 지루한 시간은 어려움에 대처하고 즐거움을 만드는 법을 배울 기회를 준다.

내가 할 일은 터커가 심심풀이로 성냥을 가지고 놀다가 집에 불을 내는 것 같은 위험한 행동을 하지는 않는지 멀리서 지켜보는 것이다.

그래서 나는 불길한 소리가 날지도 모르는 아래층을 향해 귀를 세운 채 위층에서 계속 일을 했다.

30분쯤 지났을까, 나는 궁금한 마음에 아래층으로 내려갔다. 나는 자신의 방에서 카드로 만든 굉장한 구조물 옆에 앉아 있는 터커를 볼 수 있었다. 터커가 자랑스럽게 말했다. "이건 카드 호텔이에요." 전에는 카드로 집을 만든 적도, 내가 그렇게 하라고 말해 준 적도 없었다. 책에서 읽었거나 친구들에게 들은 것이 분명했다. 어쨌든 터커가 태어나서 처음 만든 카드 건물은 아름다웠다.

나는 터커에게 조금 전만 해도 심심하다고 투덜대지 않았느냐, 하지만 심심했기 때문에 근사한 할 일을 찾은 거라고 말해 주었다. 터커는 그런 상황을 되풀이하고 싶지 않은 마음에 투덜거렸다. 하지만 자기도 그렇게 되리라는 것을 잘 알고 있었다.

정말 그렇게 되어야 한다.

부모들은 아이들을 돕는답시고 스스로 해야 하는 것까지 도와준다. 당연히 아이들을 지켜보아야 한다. 하지만 거리를 두고 안전한지 확인하기만 하면 된다. 부모가 하루 종일 주위를 맴돌며 놀아 주어서는 안 된다.

피곤에 지친 한 엄마가 내게 이런 말을 했다. "어떤 때는 내가 고급 스파의 종업원이 된 기분이에요. 우리 아이들이 수건을 찾아 달라, 음료수를 가져다 달라, 음식을 만들어 달라, 오늘은 뭘 하고 놀지 말해 달라 온갖 요구를 다 하거든요." 이는 아이들에게 정성을 쏟는 모든 부모가 매일, 아니면 최소한 가끔은 겪는 문제다.

심리학자 댄 킨들런은 『너무 많은 좋은 것들: 관대한 시대에 인격을 갖춘 아이 키우기Too much of Good Thing: Raising Children of Character in an Indulgent Age』라는 책에서 이 문제를 다루었다. 책에서 그는 이렇게 말한다. "우리의 성공과 번영, 그리고 아이들과 간절하게 공유하고 싶어 하는 명예와 부가 아이들을 위험에 빠뜨린다는 것은 얼마나 큰 모순인가."

아이가 원한다고 곧바로 주지 말고 한걸음 물러나야 한다. 그렇게 하는 건 어렵고 긴장을 유발한다. 어떤 아이들은 소리를 지르거나 울부짖거나 대들거나 발을 구른다. 이전 세대 전까지만 해도 그런 행동은 회초리 감이었는데, 요즘 부모들은 얼마 못 버티고 원하는 걸 다 들어준다. 그 두 가지 반응 모두 도움이 안 된다.

그냥 아무것도 하지 마라. 아이를 안전하게 지키고, 무례한 행동의 기준을 정해라. 그 외에는 고통을 어떻게 다룰지, 그것을 어떻게 즐거움으로 바꿀지 스스로 생각하게 해야 한다.

그런 순간이 어른의 행복을 위한 어린 시절의 뿌리를 심을 수 있는 중요한 열쇠일지도 모른다. 어렸을 때 그런 것을 많이 연습하지 않으면 심심할 때 텔레비전을 켜거나, 술을 마시거나, 문제 행동을 하는 것 외에는 흥미로운 것을 전혀 생각해 내지 못하는 어른이 된다.

나는 부모로서 아무것도 안 해 주고 아무 말도 안 하는 연습을 하려고 무척 노력했다. 수도 마찬가지다. 쉽지는 않지만 한 번 습관이 들면 그렇게 어렵지 않다. 믿을지 모르지만, 아이들은 정말로 그렇게 해 주기를 바란다. 나중에 크면 아무리 심심하다고 말해도 누군가가 얼른 말을 걸어 주거나 재미있는 것과 음식을 대령하지는 않을 것이다. 아이가 그런 날에 대비하도록 도와주어야 한다.

아이가 밤에 잠도 안 자고 텔레비전을 보려고 할 때가 있다. 그러면 원래 몇 시에 자야 하는데 왜 그러느냐는 등 잔소리를 하지 말고 "그러든지."라고 말해 버리고 자러 들어가 버리는 편이 더 쉽다. 아이가 입술에 피어싱을 하고 싶어 한다면 선을 딱 긋고 안 된다고 말하는 것보다는 그러라고 말하는 편이 더 쉽다. 아이가 밤에 춤을 추러 가고 싶어 한다고 하자. 그럴 때 말썽이 일어날 것 같아 반대해 온갖 모욕을 듣는 것보다 허락하는 편이 더 쉽다.

하지만 부모는 "안 돼."라고 말해야 한다.

부모와 함께 병원을 찾아오는 아이들이 깜짝 놀랄 때가 있다. 내가 부모 대신 안 된다고 잘라 말하기 때문이다. 언젠가 열두 살짜리 남자 아이를 진료한 적이 있다.(그 아이를 케빈이라고 부르기로 하자.) 얼마 전, 이 아이는 어디까지나 자기 몸이기 때문에 자신이 원하면 신체 어느 부위든 마음대로 피어싱을 해도 된다는 결론을 내렸다. 케빈의 부모는 여러 가지 문제로 케빈을 데려왔지만 그 일이 급선무였다. 우리 넷은 진료실에 둘러앉았고 케빈이 먼저 입을 열었다. "엄마 아빠에겐 내가 어느 곳에 피어싱을 할 수 있는지 말할 권리가 없어요. 아이들이 하는 것을 전혀 이해하지 못하니까요. 한번 보세요." 케빈이 말하는 동안 케빈의 부모는 잔뜩 움츠리고 있었다.

내가 물었다. "어디에 피어싱을 하고 싶었는데?"

"그게 무슨 문제죠? 중요한 건 원칙이라고요." 아이가 맞받아쳤다.

"네 말이 옳아." 내가 대꾸했다. "중요한 건 원칙이다."

케빈은 동지를 발견했다고 생각했는지 씩 웃었다. 내가 말을 이었다. "여기서 원칙은 네가 아니라 부모님에게 책임이 있다는 거다. 부모님은 네가 몸에 피어싱을 하지 못하게 할 권리를 갖고 있어. 네가 신체의 어느 부위를 생각하고 있느냐에 따라 피어싱 하는 걸 반대할 의무가 있단다."

케빈이 툴툴거리는 동안 아이의 부모는 허리를 곧게 세우고 앉아 흐뭇하게 지켜보고 있었다.

"어떻게 그런 말을 할 수 있죠?" 케빈이 물었다.

"맞는 말이니까. 부모님은 너 자신에게서 널 보호하려고 애쓰고 계셔. 네가 바보 같은 행동이 어떤 건지 모를 때는 부모님이 알려 주는 거야."

"그게 바보 같은 행동인지 어떻게 알아요?" 케빈이 화를 내며 물었다.

"나도 몰라. 그렇다는 생각이 들 뿐이야. 하지만 네가 말하지 않았기 때문에 확실히는 모른단다. 나는 단지 원칙을 지키라고 말하는 것뿐이야."

케빈은 마치 내가 자신을 얼마나 바보로 만들려는지 알아내기라도 하려는 듯 내 눈을 빤히 쳐다보았다. 그러고는 또 반격을 가했다. "그래도 이건 불공평해요. 어째서 엄마 아빠가 내 몸을 마음대로 할 수 있는 거냐고요?"

"부모는 원래 그런 일을 하기 때문이지. 너 같은 아이를 이해시키려고 여기에 데려오느라 많은 돈을 쓴 것도 그 때문이야."

"진짜 웃기네요." 케빈은 애써 빈정거리는 말투로 대꾸했다.

"너도 내 말이 옳은 걸 알 거라고 생각해. 넌 정말 부모님이 네가 하고 싶은 대로 하도록 놔두길 바라니?"

"그렇진 않지만 우리 엄마 아빠는 불합리해요." 아이가 항의했다.

"난 그렇게 생각하지 않아."

"어떻게 알아요?" 아이가 물었다.

"그냥 그렇게 생각해." 내가 대답했다.

다른 많은 부모처럼 이 부모에게도 안 된다는 말을 해도 좋다는 허락이 필요했다. 아니, 허락에 그치지 않고 안 된다는 말을 어떻게 하는지 보여 줄 필요가 있었다. 누군가—여기서는 나—가 똑 부러지고 당돌하기까지 한 어린 아들과 말다툼을 벌이는 모습을 보여 주어야 했다. 그 아이의 고집을 꺾는 것은 그리 어려운 일이 아니었다.

많은 부모가 타당한 한계를 정해 안 된다고 말하는 법에 대한 정보를 얻기 위해 노력해야 한다. 다음 Q&A 사례는 나 자신의 경험뿐만 아니라 미국 소아과 학회와 미국 아동 청소년 정신과 학회와 같은 정보원이 개발한 지침에 바탕을 두고 있다.

Q: 컴퓨터 하는 시간은 (텔레비전 시청 시간, 전화 통화 시간 등을 포함해서) 어느 정도가 적당한가?

A: 정해진 것은 없다. 평균 시간인 하루 7시간은 너무 많다는 내

의견에 대부분의 전문가들이 동의할 것이다. 나는 학과 공부와 관련된 것이 아니라면 2시간 이하가 적당하다고 조언한다. 그리고 아이들이 텔레비전, 비디오, 혹은 인터넷을 보면서 얼마나 시간을 보내느냐보다 어떤 내용을 접하는지 감독하는 것이 아주 중요하다고 덧붙인다.

Q: 부모는 어린 아이들이 PG 등급의 영화(부모의 지도가 필요한 영화)를 보러 가는 것을 허락해야 하는가?

A: 부모에 따라 허락할 수도 있을 것이다. 나라면 영화의 지침을 준수해서 적령기에 이르지 않은 아이들의 관람을 허락해서는 안 된다고 말한다. 이를 일관된 규칙으로 정해야 하며, 필요할 때는 선택적으로 허락할 수는 있다. 단, 규칙을 너무 자주, 또는 이유 없이 어기는 것은 안 된다.

Q: 텔레비전으로 폭력물을 보면 어떤 피해가 발생하는가?

A: 수잔 빌라니 박사는 『미국소아청소년정신의학회지*Journal of the American Academy of Child and Adolescent Psychiatry*』 2001년 4월호에 언론이 아동에 미치는 영향에 관해 과거 10년간 진행된 모든 연구를 정리하는 기사를 게재했다. 그 자료는 언론에 노출되는 게 '폭력과 공격적인 행동 증가, 고위험 행위 증가, 술과 담배 사용 증가, 성행위 증가' 로 이어졌음을 밝혔다. 과학에 근거한 자료는 명백한 사실을 반영한다. 부모들은 아이들이 무엇을 얼마나 보는지 살펴야 한다.

Q: 모든 부모가 실천해야 할 입증된 안전 대책이 있는가?

A: 있다. 안전띠를 매라. 집에 총기를 보관하지 마라. 있다면 총기는 잠글 수 있는 곳에, 탄알은 별도의 폐쇄된 장소에 보관해라. 담배를 피우지 마라. 유아가 있다면 못 만지게 해라. 위급 상황에 대비해 전화번호를(구급차, 의사, 소방서, 경찰서, 독극물 통제 센터, 긴급 출동 센터 등) 모든 전화기 근처에 잘 보이도록 붙여 두어라. 집에서 소방 훈련을 해라. 태양 광선을 피해라.(가장 중요한 실천 방법 네 가지: 오전 11시와 오후 3시 사이의 햇빛을 피해라. 모자를 쓰고 긴 소매 옷, 바지를 입어라. 그늘로 들어가라. 자외선 차단 지수가 높은 자외선 차단제를 외출 30분 전에 발라라.)

Q: 대마초를 피우면 어떤 점이 나쁜가?

A: 대마초의 문제는 두 가지다. 먼저, 불법이기 때문에 법적인 문제에 휘말릴 수 있다. 두 번째, 다른 것을 할 의욕을 차단할 수 있다. 대마초를 많이 피우는 아이들은 다른 것을 거의 하지 못한다.

안 된다고 말하기 위해 자료가 필요하거나, 안 된다고 말하기 위한 합리적인 의견을 제시하거나, 그냥 본능에 따라야 할 때가 있다. 어떤 경우든 필요할 때 안 된다고 말하는 것은 매우 중요하다.

뻔한 옛말에 진리가 담겨 있다. "당신의 아이들이 그것에 대해 고맙다고 말할 날이 온다."

15

즐거움과 그 이상의 것:
성장의 기술

하루는 잭이 뒷마당의 목련 나무 아래에 놓아둔 트램펄린 위에서 놀고 있었다. 잭은 한 번 뛰어오를 때마다 가지에 앉은 작은 새를 보았다. 그 나무에 앉은 다른 새들과는 달리 이 새는 아이가 트램펄린 위로 뛰어올라도 날아가지 않았다. 잭은 그 새에게 말을 걸기 시작했다. 잠시 후에 한 손을 내밀자 새가 손바닥 위로 뛰어올랐다.

잭은 깜짝 놀랐다. 그리고 새를 집 안으로 데리고 들어가 방 안에 놓고 문을 닫았다. "밖에서 새를 발견했어요. 내 방에 가져다 놓았는데 새장을 사야겠어요." 잭이 말했다.

"오!" 내가 물었다. "어떤 새인데?"

"청록색이 약간 도는 노란 새예요."

"크기는?"

"이 정도 돼요." 잭이 주먹을 쥐어 보이며 대답했다.

"새를 어떻게 집 안으로 가져왔어?"

"그냥 손을 내밀었더니 패리스가 손가락 위로 뛰어올라 왔어요."

"패리스?"

"이름을 지어 줬어요."

"왜 그런 이름을 지었어?"

"몰라요. 그냥 그렇게 부르게 됐어요."

그날부터 패리스는 나중에 우리가 자기 자리로 정해 준 장소를 차지하고서는 우리 집 개들인 피피와 하니, 고양이 루이와 함께 지내게 되었다. 우리는 길 잃은 잉꼬를 데리고 있다고 적힌 푯말을 세웠다. 새 주인이라고 나서는 사람이 아무도 없었기 때문에 패리스는 우리 집에 계속 머물렀다.

우리는 철물점에 가서 작은 새장과 모이를 샀고 물과 음식을 담을 접시를 각각 사서 새장 속에 달았다.

잭은 패리스를 사랑했다. 그렇게 작은 새장 속에 가둬 두면 안 된다고 생각했는지 평소에는 새를 밖으로 꺼내 자유롭게 방 안을 날게 해 주었다. 하지만 고양이 루이 때문에 위험하기 짝이 없었다. 그래서 잭은 패리스에게 큰 새장을 만들어 주기로 결심했다. 그것도 아주아주 큰 새장을.

잭은 학교 공작 선생님과 상의했고 둘은 작은 트럭만 한 크기의 새장을 만들 계획을 세웠다. 잭은 신나게 작업에 착수했다. 나는 가끔 잭에게 새장 제작 과정을 들었다. 디자인을 두 번 바꿨다고 했다. 잭은 그렇게 큰 구조물을 만드는 법을 배우려고 열심이었다. 새장이 완성되기까지 석 달이 걸렸다.

어느 날 밤, 나는 잘 자라는 인사를 하려고 잭의 방에 들어갔다. 마침 잭이 침대에 누워 있기에 무슨 생각을 하고 있는지 물었다.

"새장 생각이요." 잭은 웃으며 대답했다.

나는 그날 밤 잠자리에 들면서 자기 새장에 대해 생각하는 잭에 대해 생각했다. 밤에 침대에 누워 새장을 만들 기대에 부풀어 있는 것이 정말 대견했다.

그날 밤 잭의 마음 상태, 지금 열중하고 있는 것의 다음 단계를 기대하는 마음 상태가 평생의 즐거움으로 가는 열쇠다.

하키 팀에서 뛰는 선수라면 다음 날 경기에 대한 기대로 마음이 설렌다. 연극에서 어떤 역할을 맡고 있다면 예행연습 하는 날을 기대한다. 좋아하는 책을 읽고 있다면 다음 장을 얼른 읽고 싶어 안달이 난다. 나중에, 다음 날, 혹은 언제든 다시 하고 싶을 만큼 어떤 행위에 푹 빠져 있는 사람은 평생 이어질 즐거움에 빠진 사람이다.

프로이트의 수많은 이론 중에서, 성숙은 만족을 연기할 줄 아는 능력이라는 이론은 특히 유명하다. 프로이트는 그가 '쾌락 원리'라고 이름 붙인 것에 따라 유아와 아동이 움직이는데, 성숙할수록 즉각적인 쾌락을 위한 유아적 욕구 충족을 지연시키는 법을 배워야 한다고 주장했다.

하지만 잭이 그날 밤 한 행동은 욕구 충족을 연기하는 것이 아니었다. 잭은 새장 만들기의 즉각적 쾌락을 초월함으로써 만족을 확장했다. 공작실에서 새장을 만들지 않을 때는 새장에 관한 생각의 영역을 더욱 넓히고 있었던 것이다.

유아기를 지나 분별력이 생기면, 행복해지기 위해 만족을 지연시킬 뿐 아니라 단순한 쾌락보다 더 깊고 복잡한 어떤 것에서 만족을 이끌어 내는 법을 배워야 한다. 그날 밤 잭은 잠자리에 들며 바로 그것을 하고 있었다. 생활 속에서 만족을 얻는 능력의 새로운 지평을 연 셈이었다. 잭은 계획을 세우고 있었다. 상상 속에서 새장을 만드는 놀이에 빠져 있었다.

다음 날 새장을 만드는 일을 고대하면서 얻은 잭의 즐거움은 사탕을 빨거나, 생일 선물을 뜯어보거나, 심지어는 실제로 새장을 만들 때 느낄 기쁨보다 훨씬 더 추상적이고 복합적이다. 새장 만들기를 또 할 수 있다는 기대는 사탕 먹는 것을 저녁식사 뒤로 미루는 것처럼 만족을 연기하는 게 아니었다. 그것은 오히려 더 풍요로운 만족을 찾아내고 있었다.

침대에 누워 다시 작업을 할 기대에 부푼 잭은 (칙센트미하이가 말한) 몰입의 상태가 아닌 몰입에서 한 단계 위로 올라가 있었다. 다음 날 현실로 돌아가면 정말 신날 거라고 예상하면서 마음속으로 작업을 하며 놀이를 하고 있었기 때문이다.

이런 마음 상태는 평생 이어지는 즐거움을 찾을 때 가장 중요하다. 이런 마음 상태 속에서 자아를 발견할수록 인간으로서 더 행복해진다.

그렇게 자아를 발견하는 것은 만족을 연기하는 단순한 능력을 훨씬 더 능가한다. 퇴근하고 마실 맥주를 생각하며 하루 종일 싫어하는 일에 매달리는 사람들도 있다. 일터를 떠날 때까지 맥주를 마시는 만족을 연기하는 데 성공하지만 그가 행복하다고 말할 수는 없다. 프로이트의 정의에 따라 만족을 연기했으니 성숙하달 수 있지만 영원한 즐거움을 발견하지는 못하기 때문이다.

그날 밤 잠자리에 든 잭은 그것을 발견했다.

그 무엇도 부정하지 않았고 자제력이나 의지력을 발휘하지도 않았다. 그저 자신의 능력을 단순한 만족 이상으로 끌어올리고 확장해서 즐거움을 얻었다. 잘못해서 망치로 엄지손가락을 내려치면 고통이 따르기는 하지만 잭은 새장을 만드는 것이 즐거웠다. 직접 작업을 하지 않고 침대에 누워 상상을 하는 것만으로도 즐거웠다. 잭은 달콤한 사탕이나 기분 좋은 선물을 받는 수동적인 것과는 달리 능동적으로 즐거움을 찾아냈다.

그렇게 할 수 있는 능력은 내가 제시한 5단계에 달려 있다. 잭은 유대와 놀이 속에서 계획을 세웠고, 놀이, 연습, 훈련을 통해 그것을 실천했고, 새장이 점점 완성되어 가고 나무를 더 잘 다룰 수 있게 되면서 성취감을 느꼈으며, 멋진(적어도 내 눈에는 그렇게 보였다.) 새장을 완성했을 때는 친구들, 선생님들, 가족의 인정을 받았다.

멀리 볼 때 새장 자체는 전혀 중요하지 않다. 그 물건이 얼마나 오래 버틸지 모르며, 잭이 어른이 될 때까지 가지고 있을지도 의문이다. 하지만 그것을 만들어 본 경험은 영원히 남는다. 그래서 과정이 중요한 것이다.

지속적인 즐거움은 일정한 기간 동안 어떤 것에 혹은 누군가에게 창의적으로 몰입할 수 있는 능력에 달렸다. 그런 몰입은 만족에 대한 희생과 연기로 자연스럽게 이어진다. 하지만 물질적인 즐거움만으로 줄 수 있는 것과는 다른, 더 나은 만족을 선물한다.

아이들이 그런 과정을 발견하도록 도와주는 것이 SAT 고득점이나 명문 대학 입학보다 훨씬 더 중요하다.(11장에 예시된, 대학을 아예 졸업하지 않은 명사들을 기억해라.)

그 과정은 사랑에 빠지는 것과 다르지 않다. 전에 없이 또는 마지막으로 느꼈던 이후로 정신이 팔리고, 매료되고, 희생하려는 의지가 생기고, 활력과 의욕이 샘솟는다. 은은한 미소를 머금거나 가끔은 문제가 생긴 사람처럼 얼굴을 찌푸리며 돌아다니지만 맹렬하고 충실하게 살고 있다.

당신은 어린 시절 유대가 끈끈한 팀에서 뛸 때 그런 느낌을 받았을지도 모른다. 아니면 영어 수업 시간에 갑자기 인생에서 중요한 것을 처음 깨달았을 때 그렇게 느꼈을 수도 있다. 도화지에 그림을 그리며 아주 근사하다는 생각에 또 하고 싶은 마음이 간절해졌을 때 그런 감정을 느꼈을지도 모른다.

아이가 모터를 분해하거나 자기 옷을 직접 디자인하거나 중병에 걸린 친구를 돕기 위한 모임을 만드는 데 관심이 있다면 학업에 소홀해지고 성적이 떨어질 것이라는 생각에 절망할지도 모른다. 그러지 말아라. 오히려 기뻐해라. 아이는 앞으로도 계속하고 싶은 마음 상태, 지속적인 즐거움의 핵심에 있는 마음 상태에 대해 배우고 있다. 그때 부모가 할 일은 아이에게 성적이 많이 떨어지지 않을 것이라는 다짐을 받는 것이다. 하지만 아이가 찾은 계획을 축하하는 것도 중요하다. 또 그것과 사랑에 빠져 또 하고 싶어 못 견디는 마음의 중요성을 인정해야 한다. 그런 상태가 로맨스에만 있는 것은 아니다.

실제로 나는 성장의 기술은 최대한 많은 것에서 그런 마음 상태를 이끌어 내는 법을 배우는 것이라고 생각한다. 하루 종일 하는 일에 연애의 열정, 창의성, 활기, 몰입을 빌려 올 수 있다면 당신은 행복해질 것이다.

그러니 아이가 열정으로 눈을 빛낼 때마다 관심을 기울여라.

부모들은 아이가 버거킹에 가거나, 쇼핑을 하거나, 텔레비전을 보거나, 닌텐도를 할 때만 눈이 빛난다고 말할지도 모른다. 텔레비전, 닌텐도, 패스트푸드, 쇼핑도 좋지만 아이들이 그보다는 더 창조적으로 참여할 활동을 찾는 것이 중요하다. 텔레비전과 닌텐도에 매달리는 아이는 일 끝나고 맥주를 마시려는 어른과 다름없다. 퇴근 후의 맥주가 하루의 정점, 주요한 즐거움과 보상이 된다면 기대하는 것만큼 행복해지기 어렵다. 인생은 당신에게 줄 것을 아주 많이 가지고 있으며, 그렇기는 당신도 마찬가지다.

새장 만들기처럼 생활 속에서 '더 많은 것'을 찾을 수 있다는 기대를 갖게 해 주는 계획을 아이들이 발견하도록 도와주어라.

아이들은 그것을 찾으면 계속 다시 찾고 싶어 한다. 항상 그럴 것이다.

더 많은 것, 즐거움보다 더 나은 어떤 것이 새장처럼 꼭 구체적인 것일 필요는 없다. 그것은 누군가를 사랑하는 것일 수 있다. 아니면 클럽이나 조직에 가입하는 것일 수도 있다. 문학에 대한 사랑이나 12장에서 말한 낚시에 대한 사랑일지도 모른다. 더 많은 것은 그 일을 하지 않을 때에도 적극적이고 창의적으로 그 일에 몰두할 때 일어난다. 그러면 인생의 허무와 덧없음에 관한 수필을 쓰면서 다음 날 또 원고지에 글을 쓸 수 있다는 기대로 설레는 감정을 느낀다.

강한 관심은 기대 이상의 것을 하고 싶은 동기를 부여한다. 그것이 대개 아이가 도달할 수 있는 최고의 성과로 이어진다. 하지만 그보다 더 중요한 것은 강한 관심이 더 강한 관심거리를 찾는 습관을 만든다는 점이다. 칙센트미하이의 연구는 그것을 입증한다. 늘 강한 관심거리를 찾는 습관을 들이면 유전자와 인생 경험에 따라 최대한 오랜 시간 동안 행복감을 느낀다.

내 친구의 8학년짜리 아들이 어느 날 학교에서 돌아와 제 아빠에게 이렇게 말하더란다. "선생님이 우리 모두 열정을 가져야 한다고 했어요. 아빠는 열정이 있어요?"

매사추세츠 주 보스턴에 있는 가장 큰 로펌의 성공한 변호사인 내 친구는 감정을 필요 이상으로 드러내지 않는, 엉뚱하고 익살맞으며 모든 걸 통달한 듯한 사람이다. 그는 내게 이렇게 말했다. "무슨 말을 해야 할지 모르겠더군. 나에게 열정이 있냐고? 나도 몰라. 그게 무슨 문제라도 돼? 내가 정신과 상담이라도 받아야 하는 건가?"

다른 사람이면 몰라도 그는 상담을 받을 필요가 전혀 없다는 걸 알기에 우리는 함께 웃었다. 지적이고 적당하게 냉소적인 내 친구는, 아플 때 빼고는 어른으로서 아주 행복했다. 어릴 때 무척 열정적이었고 그런 열정들이 모두 적극적이고 만족스러운 성인기로 녹아들었다. 그래서 지금은 열정을 찾아다닐 필요가 없다. 열정을 갖는 데 어린 시절 만큼 좋은 시기는 없다.

하지만 내 친구의 아들에게 열정을 찾으라고 격려한 선생님의 행동은 옳았다. 어린 시절의 열정은 어른의 행복을 가져오는 씨앗이다. 그것은 일상의 경험을 둘러싼 장벽을 뚫고 더 많은 무엇을 우리에게 보여 준다.

아이들은 대부분 더 많은 무엇을 찾는 능력을 쉽게 얻는다. 아이들은 기회가 주어지면 자연스럽게 잭이 새장을 만들고 밤에 잠자리에 들면서 그것에 대해 생각하는 과정에서 얻은 마음 상태에 빠진다. 어른들이 해야 할 일은 아이에게 지나치게 많은 것을 시키거나 앞으로 더 많은 압박을 견뎌야 한다는 이야기로 짜증을 부추기지 않는 것이 전부다. 너무 많은 사탕이나 닌텐도, 혹은 텔레비전을 허락해서도 안 된다. 그저 아이들이 즐거움을 찾을 때 축하만 해 주면 된다.

여름의 끝—
개구리에게 자유를

　이 책은 여름의 끝, 둘리틀 호수에서 보낸 휴가의 마지막 날 다음 날에 끝냈다.

　여름과 아이들에게 이 책을 헌정했으므로 여름이 끝나고 아이들이 학교로 돌아갈 때 이 책을 마무리하는 것이 옳은 일인 것 같다.

　나와 잭이 낚싯대를 사고 며칠 뒤 새벽 5시 30분에 낚시를 했는지 궁금해 하는 독자들이 있을 것이다. 그 즈음 잭의 친구 노아는 집으로 돌아갔다. 터커는 너무 졸려서 그 시간에 일어나지 못했지만 잭과 나는 눈을 비비며 일어났다. 나는 커피 한 잔을, 잭은 시리얼 한 그릇을 비웠다. 그날 이른 아침의 햇살을 받으며 부엌에 함께 앉아 겨우 몇 마디 주고받았을 뿐이지만 우리가 느낀 친근감은 내 머그잔의 커피만큼이나 따스했다. 우리는 베네딕트 연못 근처 노 젓는 배를 탈 수 있는 곳으로 갔다. 그곳 사정에 밝은 사람이 낚시하기에는 물고기가 약아빠져 잘 걸려들지 않는 둘리틀보다는 베네딕트 연못이 좋다고 귀띔해 주었다.

나는 노를 저었고 잭은 낚시를 했다. 처음 두 번 던졌을 때는 아무것도 낚지 못했다. 하지만 세 번째 낚싯줄을 드리웠을 때 이런 외침이 들렸다. "와, 내가 잡았어!" 빙고! 농어였다. 잭이 감아올린 줄에 물고기가 달려 있었다. 우리는 한동안 계속 낚시를 했다. 잭이 또 한 번 일을 냈다. 한 마리를 더 잡은 것이다. 우리가 강가에 배를 댔을 즈음 잭은 농어 세 마리를 잡았다.

잭과 나 중 누가 더 행복했는지는 모르겠다. 나는 처음 농어를 감아올릴 때 잭의 표정이나 "와, 내가 잡았어!"라고 고함을 칠 때 잭의 목소리를 영원히 잊지 못할 것이다.

루시는 친구 네 명과 사흘 밤을 보냈다. 다섯 명을 초대했지만 한 명은 오지 못했다. 그 파티를 다시 하게 될지는 모르겠지만 한 번쯤은 해 볼 만했다. 나는 그 밤샘 파티가 어른이 된 루시를 행복하게 해 줄 어린 시절의 뿌리가 되기를 바란다.

호수에서 보낸 휴가가 끝나기 사흘 전, 터커는 개구리 두 마리를 잡아 항아리에 넣어 두었다. 그러고는 만나는 사람마다 그것을 보여 주었다. 이튿날, 나는 아침 샤워를 생략하고 매일 하는 것처럼 호수로 몸을 던졌다. 이리저리 수영을 하고 있다 보니 터커가 집에서 뛰어나오고 있었다. 손에는 개구리가 담긴 항아리가 들려 있었다.

"잘 잤어, 우리 아들! 뭐 하려고?"

나는 물속에서 터커에게 말을 걸었다.

"안녕, 아빠! 이제 개구리들을 보내 주려고 해요. 그동안 재미있었지만 얘들도 집으로 갈 시간이에요." 내가 터커를 얼마나 사랑하는지 말로 표현할 수 있을까? 그건 불가능하다. 하지만 난 말했다. "사랑해, 터커. 네가 개구리들을 집으로 돌려보낸다니 아빠 정말 기쁘구나."

더 크지 말아 달라는 내 부탁에 자신의 키를 어떻게 할 수 없노라고 말하던 바로 그 터커였다.

터커, 루시, 잭. 이 아이들은 어른인 날 행복하게 해 주는 어린 시절의 뿌리들이다. 어느 날 그 작은 개구리들도 자유를 찾아 떠날 것이다. 지금은 아니지만 무슨 일이 일어날지 알 수 없는 어느 먼 훗날, 그날이 올 것이다. 그때까지 내가 아이들을 잘 키우기를 희망한다.

그리고 이 책이 운에 맡겨지지 않는 행복이 최고라는 사실을 알릴 수 있기를 바란다. 독자들이 유전자도 중요하지만 그것이 모든 것을 설명하지는 않는다는 사실을 알아주기를 바란다. 아이들이 자신에게 더 혹은 덜 만족하고, 행복하거나 불행한 어른으로 자라날 가능성은 어른의 올바른 행동에 크게 좌우된다는 사실을 알아주기를 바란다. 그런 행동은 간단하며, 세상에서 가장 중요한 일인 육아에 동참하고 싶어 하는 모든 이가 할 수 있다.

세상 모든 부모, 교사, 코치, 그리고 아이들을 사랑하고 돕는 이들에게 축복이 함께하기를 빈다. 그리고 온 세상의 아이들에게 축복이 내리기를 희망한다. 아이들아, 우리에게 새로운 인생을, 그동안 몰랐던 가장 깊고 따스하고 쾌활하고 예측할 수 없는 기쁨을 선물해 줘서 정말 고마워.